KB238876

# 경제민주화와
# 금전만능주의의
# 종말

# 경제민주화와 금전만능주의의 종말

Economic democratization
The end of the almighty dollar attention

 김성배 지음

이담 Books

# 서언

　경제민주화란 또 하나의 민주주의이다. 우리는 지난 세기 동안 정치적 민주화를 위해 싸웠으며 결국에는 독재정권을 몰아내고 민주화를 이루어냈다. 그러나 한고비를 넘기면 다시 새로운 고비가 오듯 우리의 진정한 민주주의는 달성하지 못하였다. 다시 말해서 우리는 이제까지 정치적 민주화가 민주주의의 모든 것인 줄 알고 있었다. 그러나 실제적으로 경제민주화가 없이는 진정한 민주주의는 이루어지지 않는다는 것을 이제야 알게 되었다.

　그러면 경제민주화란 무엇인가? 말 그대로 정치민주화가 국가를 다스리는 주도권을 국민이 갖게 되는 것과 마찬가지로 국가경제의 주도권을 일반 국민이 소유하는 것이다. 즉, 지금과 같이 국민 대다수가 금융기관이나 부자들에게 경제적으로 종속되거나 무기력하게 이끌려 다니는 상태에서 벗어나 경제적 자유를 되찾는 것을 말한다. 그리고 독자적으로 자신의 행복을 추구할 수 있도록 경제주도권을 갖는 것이다. 이것을 위해서는 지금과 같은 금융산업에 지배당하고 있는 경제체계를 개선하거나 우리 사회를 돈으로 구속하고 있는 금전만능주의로부터 탈피해야 한다. 그렇기 때문에 지금 우리는 경제민주화를 통해 금전만능주의의 종말을 이끌어 내려 하고 있으며 그렇게 되기를 바라는 것이다.

　현재의 금전만능주의는 현대 자본주의의 변종이다. 다시 말해서 금융산업이 극도로 발전해 가는 과정에서 생겨난 금융자본주의의 변질된 결과이다. 여기서 금융자본주의란 자본이 생산과 고용 그리고 소비의 실물경제로부터 벗어나 금융산업화한 자본주의를 말한다. 더욱이 지금은 금융자본이 금융산업이라는 미명하에 돈놀이 도구로 전락하여 금전만능의 자본주의를 주도하고 있다. 이것은 현재의 경제논리인 자유방임적 자본주의와 함께 금융파생산업으로 발달하여 금융자본주의 혹은 자금주의로 변질되어 있다.

　특히 현대사회에서는 금융자본주의가 돈에 대한 욕망을 충족하기 위해 진일보하여 자금주의에서 배금주의로 진화되었으며 돈이면 안 되는 것이 없다는 논리의 황금만능의 사고방식이 일반화되면서 지금의 우리 사회에 만연되어 있는 금전만능주의가 만들어진 것이다.

　이러한 금융자본주의는 경제민주화를 요구하는 과정에서 몰락할 것이며 이미 진행이 되고 있는 중이다. 그리고 경제민주화가 실천되는 과정에서 금전만능주의는 종말을 맞이하게 될 것이며 종말의 원인은 금전만능주의의 본질이 금융자본주의에 있기 때문이다. 더욱이 금융산업의 과잉 발전은 건전한 실물경제의 쇠퇴를 가져오고 더불어 지금 우리 사회에 만연되어 있는 배금주의의 몰락을 가져올 것이다.

　현재의 자본주의의 주류는 신자유주의이다. 이것은 국가가 금융 규제를 완화시키면서 시장경제를 자유방임적으로 변화시켰으며 그 때문에 자본 속에 존재하고 있던 자금이 각종 파생상품 개발의 논리에 의해 금융다단계로 전환되었다. 그리고 이렇게 다단계화한 자금주의는 배금주의로 다시 또 변화되면서 지금에 이르렀다. 그래서 금융자본주의의 몰락은 현재의 자유방임적 수정자본주의의 몰락을 뜻하는 것이다.

과연 지금과 같이 잘나가는 금융자본주의의 몰락은 가능한 것인가? 우리가 역사 속에서 살펴온 것과 같이 모든 것은 그 정점에 도달하면 쇠락하고 몰락의 길을 걷게 되어 있다. 고대 이집트 문명, 그리스, 로마 등의 가장 번영한 시절 뒤에는 멸망과 동시에 극심한 침체기와 혼란이 찾아왔다. 그래서 인류는 그때마다 밑바닥에서 새로운 마음으로 다시 시작하였으며 다시 정상적으로 회복이 되기까지는 장시간의 고통을 겪었다. 그런 고통을 겪은 후에야 비로소 점진적 진보를 통해 또 다른 문명의 번영을 이루어 왔다. 지금 이 시대는 자본주의가 변질된 금전만능주의의 극한 번영기이다. 우리는 미래가 어떻게 될지도 모르면서 지금과 같이 잘나가는 돈놀이의 금전만능주의에 심취하여 환상에 젖어 있다. 그러나 지금과 같이 금전만능주의의 편리함에 쉽게 안주하다가는 자멸의 길로 갈 것이다. 어쩌면 이제 우리에게는 종말로 가는 추락의 길만이 남아 있는지도 모른다.

과거 우리의 자본주의는 공산주의와 대립하고 있었다. 그리고 그 당시에는 서로 다른 체제가 상호 견제하여 긴장을 풀지 않도록 하였기 때문에 극단적 빈부격차나 심각한 사회적 괴리현상은 적었다. 그러나 지금은 공산주의의 몰락과 함께 자본주의를 견제하고 올바른 방향으로 나아가는 길을 잡아줄 경제적 이데올로기는 없어졌다. 그렇기 때문에 지금은 어느 누구도 우리 시대의 자본주의를 바로 잡아주지 못 한다. 그래서 우리 사회는 마치 고삐 풀린 망아지와 같이 변종 금융다단계식의 금융자본주의가 날뛰는 세상이 되어 버린 것이다.

몰락은 걷잡을 수 없는 변화에서 나온다. 아무 사회적 가치기준도 없는 금전만능주의와 자기 멋대로의 배금주의식의 경제논리로 우리 사회를 이끌어 가면 그 결과는 불을 보듯 명확하다.

금전만능의 자본주의 몰락은 벌써 시작됐는지도 모른다. 이미 전 세계에는 동시 다발적으로 경제위기가 오고 있으며 지금은 각 국가들이 IMF를 통해 서로 돌려막기식의 땜질 처방으로 임기응변적 대처를 하고 있다. 그러나 이러한 방법으로는 결코 오래가지 못한다. 빨리 위기의 본질과 근본적 원인이 무엇인가를 파악하고 그에 대한 연구와 대책을 세워야 한다. 그리고 그에 맞는 적절한 변화가 있어야 앞으로 다가올 자본주의의 심각한 몰락을 막을 수 있다. 그러나 이러한 자본주의의 몰락을 적절히 막지 못하면 그것을 시작으로 금전만능주의의 종말이 찾아올 것이다.

우리 사회는 보다 나은 미래를 위해 사회구성원의 합의에 따라 상생의 방법을 찾고 그것으로 사회의 모든 것을 이룬다. 그러나 상생의 합의를 지키지 않고 자신만의 사적 이익을 위한 돈놀이에 치우치면 공멸할 수밖에 없다. 그래서 사적 이기심과 자신만을 위해 경제를 농단하고 있는 개인이나 집단은 사회적인 처벌을 통해 바로잡아야 한다. 그렇지만 현재의 금전만능주의는 이러한 점을 무시하고 상위의 일부 계층에게만 큰 혜택을 부여하고 있으며 그들의 일부는 아직도 별다른 노력 없이 돈 투기의 불로소득적인 방법을 통해 치부하고 있다. 이렇듯 상위계층의 일부가 경제민주화와 역행하여 경제력을 남용하여 큰 노력 없이 시장을 지배하고 그에 따른 이익을 취하고 있으며 자신들만의 이기심을 충족하려 하고 있다. 그래서 이러한 잘못된 금융자본주의를 통해 부를 착취하고 있는 금융자산가는 강력한 처벌을 통해 규제를 가할 필요가 있다. 그리고 이것이 우리 사회에 만연되어 있는 금전만능주의가 종말을 맞아야 할 가장 중요한 명분이다.

　우리 사회 속에 오랜 세월 지속해온 자본주의는 결코 몰락하지 않는다. 다만 새로운 변화를 찾아 진화될 뿐이다. 그러나 금전만능주의와 자본주의는 다르다. 그동안 자유방임주의가 수단과 방법을 가리지 않고 돈을 이용해서 벌어들이는 것을 방치하여 금전만능인 것처럼 만들었지만 이제는 자본주의를 제자리에 돌려놓을 때이다. 국가의 적절한 통제와 규제를 통해 잘못된 돈의 역할을 바로잡아야 한다. 그래야 자본주의의 영원한 몰락을 막을 수 있으며 금전만능주의의 종말에서 오는 난국을 타개할 수 있을 것이다. 우리는 금전만능주의의 종말이 오기를 지루하게 기다리면서 고통을 받을 필요가 없다. 오히려 빨리 종말이 오도록 이끌어 내어야 한다. 그래야 저절로 금전만능주의의 종말을 맞도록 방치함으로써 생길 수 있는 더 큰 사회적인 피해를 미연에 방지할 수 있다.

　끝으로 이 책의 주요한 설명과 해설은 인터넷의 한국어 위키백과의 내용을 참조 인용했음을 밝혀둔다.

2012. 11.

김성배

# 목차

# Part 02. 금전만능주의의 종말

## Part 03. 미래 자본주의를 위하여

# Part 01

# 경제민주화와 금전만능주의

경제민주화는 자본주의의 발달과 더불어 경제상의 자유와 균형 성장에 중점을 두고 추구해 나아갈 경제적인 이념이다. 특히 국가 차원에서의 경제민주화는 재벌과 대기업의 경제력과 시장 지배력을 줄이고 과도하게 집중되어 있는 자본과 부를 다수의 국민에게 분산시키는 것이다. 그리고 이제까지 일부계층이 점유하고 있던 경제적 주권을 국민에게 부여하여 사회적 약자에게 경제적 자립을 할 수 있는 기반과 터전을 마련해주어야 하며 독점자본의 폭거에 의해 피해를 받거나 경제적 예속이 되지 않도록 조치를 하고 정책을 세워 집행해나가는 것을 말한다. 특히 금융의 시장지배와 대기업의 경제력 집중을 완화시키고 독점자본의 경제력 남용을 방지하여 경제주체 간에 조화를 이룰 수 있도록 하는 것이다.

또한 국민적 차원에서는 자본주의의 잘못된 이념인 금전만능주의를 올바르게 인식시키고 다양한 사회철학과 이념에 대한 재무장을 통해 경제적 건전성을 되살리는 것이다. 그리고 시장원리주의의 이기적 경제논리에서 벗어나 미래 지향적인 상생의 경제논리로 경제체계를 바로 세워서 민주주의의 이념인 최대다수의 최대행복을 추구하는 것이다.

# 1. 경제민주화

## 1) 경제민주화의 배경

경제민주화가 필요한 사회적 배경은 기존의 자본주의 논리가 자유 방임적 시장원리주의 원칙에서 출발한 것이지만 비정상적인 발전으로 사회적 폐해를 주고 있다는 점에서 기인한다. 여기서 시장원리주의란 국가의 규제나 간섭 없이 보이지 않는 손인 시장에 의해 각 경제주체들이 자율적으로 경제활동을 하는 것을 말한다.

그러나 시장 자율에 맡겨 국가의 규제를 최소화하는 과정에서 여러 가지 경제적 폐해가 나타났다. 그것은 주로 자본의 집중으로 인한 부의 불균형분배와 법적 기득권으로 인한 독과점 그리고 빈부격차 심화로 인한 경제적 양극화와 대기업의 우월적 지위를 이용한 불공정거래 등의 독점적 자본 운영으로 인한 문제점이다.

이 때문에 경제민주화를 위하여 우선 독점자본의 근원인 재벌을 해체하여야 하며 대기업과 중소기업 간의 불공정거래에 대하여 관리를 강화해야 한다. 그리고 대기업의 생산과 판매에 대한 독과점을 금지시켜야 하며 서민 생활에 직접 영향을 주는 공산품의 가격을 규제하고 적정 물가에 대한 조사와 관리를 통해 물가 낮추기를 하여야 한다. 또한 고용에 필요한 중소기업을 육성하고 전체 국민을 금융 채무자로 만드는 무분별한 금융거래를 억제하여야 하며 재벌의 문어발식 확산을 막을 출자총액제한을 강화하여야 하는 것이 지금 우리 사회에서 대두되고 있는 경제민주화의 가장 중요한 배경이다.

## 2) 경제민주화의 개념

경제민주화는 「헌법」 제119조에 근거하고 있다.

**① 대한민국의 경제 질서는 개인과 기업의 경제상의 자유와 창의를 존중함을 기본으로 한다.**

**② 국가는 균형 있는 국민경제의 성장 및 안정과 적정한 소득의 분배를 유지하고, 시장의 지배와 경제력의 남용을 방지하며, 경제주체 간의 조화를 통한 경제의 민주화를 위하여 경제에 관한 규제와 조정을 할 수 있다.**

특히 「헌법」 제119조 2항에서 보면 균형성장과 소득 분배에 대하여는 국가가 규제와 조정을 할 수 있다는 점에서 경제민주화의 당위성을 규정하고 있다.

그러나 우리 사회가 자본주의의 사유재산제와 시장원리를 지향하고 있는 점에서 보면 국가가 경제민주화를 위해 할 수 있는 범위는 극히 한정되어 있다. 즉, 국가는 말 그대로 경제주체로서가 아니고 경제주체인 개인과 기업의 경제활동 중에서 시장의 지배와 경제력의 남용을 방지하는 범위 내에서 규제하고 조정한다는 조건을 갖고 있다. 이러한 점에서 본다면 경제민주화에 대한 국가의 역할은 제한되어 있어서 그 실효성에 대하여는 다소 회의적이다. 그러나 헌법상의 경제민주화에 대한 가장 큰 목적을 다음과 같이 몇 가지로 대별할 수 있다.

첫째, 균형 성장 및 안정과 적정한 소득분배 유지

둘째, 시장의 지배와 경제력 집중의 완화

셋째, 경제력의 남용 방지

넷째, 경제주체 간의 조화

이러한 경제민주화를 이루기 위해서는 국가 차원에서는 성장과정에서 공정한 소득분배가 이루어지도록 철저히 관리하여야 하며 금융의 시장지배와 재벌기업의 경제력 집중을 막아야 한다. 그리고 기업간의 양극화 해소와 대기업의 경제력 남용을 방지하여 중소기업과 상생할 수 있도록 법적 규제가 보완되어야 한다. 그러나 국가차원에서의 규제와 조정은 권력자와 관료의 의지에 따라 실행 여부가 결정되기 때문에 정경유착이나 부정부패 등의 부정적인 정책에 따라 직접적으로 영향 받을 수밖에 없다. 그래서 국가 차원의 경제민주화 실행은 구두선(口頭禪)이 되기 쉽다.

이 때문에 경제민주화의 실행 주체는 국민이 되어야 하며 국민에 의해 진행되어야 실제적인 경제민주화가 이루어질 수 있다.

지금 선진국들은 이기적 포퓰리즘과 극단적인 거품경제로 인해 국가재정위기와 그를 뒷받침한 금융산업이 몰락하고 있다. 그리고 금융자본의 붕괴로 세계경제는 재편의 수순을 밟고 있으며 경제민주화가 절실하다. 지금과 같이 범세계적 금융시장의 기능이 비정상적으로 작동하는 것에 대하여는 그 원인을 재고해 보아야 한다. 그리고 이러한 문제점들은 각 국가가 독점자본을 제대로 통제하지 못한 결과이며 이 때문에 사회적 분배정의가 무너지고 있다. 그래서 앞으로는 국민주도로 국가의 역할을 강화해야 하는 것이 경제민주화를 이루는 첫걸음이다.

## (1) 균형 있는 경제성장과 안정

경제성장이란 경제적으로 국민의 생활이 점차 나아지고 윤택해지며 발전 지향적으로 나아가는 것을 뜻한다. 따라서 균형 있는 성장은 각 경제주체 간의 격차를 줄여서 경제적 균형을 이루고 지속적인 경제발전을 통해 성장이 될 수 있도록 하는 것에 주안점을 두어야 한다. 다시 말해서 지속 가능한 균형성장이 되려면 지역 간의 격차와 계층 간의 격차 그리고 기업 간의 격차를 줄이는 것이 우선되어야 한다. 따라서 국가의 경제정책은 지역의 균형발전을 위해 도시와 농촌의 격차를 줄이고 계층 간에 있어서는 빈부격차를 줄이는 것이다. 또한 기업 간의 격차를 줄이기 위해서는 중소기업 육성과 미래 성장 동력이 될 수 있는 산업의 육성에 역점을 두어야 한다. 그리고 당장 필요하다고 수출산업만 치중해서는 안 되며 균형 있는 성장을 위해서는 내수산업도 활성화해야 한다.

또한 경제적 안정은 고용을 통한 소득과 복지를 통한 분배가 기준이 되어 서민생활의 안정에 역점을 맞추어야 한다.

경제의 균형과 안정은 잘 만들어진 구조물과 같이 균형이 잡히고 조화를 이루며 상생하고 안정된 경제체계를 갖추도록 하는 것을 말한다. 구조물이 균형이 잡히려면 하부로 갈수록 튼튼하고 견고해야 하며 상부로 갈수록 유연해야 한다. 오뚝이가 아무리 넘어져도 되살아나는 것은 하부가 중량감을 가지고 있어서 넘어져도 다시 일어서는 것이다. 이와 같이 경제가 아무리 어려운 위기에 닥쳐도 되살아나는 복원력을 가지려면 경제의 하부구조인 서민경제가 튼튼해야 하는 것도 같은 이치이다.

특히 경제의 규모가 커지고 발달되는 것과 같이 구조물도 고층화 되면 될수록 하부가 강해야 하며 중간층이 상하부의 연결을 충실하게 해주어야 한다. 그리고 전체 구조물은 각각의 위치에서 자신의 역할을 다해야 한다.

다시 말해서 경제의 구조를 안정시키고 균형을 유지하려면 상층부에 속하는 재벌 기업이나 대기업은 그 힘을 분산시켜 유연성을 주고 기업의 분화를 통해 고용을 확대하여야 한다. 그리고 소수에게 초과 과잉 분배되던 임금을 다수에게 나누게 하여 소득의 균형을 이루어야 한다. 그래서 하층부는 동종자본 및 중소기업을 집중시켜 기업의 생존능력과 직원 수급을 원활히 할 수 있도록 키워야 한다.

더불어 자본주의에서 균형과 안정은 경제체계의 계층 간에 규모 및 자본을 집중과 분산에 의해 적절하게 조화를 이루도록 하는 것이다. 그리고 그에 따라서 사회 전체가 균형 잡힌 경제구조를 이루고 미래 국가의 발전 방향에 새로운 지표를 찾고자 하는 것이다.

## (2) 적정한 소득분배

생산과 고용의 결과는 소득이다. 이러한 소득을 바탕으로 소비가 가능하고 삶에 필요한 것을 얻을 수 있다. 그러나 소득은 여러 계층 간에 차이가 있어서 상대적 빈부격차를 만든다. 이러한 빈부 격차는 사회적 불만의 요소로서 사회적 문제를 일으킨다. 그래서 각 계층 간에 적정한 소득의 분배가 반드시 필요하다.

대기업과 중소기업 간의 소득 격차는 청년들이 중소기업을 회피하는 요건이 되어 청년실업의 또 다른 원인이 되고 있다. 그리고 은퇴 후 별다른 소득이 없이 지내는 고령자는 사회적으로 무기력해지는 것도 이러한 소득격차에서 기인한다.

그러므로 경제적 균형과 안정을 위해서는 계층 간 소득의 균형은 필수적이며 소득의 균형을 이루기 위해서는 적정한 소득 분배가 이루어져야 한다.

소득에 대한 적정한 분배가 이루어지려면 우선 분배에서 균형을 바로잡아야 한다. "모두에게 떡을 고르게 나누어 주기 전에는 누구에게도 꿀을 주지 마라."라고 하는 말이 있듯이 분배는 형평의 관점에서 찾아야 한다.

실물경제에서 생산을 통해 얻어진 이익을 분배할 때는 형평에 맞추어서 모두에게 고르게 돌아갈 수 있도록 고려되어야 한다. 그리고 충분히 나누어졌다고 판단되면 그 잉여분은 기여도에 따라 재분배가 되어야 한다.

지금과 같은 이기적 자본주의에서는 자본가가 우선 자기 몫을 충분히 취한다. 그리고 남은 것으로 해당된 모든 이에게 분배를 한다. 그러나 그렇게 하는 것은 원활한 분배가 아니다. 그것으로는 소득의 균형도 이루지 못할 것이다.

개개인의 소득은 고소득에서 저소득까지 자신의 역량에 따라 천차만별이다. 그러나 현재에 와서는 소득의 결정요인이 개개인의 역량이나 재능보다도 기득권 및 법적 보장에 의해 결정되고 있다.

더욱이 고소득을 하고 있는 면면을 보면 금융이나 공기업의 임직원들이다.

이것은 잘못된 고소득이다. 왜냐하면 금융의 경우는 국민을 대상으로 돈놀이에 의한 차액이 소득을 결정하고 있으며 공기업의 경우는 공공요금 혹은 외채에 의해 소득을 조성하여 결과적으로 서민에게 부담 지워지기 때문이다.

소득 그 자체가 정당한 노동의 대가라는 것이 자본주의의 원칙이라면 금융산업이나 공공기관의 턱없이 높은 고소득은 자본주의의 근본 원칙 자체를 무시하는 방임적 자금주의일 것이다. 또한 대기업 임원의 고소득도 마찬가지이다. 기업의 이익은 생산품의 판매가에 의해 결정된다. 그러나 지금과 같이 터무니없는 고물가의 시대는 그 자체가 국민의 가격 부담에 의해 고소득을 취하게 되는 것이므로 이 또한 불공정한 소득 분배의 하나이다.

전문직종의 고소득 또한 마찬가지이다. 법적보장에 의해 독점적·배타적 권리에 의해 취해지는 소득으로 결과적인 국민의 부담이다.

진정한 경제민주화를 이루려면 공정한 제도 아래 소득의 형평성을 되찾아야 한다. 그것을 위해서는 적정한 분배를 통해 소득의 격차를 줄여서 빈부격차를 감소시켜야 한다. 그렇기 때문에 저소득을 높여 줄 수 없으면 소득의 상한을 정해 합리적으로 소득격차를 줄여 주어야 하며 전문직과 고소득 계층에 대한 고율세금 등의 법적 규제를 가해서 사회적 형평성을 주어야 한다.

## (3) 시장의 지배와 경제력 집중의 완화

시장지배와 경제력 집중은 불가분의 관계를 가지고 있다. 다시 말해서 소유와 지배는 항상 같이 간다는 의미이다. 경제에 있어서 소유가 되지 못하면 지배를 할 수 없기 때문에 소유와 지배를 따로 분리한다는 것은 불가능하다. 특히 경제력 남용을 방지하기 위해 재벌의 시장지배 구조를 혁파하고자 한다면 반드시 경제력 집중에 의한 소유도 변화시켜야 한다.

여기서 자본의 집중에 의한 경제력 집중은 그 기업집단의 크기에 비례한다. 그래서 기업집단의 양적 팽창을 방치하는 경우 점점 더 자본의 집중이 심해져서 시장지배의 영향력도 커져 종당에는 블랙홀처럼 주변의 모든 자본을 빨아들인다.

우리 경제의 재벌 기업은 대자본으로서 자금의 집중력이 대단히 크다. 그래서 주변의 자본 흐름에 대한 왜곡 현상을 일으키며 자본을 집중시켜서 거대화한다. 이 때문에 재벌 기업의 대자본을 분산시켜 지배구조에 대한 재편이 이루어져야 한다. 즉, 재벌은 경제의 균형과 안정을 위해서 반드시 해체가 되어야 한다. 그리고 더 많은 소기업으로 분해하여 고용을 확대시키고 자본의 집중력도 완화시켜야 한다. 그래서 재벌의 시장 지배력을 감소시키고 적정한 소득 분배가 이루어지도록 해야 한다.

특히 재벌기업의 폐단 중에 하나는 가족 중심의 족벌 경영이다. 이 또한 대자본을 어느 몇몇 사람에게만 소유시켜 집중되게 한다. 그래서 서민경제 속에 빈익빈 부익부를 형성해 빈부격차와 금전만능주의의 사회적 병리현상의 원인이 되고 있다.

이러한 족벌경영은 재벌의 소유와 더불어 부의 세습이라는 또 다른 경제 논리를 만들어 놓고 민주주의의 기본원칙에도 맞지 않는 세습제를 유지시키고 있다. 다시 말해서 구시대의 봉건영주처럼 부자 부모를 둔 덕택으로 그 자식들은 큰 노력 없이 부를 세습한다. 그러나 이와는 반대로 가난한 가정에서 태어나면 가난이 세습되어 아무리 노력하여도 자신의 처지가 쉽게 변화하지 않는다. 우리는 정치체제에서의 권력을 세습하는 것은 비난한다. 그러나 따지고 보면 부의 세습도 서민경제에서는 권력의 세습과 동일하다. 엄연한 민주자본주의 체제하에서 어떤 세습은 용인이 되고 어떤 세습은 용인이 안 된다는 것은 어불성설(語不成說)이다.

시장의 지배와 경제력 집중의 완화를 위해서는 재벌의 족벌 경영이나 부의 세습은 반드시 제도적으로 혁파되어야 할 또 하나 과제이다.

## (4) 경제력의 남용 방지

경제력 남용의 대표적인 것은 정경유착에 의한 부정부패와 기업의 내부자 거래이다. 여기서 정경유착이란 말 그대로 권력을 가진 자인 정치인과 재력을 가진 경제인 간의 결탁을 말한다. 다시 말해서 권력이 이권을 제공하고 그 혜택을 받은 기업은 돈을 주는 유착 관계에서 경제력을 남용하여 국가와 국민에게 피해를 주는 행위이다.

이러한 정경유착은 돈이 직접 개입됨으로써 금전만능주의 사고방식을 키워 주고 있으며 부정부패와 연결되어 우리 사회의 건전한 경제 질서를 흩트리고 비정상적으로 나아가게 하는 요인이 되고 있다.

또한 정경유착에서 사용되는 비자금과 부정부패는 떼어 내려고 해야 뗄 수 없는 불가분의 관계를 가지고 있다. 특히 비자금의 조성 목적이 경제적 특혜를 얻고자 함이기 때문에 관계된 공무원이나 정치인들의 동조가 필요하다 그래서 현재와 같이 배금주의 사회에서는 정경유착에 의한 권력의 협조를 얻고자 할 때 반드시 돈이 필요하다.

이때 사용되는 돈은 비자금일 수밖에 없다. 정상적인 흐름의 자금은 쉽게 노출이 되어 부정부패를 유도할 음성적 자금으로 쓰기 어렵다. 그 때문에 기업은 비자금을 몰래 조성하고 숨기고 세탁하여 축적해놓고 있으며 필요할 때 쓰는 것이다. 그래서 비자금은 항상 정상적인 자본의 흐름을 벗어나 음성적으로 존재할 수밖에 없다.

이렇게 쓰는 비자금은 경제력 남용에 의한 부정부패의 부정한 돈으로 사용되기 때문에 경제민주화를 해치는 결과를 가져온다.

내부자거래의 경우는 공정거래위원회에 따르면 대기업집단이 내부거래를 통해 올린 매출이 한 해에 수백 조원으로 매해 점차 증가 추세에 있다고 한다. 이것은 재벌들이 계열사에 일감 몰아주기로 부를 편법 상속하고 경쟁 기업들을 고사시키는 수단으로 이용되기 때문에 문제이다. 더욱이 내부자거래를 통한 계열사들끼리 서로 밀어주는 관행은 사라지기보다는 오히려 가면 갈수록 더 심해지고 있어 대기업집단의 경제력 남용은 더욱 심각한 상태로 나아가고 있다.

내부자거래 자체가 무조건 잘못된 것은 아니다. 재벌기업들 입장에서는 기업의 경쟁력을 높이기 위해 불가피하다고 한다. 그러나 가장 큰 문제는 계열사의 수직계열화이다. 이것은 어느 한 그룹에 있어서 여러 계열사들이 원료 생산부터 제품 판매까지 나눠 맡는 수직계열화가 기타 중소기업들의 설 자리를 없애고 자신들만의 독과점적인 집단을 구성하는 데 효율적이기 때문이다. 특히 족벌 기업일수록 내부자거래 비중이 높았으며 이러한 계열사의 일감 몰아주기나 혹은 수의 계약 등으로 변칙적인 방법을 써서 부를 대물림하는 방법으로 사용하고 있다.

내부자거래는 재벌기업들의 규모를 크게 키우며 기업 간의 양극화를 심화시킨다. 그러지 않아도 대기업집단의 경제력은 갈수록 커지고 있는데도 불구하고 서민경제 영역의 사업을 더욱 크게 증가시키고 있다.

그리고 재벌들은 내부자거래로 계열사를 손쉽게 키우고 있으며 독과점적인 지위를 이용해 가격담합을 하여 물가 폭등의 원인을 만들고 있다. 그래서 우리는 재벌기업의 경제력 남용을 방지하고 심각한 양극화를 해소하기 위해 경제민주화를 실현해야 한다. 그리고 재벌기업들의 부당 내부거래를 막기 위해서는 좀 더 강한 규제가 필요하다.

특히 수의 계약을 통한 내부자거래는 다른 경쟁력 있는 중소기업들의 입찰 참여를 막아 해당 업종의 경쟁력 저하를 가져온다. 그리고 이러한 내부자거래는 불공정거래를 초래하는 것은 물론 소비자에게도 피해를 준다. 그래서 재벌기업의 경제력 남용을 방지하기 위해서는 부당한 내부자거래에 대한 감시를 강화하고 법적으로 강력히 규제할 필요가 있다.

### (5) 경제주체 간의 조화

경제민주화를 이루려면 우리 사회에서 가장 문제가 되고 있는 지역 및 기업 간의 격차 해소와 개별 노동자 간의 불평등한 대우를 개선해야 한다. 그리고 경제주체 간의 조화를 위해서는 사회 각 계층 간의 화합이 필요하다. 더불어 계층 간의 화합을 위해서는 중산층이 주도하는 경제체계를 만들어야 한다. 그래서 중산층에 의해 계층 간의 갈등 요소도 줄이고 경제민주화의 길로 이끌어갈 수 있도록 해야 한다.

또한 경제적 격차 감소를 통한 도시와 농어촌의 조화가 이루어지도록 해야 한다. 우리 사회는 산업화가 진행되면서 도농 간의 격차는 더욱 심해졌다. 그래서 도시는 경제력이 집중하여 부유해지고 농촌은 상대적으로 빈곤해지는 경제적 격차가 발생되었다. 그래서 도농 간의 적정한 분배를 통해 빈부격차를 줄여야 도시와 농촌이 경제적 조화를 추구할 수 있다.

더불어 우리 사회에서 기업과 개인 간의 조화는 상생을 위한 기업과 근로자 간의 화합을 들 수 있다. 이런 경우 기업은 기업대로 균형분배에 힘쓰고 근로자는 과격한 파업을 삼가해서 상호 간에 양보하는 가운데 상생을 위한 조화가 가능하다.

이렇듯 각 경제주체 간의 조화와 경제민주화를 이루려면 빈부격차를 줄이는 것이 최우선이다. 그리고 빈부격차를 감소시키려면 일자리를 확충하고 소득을 개선하여 빈곤층을 줄여야 하며 경제적 건전성을 살려 불로소득으로 살아갈 수 있는 여건을 없애야 한다. 그래서 불로소득으로 인한 사회적 위화감을 줄여야 한다. 이렇게 하여 경제적 균형과 안정을 이루고 분배에 대한 불만 요인을 줄여서 경제주체 간의 상생을 통한 조화를 도모해야 한다. 더불어 기업 간의 조화를 위해서는 대기업과 중소기업 간의 소득격차 완화가 가장 중요하다. 그래서 대기업의 초과이익을 중소기업에 지원하는 정책적 배려가 되어야 한다.

지금 우리 사회의 경제주체 간에 조화로운 발전을 위해서는 경제민주화가 필요하며 이와 더불어 시장경제의 활성화도 필요하다. 그리고 부동산, 증권 투기를 방지하여 불로소득을 취할 수 없도록 국가의 규제가 필요하다. 또한 서로 맞지 않는 조건으로 경제주체 사이에서 생기는 갈등은 당사자 모두에게 이해되고 합리적으로 수긍할 수 있도록 국가 차원에서 조정이 필요하다. 이러한 조정은 상호 간에게 타당성과 공정성이 인정되어야 한다.

## 3) 경제민주화의 시대적 요구

경제민주화는 정치 민주화와 일맥상통하고 있다. 그리고 경제와 정치의 시대적 변화와 흐름은 유사하며 각 시대에서 나타나는 사회적 현상도 대동소이하다. 그래서 우리는 과거의 정치적인 변화를 통해 경제적인 변화를 유추할 수 있을 것이다.

지금의 우리 경제 수준은 정치의 시대적으로 보면 중세 봉건주의 수준이다. 다시 말해서 경제를 시대적으로 분류할 때 현재의 독점자본과 금융자본에 의한 국민 통제능력은 중세의 기독교가 그 시대를 통제하는 수준이다. 이것은 기독교의 통제가 중세 암흑기를 만들었듯이 현재의 독점자본에 의한 경제 통제도 또 다른 의미에서 경제 암흑기를 만들어 가고 있는 것이다.

과거의 중세 봉건주의는 귀족과 평민 간의 극심한 사회적 격차를 가지고 있었다. 그리고 당시의 봉건영주들은 대다수의 평민을 수탈 대상으로 삼았으며 다양한 방법을 통해 토지노예화하였다. 이렇듯 중세의 봉건영주들이 평민을 토지노예화하는 과정은 현재의 금전만능주의에 심취한 금융과 독점자본가가 대다수의 국민을 돈의 노예화시키는 과정과 유사하다.

이러한 금전만능주의는 정치적으로 절대왕조에 비견할 수 있다. 특히 절대왕조에서 무소불위(無所不爲)의 왕권이 국가의 모든 것을 좌지우지하듯이 금전만능주의의 금융과 독점자본가도 만능인 돈의 위력으로 국민을 통제하며 인본주의도 민주주의도 모두 무력화시키고 있는 것이 동일하다.

중세 봉건주의와 절대왕조는 결국 시민 대혁명으로 종말을 고했다.

이와 마찬가지로 경제민주화를 통해 우리 사회의 독점자본에 의한 금전만능주의도 종식되어야 한다. 그리고 이때에 생길 수 있는 변화를 미리 대비하여야 한다. 그렇지 않으면 우리 사회는 시민에 의한 경제 대혁명으로 더 큰 혼란을 맞을 수 있다.

이 때문에 더 이상의 큰 혼란 없이 경제민주화가 이루어지도록 국가는 금융과 독점자본을 적극적으로 통제하여 조속히 국민에게 경제 주도권을 넘겨주어야 한다. 이것이 경제민주화의 시대적 요구이다.

## 4) 독점자본과 경제민주화의 길

우리 사회에서 현실화되고 있는 금융자본주의의 몰락을 막기 위해서는 선행적으로 경제민주화가 이루어져야 한다.

경제민주화란 또 하나의 민주주의이다. 우리가 알고 있는 민주화는 정치적 민주화로 지난 세기 동안 독재정권에 대항하여 민주주의를 위해 싸웠으며 결국에는 정치적 민주화를 이루어 냈다. 그러나 한 고비를 넘기면 다시 고비가 오듯 우리에게는 진정한 민주주의가 달성되지 못했다. 다시 말해서 정치적 민주화가 민주주의의 모든 것인 줄 알고 있으나 경제적 민주화가 없이는 진정한 민주주의는 이루어지지 않는다는 것을 알게 된 것이다.

그러면 경제민주화란 도대체 무엇인가? 말 그대로 정치민주화가 국가를 다스리는 주도권을 독재정권으로부터 국민이 되찾아 갖는 것과 마찬가지로 경제의 주도권을 독점자본(金權)으로부터 일반 국민이 되찾아 소유하는 것이다. 이것은 지금과 같이 국민 대다수가 돈의 노예가 되어 금융이나 재벌과 부자들에게 경제적으로 종속되거나 무기력하게 끌려 다니는 상태에서 벗어나는 것을 뜻한다. 그래서 독자적으로 자신의 행복을 추구할 수 있도록 경제주도권을 되찾아 갖는 것이다. 이렇게 되려면 지금과 같이 금융산업에 의해 지배당하고 있는 경제체계를 개편하거나 우리 사회를 돈으로 구속하고 있는 금전만능주의로부터 탈피해야 한다.

만일 우리가 경제민주화를 이루려면 과거 정치민주화를 이루기 위해 무엇을 했는지를 살펴보면 알 수 있다.

정치민주화는 독재정권에 집중되어 있던 권력을 분산시키고 국민에게 주권을 이양하는 것이다. 다시 말해서 국민이 정치적 주권을 넘겨받는 것이다. 그래서 우리는 독재자들의 정치적 기득권과 우월적 지위에 대한 특권을 없애고 공정하고 평등한 사회를 이루기 위해 투쟁을 했던 것이다. 그 덕분에 지금과 같이 최대다수의 최대 행복을 위한 민주주의로 정치체계를 개편해왔던 것이다. 이와 같은 범주에서 경제 분야도 최대다수의 최대행복의 민주주의 목표를 달성하기 위해 경제체계를 개편시켜야 한다. 이것이 경제민주화이며 앞으로 우리가 해야 할 일이다.

## (1) 독점자본의 폐해

### ① 독점자본이란

경제에 있어서의 독점자본은 정치에서의 독재정권과 같다. 특히 독점화된 자본은 자본의 집중력을 키워 거대화한다. 이러한 독점자본은 경제적 권력의 강화를 위해 또다시 국제화하고 거대 금융자본과 다국적 기업으로 변화를 추구하여 거대 독점자본화하고 있다. 그리고 거대 독점자본은 의도적으로 동종기업 상호 간의 경쟁을 회피하기 위하여 독과점화한다.

그러나 이러한 거대기업의 독점자본은 집중할수록 고용과 소비를 위축시켜 지속적으로 성장률이 하락하는 현상이 일어난다. 그래서 성장률 하락에 대한 반대급부(反對給付)로 기업은 자본 독점을 확대하기 위해 금융을 이용한 자본축적을 시도하게 된다. 그리고 정상적인 산업보다는 금융산업과의 협력을 강화하여 거대자본화한다.

그러나 우리는 이러한 독점자본의 강화를 자연스러운 현상으로 보고 있다. 이것은 독점자본의 경제 권력에 대한 이해 부족과 시장지상주의의 과신에서 나타난 현상이다. 그리고 자국 내의 국지적인 차원에서 다국적 기업도 국내의 기업 중에 하나라고 착오하고 있다. 이러한 경제적 인식은 모든 기업과 자본이 어느 특정국가에 귀속되어 있는 것으로 착각하는 것에서 온 것이다.

이러한 점들이 거대화된 선진 국제자본과 다국적기업의 국제적 독과점에 대한 정확한 인식을 못하게 하고 있다. 그리고 마치 다국적기업이 친숙한 국내기업과 같이 방송광고 등을 통해서 오인하도록 만든다. 또한 국내기업의 경우는 노-노 간의 불공평한 경쟁이 마치 노-사 간의 경쟁인 것으로 호도하여 자본에 따른 기업 간의 격차를 심화시키고 있다. 그리고 중소기업의 노조 활동의 영역을 기업 내로 국한시켜 대기업의 노조로 인해 받고 있는 간접적인 피해를 폄하하게 한다. 더불어 독점자본의 하나인 국제적 금융기관들은 정보와 통신의 국제화를 통해 전 세계의 금융을 장악하고 있다. 그리고 이것을 이용하여 세계경제의 통제를 수월하게 하고 있다. 이러한 여러 가지 불합리한 조건들이 대기업 혹은 다국적기업의 자본독점을 수월하게 만들어 주어 각종 경제적 폐해를 낳고 있으며 경제민주화를 저해하고 있는 것이다.

## ② 독점자본의 폐해

대기업과 재벌 및 다국적기업과 선진금융자본들에 의해 장악된 독점자본은 자본집중에 의한 사회적 양극화와 불공정거래 및 독과점에 의한 물가 불안, 고용 축소와 경기 침체 등의 많은 경제적 문제점을 일으키고 있다. 그래서 우리는 경제민주화의 달성이라는 측면에서 지금의 경제운용을 자세히 살펴보아야 한다. 그리고 현재 우리 사회를 지배하고 있는 독점자본(금권)의 폐해가 무엇인지 잘 알아야 한다.

첫째, 대기업과 재벌의 자본 집중에 의한 기업의 양극화

둘째, 계층 간의 부의 불균형 분배로 인한 빈부격차

셋째, 기득권과 우월적인 지위를 이용한 불공정거래

넷째, 법적 혜택으로 대기업 생산과 판매의 독과점과 물가 임의조절

다섯째, 대기업의 이윤 확대를 위한 고용 축소 및 저임금화

여섯째, 다국적기업의 후발국 경제 장악과 자본의 독점력 강화

일곱째, 선진 금융자본의 국제 정보 장악과 전횡

이상에서와 같이 독점자본은 우리 헌법에서 명시하고 있는 경제민주화와는 정면으로 배치하고 있는 경제체제이다. 그러나 경제민주화는 성장과정에서 공정한 소득분배가 이루어져야 하는 것과 금융의 시장지배와 재벌기업의 경제력 집중을 막아야 하는 것, 그리고 기업 간의 양극화 해소와 대기업의 경제력 남용을 방지하는 것이 목적이다. 그래서 경제민주화를 이루기 위해서는 독점자본의 폐해부터 개선되어야 한다.

## (2) 경제민주화를 위하여

현재 우리가 추구하는 경제민주화는 중대한 이율배반을 가지고 있다. 즉, 지금과 같이 금전만능주의 사고에 의해 자신의 이기심 충족이 최우선인 현대인에게는 남보다 잘 먹고 잘살려는 이기적 경제관 때문에 민주화의 목표인 최대다수의 최대행복 추구는 모순일 수밖에 없다. 이 때문에 경제민주화를 이루기 위해서는 최우선적으로 금전만능주의의 사고방식부터 정리되어야 한다.

특히 경제의 민주화는 경제체계에서도 유동성보다는 실물경제가, 금융보다는 고용이 더 중요하다. 그래서 경제의 민주화를 위해서는 경제독제주의인 독점자본주의를 혁파하여야 한다. 그리고 미래의 보다 나은 삶을 위한 경제민주화를 이루려면 서민의 경제적 주도권을 강화시켜야 한다. 그리고 경제민주화를 이룩하려면 다음과 같은 사항들을 실천하여야 한다.

첫째, 금융산업 규제 및 금산분리 강화

둘째, 분배정의 실천으로 양극화로 인한 빈부격차를 해소

셋째, 대기업의 우월적인 지위를 이용한 불공정거래 방지

넷째, 재벌 해체 및 중소기업과 소상공인 육성

다섯째, 재벌 및 대기업의 출자총액제한 및 문어발식 확장 규제

여섯째, 연기금의 대기업 주주권 강화와 직접 경영관리 체계 확립

일곱째, 소득 및 소유에 맞는 세금제도 개선

여덟째, 적정임금 지불과 물가 규제

더불어 경제민주화를 위해 여러 가지 제도적 보완이 필요하다. 그

방법에 있어서는 정치민주화의 예에서 찾을 수 있다. 즉, 정치민주화에서 보았듯이 민주화를 이루는 것은 권력 상층부의 독재 권력자가 국민들에게 혜택을 주듯이 민주화를 베푸는 것이 아니다. 국민이 민주적으로 정치에 직접 참여하거나 국회를 통한 대의정치를 수행하는 것이다.

이와 같이 경제민주화도 권력 상층부에서 권력자가 만들어 주는 것이 아니고 국민 스스로가 경제를 직접 운영할 수 있는 체계를 만드는 것이다. 특히 현재와 같이 금전만능주의 사회 속에서 정치와 권력의 유착에 의한 부패구조가 형성되어 있는 경우는 정권에 의한 경제민주화의 개혁은 용두사미(龍頭蛇尾)가 되기 쉽다. 그렇기 때문에 각계각층의 국민들이 경제적 의사를 직접 밝히고 참여할 수 있는 대의적 경제협의체를 구성하여 경제에 대한 결정과 집행을 할 수 있도록 하여야 한다.

또한 경제민주화의 가장 큰 걸림돌은 이기적 경제관점이다. 특히 자신만 살겠다고 하는 이익단체의 집단이기주의는 잘못된 집단의식과 이기적인 경제 논리의 결과이다. 더불어 가족중심주의의 가족이기적 경제논리도 우리가 지향하는 경제민주화를 해치는 요소이다.

민주주의의 대원칙이 최대다수의 최대행복이라면 개별 이기적 경제논리는 반민주적인 경제논리이다. 그래서 경제민주화를 위해서는 남이야 어떻게 되든지 자신만 잘 먹고 잘살겠다는 이기적 경제 논리는 최우선 퇴출시켜야 할 사고방식이다.

## 2. 경제사조의 역사적 변천

### 1) 절대주의(Absolutism, 絕對主義)

절대주의는 경제사조는 아니나 역사적인 변천과정에 중요한 부분을 차지한다. 그래서 경제사조 측면에서 짚고 나가고자 한다. 이러한 절대주의는 절대왕권시대로 유럽에서 16세기 후반부터 17세기에 걸쳐서 이루어졌던 강력한 왕권 중심의 정치체제를 말한다. 이것은 중세의 지방분권적 봉건주의 체제가 무너지고 강력한 왕권을 중심으로 중앙집권적인 국가 통일이 진행되면서 성립되었다. 이러한 절대주의를 합리화시키기 위해 왕권신수설 등을 바탕으로 왕권은 신이 부여해준 신성불가침의 권한으로 정의하고 국민들의 절대적 복종을 유도하였다.

절대주의 체계에서는 모든 정치적 권력과 함께 대부분의 경제권 또한 왕에 귀속되어 있다. 그리고 국민은 왕에 부속된 존재로 왕권 만능주의적인 속성을 갖고 있었다. 또한 왕은 권력의 강화를 위해 관료제를 채택하여 직접 관리를 임명하였다. 더불어 그가 임명한 관료에 의해 행정업무를 보게 하였으며 왕은 군대를 직접 거느리고 국민 위에 군림하였다.

후기에는 시민 세력이 커지면서 경제권의 일부가 시민의 손으로 넘어가면서 사회적 변화가 일어나게 되었다. 그래서 왕은 경제적으로 곤란할 때 상공 시민계층의 재정지원을 받아 군대를 유지하였다. 그리고 상공 시민에게 군대비용의 기여 정도에 따라 이권을 주는 제휴를 맺어 왕권의 약화를 가져왔으며 그 결과 중상주의의 시대로 이양되었다.

## 2) 중상주의(Mercantilism, 重商主義)

　중상주의는 16세기부터 18세기 말까지 유럽을 지배했던 경제사조이다. 이것은 상업을 통해 국가의 부를 이룰 수 있다는 관점에서 판단하는 경제사상이다. 주요 정책은 보호무역주의 입장에서 새워졌다. 그리고 수출산업을 육성하고 무역에서 발생되는 잉여이익으로 자본을 축적하는 경제정책이다.

　이것은 근대의 절대주의국가 성립시기에서부터 영국의 산업혁명시기까지 약 300년간 유럽의 경제 정책의 기틀이 되었다. 중상주의는 국가가 민간의 경제활동을 지원하면서 통제하는 것이다. 그렇기 때문에 국가 주도형의 산업구조를 가질 수밖에 없었다. 그러나 부강한 국가를 만들기 위해서는 산업을 육성하고 수출은 장려하며 수입을 억제하는 경제체계를 가지고 있어야 한다는 관점을 가지고 있다. 그래서 자국의 산업 생산품을 비싸게 팔고 값싼 원료를 공급받을 식민지가 필요했다. 이 때문에 선도 국가 간의 식민지 쟁탈전이 격화되었던 것이다. 이러한 식민지 쟁탈전은 선진국의 제국주의화를 부축이고 유럽을 제외한 기타지역의 경제적 종속화를 획책하였다. 중상주의의 중요한 특징을 살펴보면 보호무역주의와 자국의 산업보호주의 그리고 중금주의이다.

　여기서 보호무역주의는 해외무역의 활성화와 더불어 수출은 장려하고 수입은 억제하여 잉여자본을 축적하는 정책이다. 그리고 산업보호주의는 상품 판매에 필요한 국내외 시장 확보와 식민지의 저임금으로부터 자국의 산업을 보호하여 고용수준을 유지하려는 정책이다. 또한 중상주의 속의 중금주의는 현대의 배금주의와는 의미를 달리한다. 즉, 국가의 부가 금 또는 화폐의 보유량과 비례한다는 의미에서 국내 보유를 촉진하고 해외 유출을 억제시키는 정책이다.

국력과 국부는 비례한다는 측면에서 강한 국가를 유지하기 위해 중상주의 정책으로 국부를 축적하고 축적된 국부를 이용하여 국력을 키우는 과정에서 제국주의화를 꾀하게 된다. 그러나 그 당시 빈국의 경우는 무역을 통해 부를 축적하지 못할 경우 경제적 파탄이나 식민화가 될 수밖에 없었던 것이다.

이러한 경향은 국가 내의 사회계층 간에도 나타나 하층계급의 경우에는 극심한 빈부격차와 교육기회의 부족으로 인한 삶의 질에 대한 수준도 극도로 낮은 상태의 사회가 되었다.

## 3) 중농주의(Physiocracy, 重農主義)

중농주의는 18세기경의 프랑수아 케네에 의해 주장된 경제논리이다. 이것은 국가 부의 원천이 농업이라는 관점에서 판단하는 경제사상이다. 당시에 유행하던 중상주의 정책에 반대하여 오직 농업에 의한 경제활동만이 생산비용을 초과하는 잉여를 생산한다고 보았다. 주로 중상주의 정책에 반대하는 경제이론가들이 모여서 만든 사상이다.

중상주의학파는 국력과 국가의 발전이 농업보다 공업과 교역에 의해 더 많이 좌우된다고 보았다. 그러나 반면에 중농주의학파는 오직 농업만이 초기 생산비용을 확실하게 초과할 수 있는 잉여 생산을 한다고 보았다. 그리고 토지와 농업을 모든 부의 원천이라고 주장했다. 이들에 의하면 농업 이외의 생산방식은 농산물을 단순 소비재의 형태로 바꿀 뿐이며 상공업 교역에 종사하는 노동자는 단지 자신의 노동 가치만큼 생산물에 부가할 뿐이라고 했다. 그렇기 때문에 상공업 교역에 종사하는 노동자는 비생산적 계급에 속한다고 보았다. 그리고 농산물은 고가로 팔려야 하는 반면에 공산품은 저가로 팔려야 한다고 생각했다. 왜냐하면 농업이 우대되면 농업소득이 증가되고 곧 전체 생산물의 증가를 가져와 이것이 국력신장을 의미하기 때문이라고 주장했다. 그래서 중농학파는 생산계급과 비생산계급 외에 토지소유자를 독자적인 계급으로 인정하고 자기 토지에 대한 대가를 받을 권리가 있는 것으로 보았다. 왜냐하면 토지를 처음 일구고 가꾸어 농사를 지을 수 있도록 만든 토지소유자야말로 토지에 대한 근본적인 권한이 있기 때문이다. 이런 점에서 중농학파는 프랑스 대혁명 이전의 구체제 사회구조를 인정한 것으로 보인다.

또한 중농주의에서는 국가의 간섭은 불필요하다며 국가의 지나친 간섭이 경제를 비효율적이며 낭비로 몰고 간다고 했다. 그리고 중농주의가 자연주의라는 입장에서 자연의 순리에 순응하는 경제운영이 되어야 한다는 입장이다. 그리고 중농주의는 자연 탐구를 통해 더 풍요로운 삶을 살 것으로 보았다. 그러나 부가 화폐에서 나오는 것이 아니고 생산에서 나온다는 점과 농업만이 부를 창출해낼 수 있다고 주장하며 노동에 있는 것이 아니고 토지에 있다고 하는 것에 문제점이다. 즉, 노동력에 의한 가치 창출을 인정하지 않고 있는 것이 문제였다.

또한 토지 소유에 대한 규제를 완화시켜 토지에 대한 투자를 이끌고 토지 임대료를 통해 세금을 거둬들이는 정책을 주장했다.

## 4) 공산주의(Communism, 共産主義)

　공산주의는 생산수단을 모두 국가가 소유하고 개인의 역량에 따라 일하고 필요에 따라 보수를 받는 체제이다. 이는 프롤레타리아 혁명 이론에 의거한 사상으로 마르크스와 레닌에 의해 체계화되었다. 소유에 근거를 둔 지배계급을 없애고 생산수단의 사회공유화를 통한 무산계급의 지배를 지향하는 것이다.

　사유재산제 대신에 재산의 공유를 실현하여 계급 없는 평등사회를 이룩하려 하였다. 즉, 사유재산제가 국가 경제에 미치는 이기적인 문제점을 해결하기 위해 공유재산제를 바탕으로 공산주의의 이상을 실현하려 하였다. 그리고 보다 합리적이고 정의로운 사회공동체를 달성하려는 공산주의의 이념은 인간의 본성에서부터 기인한 것으로 볼 수 있다. 이와 같은 공산주의 개념은 대체로 다음과 같이 분류될 수 있다.

　첫째, 19세기 초반에 '사회주의' 개념이 등장할 때까지의 공산주의는 고대에서부터 맥을 이어온 재산공유제 원칙을 가리킨다. 그리고 이는 곧 사유재산제도에 대한 비판을 의미했다.

　둘째, 마르크스주의에 따르면 공산주의란 인류 역사 최후의 단계로 본다. 그래서 민중들은 계급이 소멸되고 생산력이 극도로 확대된 이상사회에서 살면서 능력에 따라 일하고 필요한 만큼 소비할 수 있게 된다고 보았다.

　셋째, 20세기에 새로이 부가된 의미로는 수정주의적 마르크스주의 혹은 페이비언 사회주의에 대하여 혁명적 마르크스주의 또는 마르크스-레닌주의를 공산주의라고 말한다.

　넷째, 마르크스 이전의 프루동주의처럼 혁명적 성격이 약한 것을 사회주의라 하고 블랑키주의와 같이 혁명적 성향이 강한 사상을 공산주의라고 한다.

그러나 근대의 공산주의적 이상주의는 공유재산제를 바탕으로 정의로운 사회를 추구하는 성향을 갖고 있다. 더불어 공산주의와 사회주의는 대개 동의어처럼 쓰이나 최근의 사회주의는 자본주의적 요소가 가미되어 사회민주주의로서 점진적 발전을 추구하는 점에서 사상적 차이가 있다.

## 5) 사회민주주의(Social Democracy, 社會民主主義)

사회주의는 말 그대로 민중으로 지칭되는 사회가 직접 생산수단을 공유하고 소득과 자원을 평등하게 분배, 운영하는 공동의 경제체제를 말한다. 이러한 사회주의는 사회민주주의와 공산주의로 분류되는데 공산주의에 대하여는 앞서 기술한 바와 같이 혁명적 성향이 강한 것을 말한다. 여기서 사회민주주의는 북구유럽의 여러 국가들처럼 자본주의와 민주주의를 사회주의와 접목하여 복지를 통한 기회의 분배를 이루어 가는 것을 지칭한다.

초기의 사회주의는 자본을 가지고 착취를 통해 부를 축적하는 극소수의 자본가들에게 부의 집중이 되는 것을 문제 삼았다. 그래서 모든 사람들에게 평등한 기회를 주지 못하는 것이 자본주의라는 관점에서 시작했다.

사회주의 이론가인 프랑스의 앙리 드 생시몽은 '사회적인 생산의 광범위한 도입만이 자본주의의 생산에 의한 폐해를 극복할 수 있는 방안이며 이를 위해 사회적 기여에 따른 분배를 실현하여야 한다.'고 주장하였다.

이에 반해 현대의 사회민주주의는 개인의 사유재산권과 사업권을 인정하여 시장경제 내에서 주요 산업을 공유하는 형식의 혼합경제를 지향하고 있다. 이것은 사회주의 내에 자본주의의 장점을 공유하고 개혁을 하려는 취지에서 시작한 것이다. 그리고 복지국가와 기회의 분배를 이루려는 차원에서 접근한 것이다. 다시 말해서 사회민주주의는 기존의 사회주의체제를 비판하고 거부하면서 생겨난 이념이다. 그러나 20세기 초에는 사회(공산)주의가 생산수단의 사적소유를 금지하고 시장경제를 부정하기 때문에 사회민주주의자들이 공개적으로 수정주의를 선택하기 어려웠다. 그런 과정에서 엥겔스의 제자인 베른슈타인이 마르크스주의를 비판하면서 수정주의가 비로소 전면에 부각된 것이다. 그래서 사회민주주의는 베른슈타인의 수정주의적인 사고위에 현대적인 변화를 갖게 된 것이다.

이러한 사회민주주의는 수정주의 속에서 사회개혁 및 노동자의 요구에 따라 민주주의의 점진적 영역 확장을 추구한다. 그래서 생산수단에 대한 소유권을 사회로의 실질적 이전이 필요하다고 주장한다.

그러나 현대에 와서는 더 많은 복지에 대한 요구와 과중한 세금에 대한 부담으로 사회적 협의가 어려워지고 있다.

## 6) 자본주의(Capitalism, 資本主義)

### (1) 초기 자본주의

초기 자본주의는 중세 봉건주의가 몰락하고 절대왕조시대로 들어오면서 시작했다. 이 시기는 상업자본의 형성과 함께 중상주의가 발달되는 시대이기도 하다. 또한 이때는 역사적으로 지리상의 발견을 통한 식민주의의 팽창기로 생산품의 소비를 위한 판로 개척에 힘쓴 시대이다. 그리고 초기 금융산업의 발달이 시작된 시기이기도 하다.

초기 자본주의는 통상적으로 15세기 중반에서 18세기 중반까지의 기간으로 본다. 또한 이것은 초기 수공업적 경제체계에서 근대자본주의로 넘어가는 과도기적 경제체계이다. 이 시기는 수공업으로 생산이 진행되었기 때문에 더 많은 노동력이 필요하였다. 그리고 생산과 고용의 확대가 일어나 자본의 생산에 미치는 영향은 지대하였다. 그러나 초기의 자본가들의 극심한 노동 착취로 인해 또 다른 사회병리현상을 가져왔다.

### (2) 근대 자본주의

18세기 중반 이후 영국에서 일어난 산업혁명으로 경제 및 사회에 급격한 변화가 일어났다. 이러한 산업혁명 이후에는 초기 자본주의의 단계가 끝나고 본격적으로 산업화가 이루어졌다. 그리고 산업화 사회가 되어가는 과정에서 본격적 산업자본이라는 개념이 형성되었다. 이때의 자본주의는 산업자본을 생산에 직접 투입하여 생산을 촉진하고 고용과 소비를 연쇄적으로 일으켜 세우는 체계였다.

그리고 그런 과정을 통해 자본은 실물경제의 흐름을 원활하게 하였으며 그 과정에서 벌어들인 이익은 노동자에게 일부 분배를 하고 소비가 되도록 유도하였다. 그러나 실제적으로 노동자는 산업자본의 횡포에 의해 노동 착취만을 당했으며 그로 인해 삶의 질은 더 열악하게 되었다. 그 이후에도 노동자는 산업이 점차 더 과학화되고 기계화되는 과정 속에서 그나마 일자리조차 잃게 되는 악순환 속에서 살아왔다.

더욱이 산업자본의 횡포는 극심한 빈부격차와 사회양극화 현상을 가져와서 사회 불평등을 키워왔다. 그 결과로 근대 자본주의는 사회적 도전을 받고 공산주의나 사회주의 체계를 요구하는 민중 혁명의 도화선이 되었던 것이다.

## (3) 현대의 수정자본주의

현대의 자본주의는 수정자본주의이다. 이것은 산업자본의 착취가 심한 근대 자본주의 체제에 국가가 개입하여 빈부격차 등의 사회적 폐해를 줄이고자 하는 관점에서 시작하였다. 그리고 근대 자본주의의 단점을 보완하여 일방적 자본논리를 지양하였다. 또한 상대적 약자에게 수혜가 가능하도록 복지라는 개념을 도입하여 분배를 개선한 것이다. 그래서 자본가들의 부의 집중을 막고 사회의 구성원들이 고르게 혜택이 갈 수 있도록 노력하였다.

그러나 이것 또한 보수 기득권층의 반발과 이기심으로 더 이상의 발전이 어려워졌다. 그리고 정부의 개입이 여러 가지 법적, 제도적 한계로 인해 자유방임적 상태로 변질되었다. 그래서 현재의 수정자본주의로는 우리 사회를 공평하고 조화로운 자본주의 사회로 이끌어 가는 데 한계에 도달하게 된 것이다.

지금 우리 사회 구조는 최대다수의 최대행복을 목표로 한 민주주의이며 인본주의이다. 그러나 일부 계층의 부의 집중으로 인한 빈부격차가 대다수의 국민에게 상대적 박탈감 갖게 만들었으며 그로 인해 대부분 국민이 불행을 느끼게 되는 불평등 민주자본주의로 변하였다. 더욱이 자유방임적인 자본주의 사조가 성실하고 근면한 사회의 철학을 바탕으로 한 인본주의를 배척하고 졸부들의 금전만능주의로 뒤바꾸어 놓았다.

## 7) 중금(배금)주의(Mammonism, 拜金主義)

원래의 중금주의는 16~18세기에 유행한 중상주의 초기의 경제사조이며 이는 국가의 부는 금과 은 중심의 귀금속 획득에 있다고 보았다. 그래서 각 국가 간에 무역 경쟁과 수출을 통해 귀금속을 확보하는 것이 국부를 축적하는 방법으로 여겼다.

그러나 현대의 중금주의는 초기의 중금주의와는 전혀 다른 경제사조로 변질된 배금주의이다. 이러한 배금주의는 돈을 가장 중시하고 돈이면 안 될 것이 없다는 관점에서 만들어진 경제사조이다. 다시 말해서 돈으로 무엇이든 다할 수 있는 현대의 금융자본주의가 중금주의로서 배금주의를 뜻한다. 이것은 현대 자본주의가 돌연변이적인 진화를 하면서 나타난 이상 현상이다. 그리고 금융자본주의가 배금주의화한 사회구조를 통해 지금의 금전만능주의로 타락해 버린 것이기도 하다.

현대의 배금주의는 자본주의가 변하여 금융산업의 체계를 갖추면서 생겨났다. 즉, 자본이 실물경제와는 별개로 독립적인 분화가 이루어지고 생산과 고용의 영역을 벗어나면서 만들어진 것이다. 그리고 단순한 돈놀이의 한 방편으로 불로소득적인 방법으로 개발되고 진화되었다. 더불어 금융자본의 허울 속에 투기적 요소가 가미되면서 자본이 아닌 자금으로서의 산업의 하나로 자리매김을 하게 되었다. 결국에는 돈으로 모든 것을 해결이 가능하도록 처리되는 과정에서 중금주의가 성립되었으며 지금은 중금주의가 더욱 진화되어 배금주의 사회로 전환된 것이다.

특히 자금으로 지칭되는 유동성의 분화는 자체 금융산업의 영역을 확장하기 위해 금융 다단계인 각종 파생상품을 개발하였다. 그리고 지금은 금융 다단계를 이용하여 국민들을 대출 등의 방법을 통해 돈의 노예화시키고 있는 것이 중금주의의 귀결이다.

중상주의는 실물경제 영역에서 무역이나 상업적 교역을 통해 국부를 축적하는 것이다. 이에 반하여 현대의 중금주의는 무역이나 교역에 구애받지 않고 유동성과 금융거래에 의해 이익을 취하고자 하는 돈놀이 경제행위이다. 더욱이 금전만능주의는 중금주의의 극단적 변화에서 나타난 것이다.

## 8) 신자유주의(Neoliberalism, 新自由主義)

신자유주의는 1970년대 말에서 1980년대 불어 닥친 경제불황을 타개하기 위해 시작한 경제자유주의에서 기인한다. 이것은 국가가 시장에 대한 개입을 최소화하고 국민경제에 대한 각종 규제를 줄여 경제를 원활하게 하고 효율성을 키우고자 한 경제사조이다.

국가의 개입 없이 무한경쟁과 시장원리를 준수하고 공공기업의 민영화 등을 통해 기업의 이윤 추구를 극대화할 수 있도록 하는 자본주의의 발전된 형태이다. 이러한 경제체계를 유지시키기 위해 노동시장을 유연화하고 국가의 간섭을 줄이기 위해 작은 정부를 지향한다. 그리고 금융시장의 개방과 자유무역을 통해 국가 간 협력 강화 등을 목표로 하였다. 그러나 국가의 지나친 시장 방임 그리고 불간섭과 금융규제 완화로 심각한 부작용이 발생되었다.

이러한 부작용으로는 사회적 불평등으로 인한 빈부격차의 심화와 그에 따른 신분계층의 고착화를 합리화시켰다. 그리고 경기부양을 위한 포퓰리즘을 극대화하면서도 오히려 복지축소로 인한 사회적 약자에 대한 배려를 줄였다. 더불어 금융규제 완화는 미국발 유동성 위기의 직접적 원인이 되기도 했다. 또한 금융규제완화를 통해 금융산업은 돈놀이를 산업화시켜 금전만능주의의 발달에 일조하였다.


## 3. 자본과 금융산업

자본은 기업이 생산을 통해 잉여가치를 창출하고자 투입하는 자금 또는 기타의 설비 등을 이야기한다. 다시 말해서 자본이란 생산이 전제되어야 성립되는 용어이다.

마르크스는 자본론에 따르면 "노동에 의한 잉여가치 창출은 그것을 소유하는 자본가의 이익 여부에 따라 결정된다. 그리고 자본가의 착취를 통해 만들어지는 것이 자본주의의 가장 큰 문제이다."라고 주장했다. 여기서 이야기되는 자본은 노동과 결합하여 고용과 임금에 대한 가치를 갖게 된다고 했다. 그러나 자본가의 이기적 횡포에 의해 노동계급의 반발을 사게 되며 노동자가 권력을 장악하는 과정으로 진행된다고 주장했다.

첫째, 노동은 구체적인 어떤 단위가 아니라 추상적인 가치의 상태이며 또한 노동시간이라는 추상적 단위가 교환가치를 갖는다. 더불어 자본주의 생산품 경제에서 모든 생산품은 사용가치와 교환가치를 갖고 있다. 단, 여기서 사용가치는 생산품을 사용해서 나타나는 효율가치를 뜻하며 교환 가치는 생산품이 시장에서 교환할 때 발생하는 가치를 말한다.

둘째, 자본주의사회에서는 사용가치보다 교환가치로 생산품의 가치를 결정하고 있어 필요한 물건보다 거래가 되는 물건이 우선이다. 그리고 이 과정에서 노동자의 노동가치가 소외된다.

셋째, 임금은 인구의 압력에 의해 결정되는 것이 아니고 노동을 전제한 근로자의 존재 때문에 생계비 수준에서 결정된다. 또한 자본주의의 체제 내에서의 노동력은 단순한 하나의 상품일 뿐이며 그 상품에 대한 대가가 임금이다.

넷째, 자본가들은 노동자에게 생계비 정도의 임금을 주고 그 이상의 잉여 노동을 강요함으로써 잉여가치를 창출하고 있다고 했다. 그리고 그에 따른 생산이윤을 자본가들이 모두 가져간다. 그러나 실제 생산에 따른 총이익은 주로 고용된 노동자 수에 따라 결정된다.

다섯째, 생산에 쓰이는 기계는 노동력의 착취를 더 효율화시키는 역할을 하고 있으며 총이익의 증대에 간접적으로 기여할 뿐이지 직접 이윤을 창조하지는 않는다. 더불어 임금으로 지불되는 가변자본만이 잉여가치를 만들 수 있으며 이익을 발생시킬 수 있다. 특히 인적 고용을 줄일 목적으로 기계를 도입하여 산업을 자동화시킨 자본가들은 다른 자본가보다 유리한 위치에서 이익을 극대화시킬 수 있으나 임금보다 기계에 대한 유지관리비용이 커질수록 총비용에 비해 이익은 줄어든다. 다시 말해서 자본가가 기계 등의 설비로 고용을 줄이면 실제 노동자들의 이익은 점차 줄어들 것이며 기계의 유지 및 관리에 소요되는 비용을 보충하기 위해 자본가들은 노동자들을 더 가혹하게 착취하게 된다.

여섯째, 이러한 과정이 누적되면 노동자들의 생존을 보장할 수 없게 되어 자본가들은 노동자에 대한 지배력을 잃게 된다. 따라서 자본의 노동지배 원칙 위에 세워진 자본주의 체제는 무너지게 되고 그들의 빈자리에 노동자 계급이 권력을 장악하게 된다.

여기서 우리는 마르크스가 이야기하는 자본주의 종말의 한 단면을 살펴볼 수 있다. 여기서 노동자에 의한 자본지배는 자본주의 체제의 몰락을 전제하고 있어서 서로 상반되는 자본 논리를 갖게 된다. 그렇지만 실제에 있어서는 현대의 자본주의는 고전적인 자본론을 넘어 계속적으로 새로운 변화를 시도하여 발 빠르게 진화하고 있는 것이다. 다만 이러한 것도 도가 지나치면 아니 미치는 것만 못하다는 말과 같이 현재에 있어서는 자본주의 진화가 도를 넘어 변화하고 있는 것이다. 특히 경제체계에서는 실물경제와 유동성의 급격한 분화가 이루어지고 자본분야에서도 자금이 별도로 빠져나와 금융산업이라는 체계를 구성하였다. 이 때문에 우리는 이미 순수한 자본주의의 의미를 잃어버렸다. 그래서 우리는 초심으로 돌아가 원래의 자본주의로서의 자본을 되찾아야 한다.

여기서 금융산업이란 돈의 수요와 공급에 대한 중개를 하는 산업을 총칭한다. 다시 말해서 은행과 같이 자금이 있는 곳에서 자금이 필요한 곳으로 이동시켜 자금이 원활하게 순환이 되도록 매개 역할을 하는 것을 말한다. 이러한 금융산업의 발달과정에서 후발국가인 우리는 한때 큰 어려움을 맛보기도 하였다. 외환위기 때는 우리를 비롯한 아시아의 국가들은 IMF의 구제금융으로 위기를 벗어나는 크나큰 변화를 맞기도 했었다. 당시 미국을 비롯한 서방의 선진국들은 구제금융의 대가로 우리에게 재정긴축과 구조조정을 강요하였다. 그래서 우리의 시중은행과 금융기관들은 전멸하다시피 하였고 재벌기업들조차 무더기로 해체되었다. 이 당시 전 세계의 금융산업을 지배하던 미국 등의 서방 선진국들은 금융산업을 통해 세계경제 지배가 가능하다는 것을 충분히 인식하게 되었다.

그래서 지금은 미국을 중심으로 한 영국·프랑스·독일 등의 서방 선진국들은 금융시장을 통해 전 세계의 경제를 장악하고 있으며 중·후진국들을 경제식민화시키고 있다. 이것은 앞서 열거한 미국 등의 서방 선진국이 19세기 말에 강력한 군사력을 가진 제국주의로 전 세계를 식민지화했던 것과 동일하며 100여 년이 지난 지금 또다시 금융을 통해 세계를 지배를 획책하고 있는 것이다. 그리고 이러한 금융지배를 원활히 하기 위해 자국 내의 금융에 대한 규제를 풀어 금융파생상품의 개발을 쉽게 할 수 있도록 지원하였다. 이것이 지금의 걷잡을 수 없는 금융산업의 단초가 되었던 것이다.

금융산업의 발달을 목적으로 한 금융규제 완화는 온갖 종류의 금융파생상품을 우후죽순처럼 번지게 하였으며 불로소득적인 돈놀이에 전 세계가 휘말려 들어가게 만들었다. 이 때문에 이제까지 우리를 유지시켜 온 과학기술 산업은 홀대되고 돈놀이를 위한 온갖 종류의 금융산업이 우리 사회를 병들게 만들었다.

이러한 투기와 불로소득적인 금융파생산업은 급기야는 미국발 서브프라임모기지론의 부실사태를 가져와 사상 초유의 금융(유동성)위기를 초래하였다. 이때까지의 금융파생상품이라는 것은 최신의 금융기법처럼 인식되었으나 실상은 금융 다단계에 불과한 기법이다. 그리고 아직도 그 근본적인 것이 고쳐지지 않고 있으며 계속적인 진화를 통해 우리 사회를 또 다른 위기로 몰아가고 있는 것이다.

지금 선진국들은 금융 돈놀이에 몰입해서 과학기술 산업을 소홀하게 생각한다. 그리고 우리는 그 덕을 보고 있다. 다시 말해서 그들이 추출시킨 산업을 키워서 혜택을 받고 있는 것이다. 또한 그들 덕분에 수출경기의 호조를 보고 있으며 일시적으로 무역흑자의 호황을 누리고 있는 것이다. 그러나 이것 또한 돈놀이의 선진국 경제가 지금과 같이 유지되어야 계속될 것이다. 그렇지만 현재 유럽의 재정위기와 미국의 계속된 통화의 양적 완화는 그들의 구매력을 떨어뜨려 더 이상의 혜택이 안 될 수도 있다. 더불어 그들은 한동안 금융산업의 망령에 사로잡혀 포기해왔던 과학기술산업을 다시 부흥시키려 노력하고 있으며 되살리고 있다. 그렇게 되면 지금까지의 우리가 누려 왔던 수출호조는 더 이상 기대할 수 없게 될 것이다.

## 1) 자본이란

우리의 경제체계는 실물경제와 유동성으로 구분이 된다. 실물경제는 생산과 고용 그리고 소비로 나눌 수 있다. 그중에서 생산을 구성하는 3가지 요소로는 토지, 노동 그리고 가장 중요한 자본이 있다.

여기서 자본이란 생산을 하기 위해 들어가는 자원과 설비 그리고 기본적으로 필요한 자금 등을 통틀어 칭하는 것이다. 다시 말해서 자본은 단순히 기업의 운영자금만을 말하는 것이 아니다. 그러나 지금의 금융산업이 추구하고 있는 자본이라고 하는 것은 자금을 지칭하며 그 운용을 1차적으로 생산에서 시작하지 않는다. 그렇기 때문에 순수한 의미에서 금융산업은 산업이라고 할 수 없으며 이때의 자금이라는 것도 자본이라고 할 수 없다.

즉, 자본은 노동생산성과 토지와 더불어 생산의 요소로 존재해야 한다. 그래야 그것이 진정한 자본주의의 자본이다. 그러나 현재에 와서는 자본의 목적과 용도가 변질되어 있다. 다시 말해서 자본이 생산과는 전혀 관계없이 돈을 벌기 위한 자금만으로 독립되어 있는 것이다. 그리고 부가가치 창출이라는 미명 아래 금융자본이라는 명칭으로 통용되고 있는 것이다. 그러나 이것은 명백한 오류이다.

그래서 지금은 단순히 자금운용만으로도 금융산업이라고 하는 것을 하나의 산업으로 인정하고 있다. 그리고 이러한 변질된 자본주의로 인해 금융기관의 돈놀이가 자본주의의 한 형태인 것처럼 합리화되고 있다. 그 때문에 돈으로 돈을 쉽게 벌 수 있는 금융산업이 현재의 우리 사회를 금전만능시대로 만든 것이다. 그리고 이것으로 인해 키워진 배금주의 의식은 돈으로 모든 것을 평가하는 사회로 만들어 놓았다. 또한 건전한 산업자본주의가 사라지고 돈이 모든 것에 우선하는 금융자본주의로 변질되어 빈곤한 서민들에게 경제적인 고통을 주고 있는 것이다.

정상적인 경제체계는 실물경제인 생산과 고용 그리고 그 과정에서 얻어진 소득에 의한 소비가 서로 균형을 잡아 나아가야 한다. 그리고 이때 자본인 자금은 생산을 도와주는 보조적인 역할로 남아야 한다. 더불어 금융자금은 실물경제의 윤활제로서 유동성을 부여하는 자신의 본분을 다해야 한다. 그럼에도 불구하고 현재의 자금은 정상적인 경제체계에서 벗어나 있다. 그리고 자신만의 금융산업이라는 별개의 독립적 경제 분야가 되어 있다. 또한 실물경제와는 아무 상관없이도 별도의 경제체계를 구축하였다. 그래서 자금이 자신의 본분인 생산자본으로의 역할을 망각하고 유동성으로서 화폐의 본질적인 역할을 소홀히 하고 있는 것이다. 이러한 점들이 현재의 자본주의를 자금주의로 변질시켰다. 그리고 아직도 형식적으로는 자본주의라는 허울의 탈을 쓰고 있으며 현재의 경제 체계를 호도하고 있는 것이다.

금융산업을 통해 변질된 자금의 역할은 돈으로 돈을 벌 수 있는 불로소득 행위를 정당화시키고 있다. 그래서 마치 투자의 하나인 것처럼 포장되어 경제민주화에 가장 필요한 최대고용을 망가뜨리고 있다. 또한 고용 축소는 자본과 노동의 단절로 나타나 소비에 필요한 정상적인 소득을 감소시켰으며 이것이 소비 경기의 침체를 가져왔다. 그렇기 때문에 경제민주화를 위해서라도 자금으로 변질된 자본의 역할을 바로잡아야 한다.

그러나 불행하게도 우리 사회는 소득부재 속에서도 이미 불로소득과 거품경제를 통해 습관화된 낭비와 과소비가 사회에 만연되어 있다. 그리고 국민들은 이를 충족하기 위해 금융기관으로 부터의 대출을 통해 해결하려고 하기 때문에 자금주의의 영향력이 더욱 커져가고 있는 것이다.

또한 국민들이 대출받은 돈으로 소비를 하는 과정에서 지속적으로 경제적 거품이 일어나고 있다. 이것이 우리 사회가 추구하는 건실하고 미래지향적인 발전을 저해하고 있는 것이다. 이러한 경제적 거품은 우리의 생활 속에서 돈에 대한 효용성만을 키우고 있으며 돈에 대한 필요성을 증가시켜 배금주의 사고를 키우고 있다. 또한 돈에 대한 영향력을 극대화하는 과정에서 금전만능의 사회로 발전된다. 이것이 계층 간의 소득 차이와 더불어 우리 사회를 극심한 빈부격차와 각종의 사회병리현상을 일으키는 금전만능주의로 이끌어 가고 있는 것이다. 그래서 지금이라도 자본을 생산의 한 요소로서 초기의 자기 역할로 돌아가야 한다. 그리고 자금의 건전한 순환을 통해 생산을 활성화시키고 생산과정에서 고용을 창출해야 한다. 더불어 자금은 교환매체로서의 자기 역할을 다해야 한다. 이렇게 생산을 통해 만들어진 이익과 부가가치로 소비를 유도하여 물 흐르듯 자연스럽고 균형 잡힌 경제체계를 갖추어야 한다. 이것이야말로 진정한 자본의 자기 역할을 다하는 것이다. 우리는 경제의 초심으로 돌아가야 한다. 그래서 자본주의를 다시 균형 잡아 체계화해야 한다. 그래야 미래의 보다 나은 자본주의 사회로 나아갈 수 있다. 이것을 통해 우리는 미래사회의 경제민주화를 추구할 수 있다. 그리고 최대다수의 최대행복이라는 민주주의의 목표를 달성하기 위한 피그말리온 효과[1]를 얻을 수 있다.

이것이야말로 우리가 바라고 추구하는 자본의 역할이다. 진정한 자본주의의 자본은 단순히 돈벌이의 목적으로 이용되는 것이 아니라 경제체계의 흐름을 원활히 해주고 그 과정에서 모두에게 이득이 되도록 하는 것이다.

---

1) 피그말리온 효과(Pygmalion Effect): 피그말리온은 그리스 신화에 나오는 조각가로 자신이 조각한 여성상을 사랑하게 되었으며 이를 지켜본 미의 여신 아프로디테가 그의 소원을 들어주어 조각상이 인간으로 환생하게 된다는 이야기로 간절히 기대하면 그에 부응하여 실제적으로 일이 이루어진다는 심리적 효과를 말한다.

## (1) 자본의 흐름

자본의 흐름이란 실물경제의 생산, 고용, 소비의 각 단계를 순환하는 자금의 운용을 말한다. 그리고 이것을 우리는 자본의 유동성이라고 한다. 이러한 자본 흐름의 결과는 우리 사회의 변화와 일치하며 시대성을 반영해준다. 그리고 경제체계를 구성하여 우리 삶의 형태를 결정해 준다.

생산에서 소비에 이르는 일련의 과정이 정상적일 때는 모든 것이 원만하다. 그렇지만 변칙적일 때는 각각의 단계에 따라 불협화음 현상이 나타난다. 그리고 이러한 불협화음은 사회의 계층 갈등을 조장하고 급격한 변화를 유도하기도 한다. 이러한 급격한 변화는 혁명이나 전쟁 등으로 변하여 우리 사회를 혼란 속으로 이끌어 갈 수 있다.

자본의 흐름에서 가장 중요한 특징은 상대적으로 큰 자본은 주변의 작은 자본을 끌어들이는 흡인력이 일어난다는 점이다. 특히 이러한 자본의 흡인력은 큰 산업자본이 주변의 작은 자본을 끌어당겨 흡수하여 집중화된다는 것이다. 그리고 그 크기를 계속 불리기 때문에 자본 간의 자본격차는 시간이 갈수록 심해질 수밖에 없는 것이다. 더불어 그 정도는 집중된 자본의 크기에 비례하여 더욱 커진다.

또한 초기자본의 크기는 자금의 회전에도 영향을 미친다. 그래서 자본이 클수록 자금의 정체성이 크다. 그리고 작은 자본일수록 자금의 회전속도가 빠르다. 다시 말하면 서민경제와 같이 다수에 의해 이루어지는 소자본의 경우는 자금의 회전속도가 빠르다. 그렇기 때문에 유동성의 원활화에 도움이 된다. 그러나 자본의 순환 속도가 빨라서 오래 지켜내지 못한다. 그에 반해 대자본에 흡수된 자금은 자금의 흐름이 약화되어 오래 정체가 된다. 그렇기 때문에 유동성을 둔화시킨다. 그래서 이러한 자금의 정체 현상을 방치하면 대자본으로 자금의 쏠림이 생길 수밖에 없다. 이것이 경제체계 내에서는 대자본의 활성화를 막는다. 그리고 유동성의 순환을 막아 자본의 흐름을 왜곡시킨다.

이 때문에 경기침체를 막고 경제적 안정을 위해 자금의 흐름을 원활하게 하려면 될 수 있는 한 집중된 대자본을 소자본으로 분할시켜야 한다.

### ① 자본의 집중

자본의 집중은 대자본의 흡인력과 같은 효과가 커지면서 일어나는 경제행위이다. 다시 말하면 분산된 소자본들이 한곳으로 모아 집중되면서 일어나는 것이다. 즉, 다수의 소자본을 모아 자체의 자본 흡인력을 향상시키고 대자본의 흡인력에 대응하기 위해 자본을 집중시키는 것을 말한다. 이렇게 함으로써 자본 집중력이 약한 소자본을 살리고 자본 순환을 활성화시킨다. 그리고 소자본이 주를 이루는 경제 하부구조에 자본을 집중시켜 경제구조를 안정시키는 것이다. 이것을 통해 경제 전체 구조를 튼튼하게 하고 다가올 어떠한 외적 위기에도 총체적으로 대처할 수 있는 경제적 능력을 키울 수 있다.

또한 소자본의 집중을 통해 사회적 약자인 중산층과 서민의 경제적 능력을 향상시켜 재산 형성에 도움이 되도록 하는 것이다. 더불어 소자본의 집중이 흡인력을 키워 생산에 따른 이익의 극대화를 가져옴으로써 각 소자본의 소득을 증가시켜 주는 시너지 효과를 볼 수 있다. 그렇게 하기 위해서는 우선 이제까지 법으로 금하고 있는 기업 집중에 대한 규제를 소자본의 영역에서는 풀어 주어야 한다. 그리고 서민과 중산층에게 큰 부담이 돼왔던 세금의 감축과 조정이 선행되어야 한다. 이러한 소자본의 집중을 할 수 있도록 하여 이제까지 일방적으로 혜택을 받아온 대자본을 견제하도록 하여야 한다. 또한 대자본의 집중력을 감소시켜 상하 계층 간의 경제적인 균형을 이루어야 한다.

또 다른 경제적 약자인 하청기업의 자본 집중화를 통해 대기업에 대응할 수 있는 힘을 키워 주어야 한다. 더불어 도시와 농촌 간에 있어서도 경제적으로 소외되어 있는 농어촌으로 경제적 혜택을 부여되어야 한다. 그래서 도시로 집중되어 있는 부의 집중을 농어촌과 나누어야 한다.

이렇듯 자본의 집중은 소자본을 키워서 대자본과 대등한 경제적 능력을 갖도록 하는 것이 가장 중요하다. 즉, 경제적으로 취약한 소자본을 중심으로 상승효과를 누릴 수 있도록 조치가 필요하다. 더불어 일방적으로 유리한 대자본에 대한 흡인력을 분산시켜야 한다.

② 자본의 분산

자본의 흐름에서 거대화된 대자본의 강력한 흡인력은 불평등한 부의 분배와 빈부격차의 주요한 원인이다. 그래서 경제민주화의 균형성장을 위해서는 합리적인 자본의 분산이 필요하다. 대자본이 가지고 있는 자금의 집중력은 자본 크기에 비례한다. 그리고 자본의 집중력이 크면 클수록 자본 간의 격차를 심화시킨다. 그래서 자본의 분산을 이용해 대자본의 집중으로 생기는 자본 간의 격차와 대자본의 경제력 집중을 줄이는 것이다.

재벌이나 금융기관 등의 대자본은 구조적으로 주변자금을 끌어들이기 쉽게 되어 있다. 그리고 대자본은 끌어들인 자본으로 더욱 큰 자본으로 변화한다. 더불어 더욱 커진 자본은 기존 자본의 흐름을 왜곡시켜 자본 격차를 극대화시킨다. 이것이 자본의 순환성을 감소시키고 국가 차원의 경제 활성화에는 역작용을 한다. 그렇기 때문에 자금의 유동성을 늘리고 흐름을 활성화하기 위해서는 대자본을 분산시켜 여러 개의 중, 소자본으로 만들어서 유동성을 키워야 한다.

이렇듯 자본의 분산을 위해서는 대자본을 소유한 일부 상위 계층 및 금융기관 등에 집중된 큰 자본을 작은 자본으로 재편하여야 한다. 다시 말해서 집중된 자본을 각 자본 간의 격차를 줄이기 위해 나누어져야 한다는 의미이다. 이때의 나눈다는 의미는 집중화된 재벌기업이나 문어발식으로 확장된 대기업 집단 혹은 통합 금융지주회사 등의 거대자본을 해체한다는 것이다. 그리고 소집단화해야 한다는 의미이다. 즉, 자본의 균형과 안정을 위해서는 계층구조의 상층부가 비대해지는 것을 막아야 한다. 더불어 하부계층의 자본 부담을 줄이기 위해 적절한 자본의 분산이 필요하다. 특히 국가가 의도적으로 집중시킨 금융자본 및 재벌기업의 자본 등은 분산의 제일 첫 번째 대상이다.

더욱이 자본의 분산이 효율적인 부의 분배를 이루려면 많은 사람의 고용이 전재되어야 한다. 그리고 고용에 따른 소득의 분산을 위해서는 직접 생산에 참여하는 기업의 수를 늘려야 한다. 그렇게 하기 위해서는 거대화된 기업집단 및 금융지주 회사를 다수로 분산시켜 소집단으로 재편시켜야 한다. 그리고 자본을 집중시켜 기업 이익의 극대화를 위해 만들어진 통합관리시스템을 분산시켜서 해당 분야의 고용을 확대해야 한다.

이러한 과정을 통해 이루어진 자본의 분산은 이제까지 계속되어온 자본주의 병리현상의 하나인 대자본의 집중에 의한 폐단을 막을 수 있다. 그리고 이익에 대한 분배를 고르게 하여 사회적 빈부격차를 줄일 수 있다. 이때의 분배는 금융대출이나 차용 등에 의해 자본이 분산되는 것이 아니다. 실제적인 소득의 정당한 분배에 의해 분할이 이루어져야 한다는 것을 뜻한다.

더불어 자본의 분산은 소집단의 자본 보유 능력을 키우고 고용의 영역을 확대시킨다. 그리고 자금의 흐름을 원활히 하며 소집단의 구매력을 향상시켜 자본의 집중을 돕는다.

### ③ 자본의 순환

국가경제의 균형과 안정 그리고 경제민주화를 위해서는 자본의 순환이 원활하게 이루어져야 한다. 그것을 위해서는 우선 집중된 자본을 합리적으로 분산시켜야 한다. 그리고 다시 소자본을 통해 집중시키는 과정을 반복하는 가운데서 자본의 순환을 원활하게 하여야 한다. 이러한 지속적이고 반복적인 순환을 통해 실물경제의 동맥경화를 막을 수 있다. 이때의 순환은 정상적인 흐름과 비정상적인 흐름으로 나타난다. 여기서 정상적인 흐름은 선순환이라고 하며 경제적 성장과 발전이 이루어지는 상태이다. 그리고 비정상적인 흐름은 악순환을 뜻하며 국가경제의 균형과 안정을 해치는 것을 말한다. 이러한 선순환과 악순환은 자본의 집중과 분산에도 직접 영향을 미친다. 그래서 순환의 과정은 국가의 통제와 조율이 절대적으로 필요하다.

여기서 선순환은 자본의 원활한 순환을 위한 연구개발과 그에 뒤따른 적절한 투자가 해당된다. 그리고 수출과 내수산업의 적절한 조화와 생산과 소비의 균형에 의한 자본의 순환이 이루어지도록 하는 것이다. 이것을 위해서는 국민 각자에게 적절한 세금이 부여되어 세입이 이루어져야 한다. 그리고 균형재정을 통해 지출이 되어야 한다. 더불어 국가는 예산의 집행을 통해 미래 산업을 육성하고 생산기업을 활성화하여 고용을 확대, 안정시키는 것이 필요하다.

악순환의 경우는 임금과 물가의 관계와 같다. 임금이 상승하면 그에 따라 생산품 가격에 임금 상승분만큼 직접 반영된다. 그래서 생산품 가격이 올라 다시 물가가 상승되는 악순환이 이루어진다. 이러한 것이 반복되면 물가 상승으로 인한 소비가 축소되어 경기가 침체된다. 그리고 과도한 물가상승을 억제시키지 못해서 인플레이션이 발생된다. 그래서 우리 사회에 만연되어 있는 자신들만을 위한 이기적 임금 투쟁은 삼가야 한다. 왜냐하면 그것으로 인한 악순환이 우리 사회의 균형과 안정을 해치는 하나의 요소이기 때문이다.

이와 더불어 대표적인 악순환의 과정을 밟는 것은 금융대출과 저금리 기조이다. 저금리가 생산적인 기업대출보다는 불필요한 개인 및 가계 대출을 위주로 치중시켜 낭비와 과소비를 유발한다. 그리고 과소비로 인한 허영에 찬 삶을 유지하기 위해 또다시 대출에 의존하는 풍조를 만들어 악순환의 요인이 되고 있다. 또한 정치적 포퓰리즘을 목적으로 한 경기 부양도 악순환의 과정을 밟는다. 이러한 포퓰리즘은 거품경기를 일으켜 방만한 국가재정과 나태한 국민성을 키워 미래사회에 대한 적응을 어렵게 만든다.

그래서 국가경제의 순환은 정상적인 선순환의 과정으로 유도하여야 한다. 그래야 경제의 균형과 안정을 이룰 수 있다. 그리고 악순환이 끼치는 사회의 해악적인 요소도 줄일 수 있다.

## (2) 자본의 왜곡

이제까지의 자본주의 속에서 나타난 자본의 흐름을 살펴보면 초기에는 생산을 위한 자금과 설비투자로서의 자본이 대부분이었다. 그러나 자본이 시대가 변함에 따라 주식이나 펀드 등의 비생산적인 투자자금으로 그 위치가 전환되었다. 그에 따라 자본이 생산이나 고용을 거치지 않고 돈놀이로 소득을 취할 수 있는 경제 구조로 변화한 것이다. 그러나 이러한 경제구조는 고용을 떠나 단순히 소비에만 관여하기 때문에 경제체계에서 실물경제를 약화시키는 상황을 만들었다.

더 나아가 지금은 자본 자체가 생산 전 단계인 원자재 및 농산물과 에너지 자원 등에 직접 손을 대어서 투기화하기도 하였다. 그래서 자본이 아닌 단순히 자금만으로도 자원을 이용하여 소득을 취하고 돈을 벌 수 있는 별개의 경제구조를 만들었다.

특히 최근에 와서는 단순소비의 극치인 스포츠, 연예, 섹스의 3S 부분의 발달을 추구해서 극단적인 자금만의 경제를 일반화시켰다. 그리고 이것이 지금은 별개의 산업으로 발전하여 우리 사회에 배금주의 사조를 만연시키고 있는 것이다. 더불어 3S산업의 발달은 생산과 고용의 결과로 주어지는 소득으로 충족이 되지 않는 소비문화를 만들고 있다. 더욱이 이러한 소비문화는 고용이 전재되지 않는 과소비로 흘러가 서민들의 직접적인 소득과 관련된 자금의 흐름을 왜곡시키고 있다.

이때의 과소비는 결과적으로 소득이 부족한 부분에 대하여는 외부차입을 요구한다. 그래서 소비에 쓸 자금의 외적 유입이 필요하게 되며 그것을 다수의 서민들은 금융대출을 이용하여 충족하려 한다. 그렇기 때문에 소득과 소비의 균형이 잡히지 않는 대다수 서민의 경우는 적자가계가 될 수밖에 없다. 이렇게 소비와 생활자금으로 이용한 대출금은 점진적으로 서민들을 빚에 얽매이게 만든다.

또한 이것은 국민들에게만 적용되는 것이 아니다. 국가도 마찬가지이다. 국민에게 포퓰리즘을 베풀기 위한 외채 차입으로 적자재정이 편성되고 그로 인해 국가 채무가 계속 늘어나고 있다. 이렇게 증가된 외채로 인해 결국에는 국가의 재정은 파탄이 나고 모라토리엄에까지 이르게 된다. 그리스를 비롯한 유럽의 여러 국가들이 순차적으로 재정악화로 인한 경제적 어려움을 겪는 것도 이 때문이다.

### (3) 자본의 가치

자본의 가치는 돈의 가치로 볼 수 있다. 그러나 우리는 돈에 무슨 가치의 구분이 있는가 하는 의문을 가질 수 있다. 왜냐하면 우리 사회가 배금주의 사고방식에 만연되면서 돈의 가치가 무조건 최상이라고 여기기 때문이다. 그래서 어떻게 벌든지 무엇을 위해 쓰든지 불문하고 보여 지는 돈의 액면가가 돈의 일반적인 가치라고 생각하고 있다. 그러나 각각의 소득 방식과 쓰임새에 따라서 돈의 가치는 확연하게 구분이 되며 실제로 구분을 하여야 한다.

지금 우리 사회는 기존의 순수자본주의 사회의식이 퇴색되면서 점차 돈의 가치를 최우선으로 획일화하고 있다. 그리고 돈에 그려진 액면가만을 돈의 가치로 인정하고 있다. 그러나 돈을 어떻게 버느냐와 어떻게 쓰느냐에 따라 돈의 가치가 틀리다. 이러한 점을 우리 사회는 간과하고 있는 것이다. 돈의 가치는 각각의 경우에 따라 진정으로 틀린 것이다.

또한 돈의 가치는 그 효용성에 따라 다른 가치를 가진다. 즉, 동일한 액면가의 돈이라도 소득과 대비하여 서로 다른 효용성을 나타낸다.

예를 들어 1,000만 원 소득을 올리는 사람에게 있어서 1만 원의 가치는 10만 원을 버는 사람의 1만 원에 대한 가치보다 훨씬 낮은 효용성을 갖는다. 다시 말해서 높은 소득자의 돈은 그만큼의 사회적 가치가 없다는 의미가 된다.

우리 사회에서는 법이 부여하는 사회적 혜택과 기득권을 가지고 아주 쉽게 돈을 버는 사람과 노력과 고생을 통해 버는 사람으로 구분되어 있다. 그렇지만 그것도 각각의 상황을 무시하고 동일시하고 있다. 이들이 벌어들인 돈의 가치는 명백히 틀린 것이다. 또한 돈의 쓰임새에 있어서도 돈의 가치는 확연히 다르다. 그 돈이 자신을 위해 쓰이느냐 남을 위해 쓰이느냐에 따라 그 가치가 구분되어야 한다. 그리고 반드시 우리 사회는 이러한 구분을 해야 한다. 각각 돈의 가치를 바로잡아야 비로소 돈이 진정한 자본주의의 자본으로서 길이 열린다.

특히 자본으로서의 돈은 단순 자금으로 여겨지는 돈을 뜻하는 것이 아니다. 자본으로서의 돈은 경제적 부가가치를 창출할 때만 인정될 수 있다. 다시 말해서 돈이 선순환의 과정을 통해 자본으로 인간의 삶을 보다 안정적이고 풍요롭게 만드는 역할을 해야 한다는 의미이다.

이 과정을 통해 돈의 가치가 자본의 가치로 될 수 있으며 자본은 다시 돈의 가치를 올려주는 상호 보완적이 될 수 있다.

### (4) 자본의 독점

자본독점은 기업이 정치와의 정경유착에 의해 자본권력화하는 과정에서 일어난다. 그리고 이것은 자본의 집중으로 나타난다. 다시 말해서 자본을 이용하여 법과 권력의 기본 틀을 자신에게 유리하게 조성해놓고 기득권을 확보하는 것이다. 더불어 이러한 기득권을 이용하여 일반시민을 또 다른 착취 대상으로 삼아 독선적으로 경제를 운영하는 것을 말한다. 이 때문에 우리 사회가 추구하는 경제민주화의 제일 첫 번째 대상이 되는 것이 독점자본의 혁파이다.

이러한 독점자본은 자본이 법의 보호 아래 독점적인 권한을 가지고 활용성을 극대화하기 위해 자금으로 운영되는 것을 뜻한다. 지금 우리 사회는 기업에 활용되어야 할 많은 건전한 자본이 금융자금으로 변질되어 있다. 그리고 활용성만 키워 각종 금융대출 등의 방법을 개발하여 거품경제를 일으키고 있다. 더불어 금융자본들은 거품경기에 물들어 허영과 기만에 들뜬 시민들을 대출의 족쇄로 묶어 돈의 노예로 전락시키고 있는 것이다. 또한 금융기관들은 법적인 우월성을 이용하여 시장경제의 독점을 강화하고 있다. 그래서 자신들의 뜻대로 독단적인 자본독점 구조를 만들어 가고 있는 것이다.

이러한 자본독점은 실제에 있어서는 자본이 아닌 자금으로서의 금융 권력이며 자본주의라는 허울 속에서 금전만능주의를 조장하고 있으며 자신의 본질을 호도시키고 있다. 그리고 자본의 진정한 의미를 왜곡시키고 있는 것이다.

독점자본은 자본의 집적과 집중에 의해 형성된 대기업의 자본도 해당된다. 이것은 자본주의 경제가 발달해 가면서 상호 경쟁에 이긴 기업들이 대자본화하면서 이루어진다. 그 후에는 번거로운 상호 경쟁을 피하고 시장을 독자적으로 점유하려는 목적 때문에 급속도로 독점화된다.

독점화된 기업은 규모가 커지면서 더 큰 자본이 소요됨에도 불구하고 자본에 대한 확충을 피하기 위해 과잉생산을 선택한다. 이렇게 함으로써 과잉생산으로 인한 재고 누적이 기업 이윤을 감소시키는 원인이 된다. 그래서 이러한 기업들은 자신들의 이익을 확보하려는 차원에서 정치권력과 결탁한다. 그리하여 교묘하게 법의 맹점을 이용하고 각종 혜택을 받기 위해 독과점이라는 손쉬운 방법을 선호한다.

자본의 독점은 대기업의 시장지배에 이용된다. 그리고 독과점체제를 통해 기업의 이윤을 극대화하려고 한다. 특히 대기업이 주도하고 있는 전자제품 및 자동차 혹은 통신회사의 대리점과 기업형 슈퍼마켓 그리고 정유회사의 지정대리점 등은 해당 분야의 자본을 독점하여 전횡을 하고 있는 좋은 예이다.

이러한 자본의 독점은 기업의 극단적인 자본집중을 일으킨다. 그리고 기업 간의 자본 격차를 유발하여 사회적인 불평등 요소를 만든다. 더불어 물가에 대한 국가의 조절 역량을 감소시켜 통제가 어렵게 한다. 그래서 소자본으로 이루어진 서민경제에 심각한 타격을 주고 빈부격차를 심화시킨다.

## 2) 금융산업

### (1) 금융산업의 변화

자본의 흐름이 생산의 실물경제와 관계없이 자금 자체로만 회전이 되고 그 과정에서 중개와 거래가 성립되는 경우에 우리는 그것을 금융산업이라 한다. 그리고 그때 사용되는 자본을 금융자본이라고 한다.

이러한 금융자본은 초기의 순수자본으로서의 역할을 버리고 지금은 단순한 금융자금으로 전환되어 있다. 그리고 자금만으로 부가가치를 창출하며 소득을 얻는다고 여기며 중개와 거래가 이루어진다. 그래서 지금은 금융자금이 이러한 허울 좋은 명분 아래 실물경제를 벗어나 있으며 소수의 고용만으로 돈놀이를 통해 큰 소득을 벌어들이고 있다. 또한 지금은 금융산업으로 자신의 영역을 확장하여 각종 금융파생 상품을 개발하고 금융다단계로 전환되어 있다. 그래서 각 금융기관은 금융다단계의 돈놀이로 벌어들인 소득으로 소수의 사람만이 혜택을 받고 부를 축적하고 있는 것이다. 그리고 그들만을 위한 분배와 소비가 이루어지기 때문에 적절한 고용이 필요가 없게 되어 사회 전체가 수용할 수 있는 고용이 점차적으로 축소가 되고 있다. 이러한 점에서 금융산업을 통해 부가적으로 늘어나는 금융소득은 실제적인 노력 없이 벌어서 쓰는 불로소득과 같으며 이 또한 해당 분야의 일부에게 집중되어 빈부격차를 심화시키는 요인이 되고 있다.

　　그리고 이때 금융기관이 벌어들이는 소득은 법적 보장을 받아 우월한 위치에서 시행되는 예대상계 마진이며 여타의 소득에 비하여 안정적이며 크다. 그래서 금융기관의 종사자들은 쉽게 돈을 벌어들이며 소득도 높다. 이것은 경제민주화의 적절한 소득과 균형 분배 차원에서 보면 매우 부적절한 소득이다. 그리고 이렇게 벌어들인 소득은 소비하는 과정에서도 별 아까울 것 없이 쓰기 때문에 거품에 의한 과소비로 흐르기 쉽다.

　　이때의 과소비는 경제적 측면에서 생산 유발이라는 긍정적인 면도 있다. 하지만 절제 없이 함부로 쓰는 것이 일반적이기 때문에 실제적으로 경제적인 효과를 기대하기 어렵다. 그리고 이런 종류의 과소비는 전체 산업에서 일정한 부분만을 활성화시켜 자본의 편중을 일으킨다.

또한 금융산업은 자신의 이익을 극대화하기 위해 금융통합을 실시하여 우리 사회가 절실히 필요한 고용을 더욱 줄이고 있다. 그로 인해 금융산업 내의 추가고용이 뒤따르지 못해 실업이 증가하고 있는 것이다. 이렇듯 금융통합으로 자금의 집중돼서 해당 분야의 일부계층 사람들만 수익이 엄청나게 늘어났다. 그럼에도 불구하고 실제적 고용이 뒷받침되지 않아 부의 분배가 불합리하게 되었으며 하위계층은 소득부재로 인해 사회적으로 빈부 격차만 심화되고 있는 것이다.

이렇듯 현재의 금융산업은 실물경제를 지원하는 유동성의 원활화라는 자신의 본분을 벗어나 있으며 자신들만의 이기적인 경제논리로 무장된 산업분야로 변질되어 있는 것이다. 또한 금융산업의 발달은 극단적인 돈놀이의 역량만 키워 건전한 실물경제를 손상시키고 있다. 더욱이 금융다단계의 기법으로 돈놀이를 확대하여 미래산업인 과학기술 분야의 근간을 뿌리째 흔들고 있다.

## (2) 금융산업의 통제

경제민주화를 위해 금융산업이 올바르게 성장하려면 지금과 같이 금융산업이 단순 돈놀이 산업이 아닌 실물경제를 지원하는 산업으로 다시 자리매김을 하여야 한다. 그렇게 되려면 반드시 국가의 강력한 금융산업의 통제가 필요하다.

이러한 금융산업의 통제는 공적인 감독기능의 분화에서 시작해야 한다. 그리고 정부 차원의 공무원이 아닌 민선의 지자체 선출직 의원들에 의해 감독기능에 대한 통제가 이루어져야 한다. 더불어 금융산

업에 대한 공정거래 여부 또한 민간 소비자 단체의 관리 아래서 집행
되어야 한다.

이것을 위해서는 기존의 관주도 일변도의 금융산업 통제가 변화되
어야 한다. 다시 말해서 경제민주화의 차원에서 감독의 주도권을 민
간에 이양하여야 한다. 그래서 금융산업을 실제적으로 직접 관계가
있는 시민단체의 관리 감독체계로 전환되어야 한다.

### ① 금산분리

금산분리는 금융과 기타산업의 지배구조를 분리하기 위해 만든 정
책이다. 즉, 비금융권에 속한 주식 보유자가 어느 특정 금융기관의 의
결권을 행사할 수 없도록 한 법적 규제이다. 왜냐하면 해당 금융기관
의 주식의 일정 비율을 초과해서 보유하면 자체 의결권을 가질 수 있
기 때문이다. 이것은 재벌 및 대기업 등의 산업자본이 자기 자본이
아닌 고객 예탁금으로 금융산업을 지배하는 것을 막기 위해 도입한
것이다. 그러나 외환위기 때에는 금산분리 정책에 의해 국내자본이
금융기관에 대한 소유가 불가능해져 대다수의 국내은행 소유권이 헐
값으로 외국자본에 넘어가게 되었다. 그래서 금산분리 정책이 국내자
본에 대한 역차별이라는 논란이 제기되기도 했다. 그 과정에서 외국
투기자본에 운영권이 넘어간 은행이 여러 곳이 있었으며 다시 국내
은행이 되찾아오는 과정에서 외국계 투기자본은 엄청난 이득을 취하
게 되었다. 그래서 현재는 금산분리 정책에 대한 실효성이 사회쟁점
화되고 있다.

이렇듯 금산분리 정책은 시행과정에서 금융기관에 대한 잘못된 통
제로 인해 국가의 부가 외국계 투기 자본에게 착취당하는 빌미를 제

공하게 된 것이다.

더욱이 외국 투기자본이 취한 이익 극대화의 이면에는 해당분야의 정책적 난맥상이 깔려 있다. 다시 말해서 은행의 소유권이 넘어간 후에 국민의 혈세를 이용하여 공적자금을 투입하는 등의 처리 부실이 외국계 투기자본에게 막대한 이익을 안겨준 것이다. 또한 은행을 되살리는 과정에서 금융기관의 도덕적 해이와 관련 공무원의 부정부패로 인해 국민의 부담만 크게 키운 것이다.

그러나 지금과 같이 경제체계가 정상으로 돌아온 후에는 금산분리의 정책은 경제민주화 차원에서 산업자본의 금융지배를 통한 자본의 집중을 막는다는 점에서 절대 필요하다.

### ② 거대금융자본

우리는 외환위기 이후 금융산업의 합리화와 국제경쟁력 강화라는 측면에 통합 금융체계를 도입하였다. 그러나 이것은 금융산업으로의 자본집중이며 자본집중을 통한 거대자본화이다. 이러한 거대금융자본에는 국내의 통합금융과 국제 금융자본이 있다. 여기서 미국을 중심으로 하는 유태계 거대금융자본은 신자유주의의 금융규제완화에 힘입어 범세계화되었다. 그리고 2008년에는 그들의 금융다단계식의 돈놀이로 미국발 유동성 위기를 초래하기도 하였다. 그러나 아직도 미국은 선진금융국가로 돈놀이에 대한 미련을 버리지 못하고 있다. 그래서 이번에는 금융권에 공적자금 투입과 금융통화의 양적 완화를 통해 또다시 금융거품을 일으키고 있는 것이다. 지금 미국은 연방준비은행(연준)을 통해 대량의 화폐를 찍어 내고 있다. 그리고 재무부는 대량의 국채를 발행하여 방만한 예산 집행을 하고 있으며 계속적으로 재정적자를 크게 키우고 있는 중이다. 또한 대량으로 발행한 화폐를 각종 금융기관에 낮은 이자로 대부해서 투기자금화하여 전 세계를 투기장으로 만들고 있다. 그리고 그러한 자금들은 전 세계를 누비며 각 국가의 부를 착취하고 있는 것이다. 특히 범세계적으로 널리 퍼진 선진국의 금융자본은 투자라는 명목으로 각국의 증시나 금융산업에 침투하고 거품을 일으키고 있다. 그리고 이것을 이용하여 자의적으로 각국의 경제를 조절하고 때에 따라서는 마음껏 유린하고 있는 것이다.

이러한 거대 금융자본은 미국의 유태계 금융자본가에 의해 주도되고 있으며 미국의 군사력과 함께 세계의 금융지배 일환으로 전 세계에 영향을 주고 있는 것이다.

이것들은 세계화한 거대은행, 해지펀드, 신용평가회사, 기타 투기자본 등으로 구성된 거대 금융자본이다. 이들은 자본주의의 탈을 쓰고 단순 돈거래 행위를 통해 전 세계를 대상으로 착취구조를 만들어 놓았다. 그리고 지금은 그것을 이용하여 각국의 부를 흡인하여 축재하고 있는 것이다.

현재 세계 경제에서는 고정환율화되어 있는 위안화의 절상 문제로 미국과 중국이 첨예하게 대립하고 있다. 또한 이러한 절상문제는 그리스 및 스페인을 비롯한 유럽국가의 재정 위기가 맞물려 있어 극단적인 무역 분쟁으로 갈 가능성이 크다. 더욱이 위안화의 절상에 대한 미국 측의 강요가 지나치면 범세계적인 경제위기의 해결에 또 다른 문제가 생길 수 있다. 다시 말해서 경제위기의 해결에 중요한 역할을 하고 있는 중국이 미국과의 대립으로 극단적인 보호 무역주의로 갈 수 있다는 것이 문제이다.

현재 중국은 자국의 경제정책을 철저히 통제 계획 아래에서 시행하고 있다. 그리고 정치경제의 안정과 균형에 중점을 두고 경제정책을 운용하고 있다. 그래서 거대자본으로 무장된 미국의 압력에 굴복하여 위안화를 절상하지는 않을 것이다. 물론 과거 미국의 압력에 의해 변동환율로 전환한 후에 경기침체에서 헤어나지 못하고 있는 일본을 타산지석(他山之石)으로 삼아 그 전철을 밟지 않으려고 할 것이다. 지금 미국은 중국을 환율조작국으로 만들어 미국에게 유리하도록 자신의 소기의 목적을 달성하려 하고 있다.

만일 중국이 환율조작국으로 지정되게 되면 중국에서 수입하는 상품에 대해 고율의 관세가 부과되게 된다. 이 때문에 미, 중국 간의 극단적인 무역 분쟁이 발생될 가능성이 커진다. 이것은 금융시장에 직접 영향을 주어 세계경제를 또 다른 위기로 몰고 갈 수 있다.

지금도 유태계를 중심으로 하는 미국의 거대금융자본은 중국의 자본과 금융시장의 자유화를 요구하고 있다. 그리고 지속적으로 압력을 거세게 증가시키고 있다.

그러나 현재 중국의 경제 상태는 미국의 유태계 거대금융자본에 공략당하기 쉬운 상태이다. 그리고 기존의 중국 금융산업은 취약하고 위험 요소가 너무 많다. 그래서 중국은 미국에 굴복하여 손쉽게 개방하지는 않을 것이다. 따라서 중국은 경제정책에서 특히 환율과 주식시장 그리고 금융기관을 통한 외국자본의 유입을 철저히 통제를 하고 있는 것이다. 더불어 장차 개방 압력에 대응하여 단계적으로 개방에 대한 대비책을 마련하고 있는 것이다.

그 일환으로 중국은 세계 여러 나라들과의 무역에서 중국의 위안화로 결제할 것을 요구하고 조약을 체결하고 있다. 그리고 향후 우리

나라와도 위안화로 무역결제를 하려고 추진하고 있는 중이다.

현재 우리가 가장 우려하고 있는 것은 급속한 국제자금의 이탈이다. 다시 말해서 집중적으로 국내의 금융시장에 투입되어 있는 국제 거대자금이 외부적인 예기치 못한 위험 상황으로 인해 급속히 빠져나가는 것을 우려하고 있는 것이다.

과거 2008년 미국발 유동성 위기 때에도 처음에는 국제 금융시장이 급속히 경색되었다. 그리고 국내 은행들이 가지고 있는 엄청난 금액의 단기외채가 만기연장이 안 되어 큰 곤혹을 치른 것이다. 그래서 이때 유동성 위기를 해결하기 위해 한국은행은 보유한 외환을 집중적으로 은행에 공급하였고 서둘러 미국, 일본 등과 통화 스와프를 체결하고 급박한 위기를 넘겼던 것이다.

그러나 우리는 지금도 금융규제로 인한 외국자본의 이탈을 우려하고 있다. 그래서 계속적으로 금융규제를 더욱 완화하는 정책을 추진하고 있는 중이다. 그러나 규제완화는 외국의 거대자본이 국내의 취약한 금융자본을 잠식하기 쉽고 우리의 자산을 편취하기 용이하게 해준다.

더불어 외국의 거대자본에 대응하여 통합금융을 통해 국내 은행의 대형화를 추진하고 있다. 그러나 대형화하면서 지금도 거의 전면 개방되어 있는 금융산업의 규제를 더욱 완화해서 국제 금융자본에 의해 농락되기 쉬운 체계로 전환되어 있는 것이 문제이다.

유동성 위기 당시에는 외환보유에 다급하여 공공기업에게 어떤 수단을 동원해서라도 외화를 조달하라는 정책을 세웠다. 그래서 대부분의 공공기업 부채가 기하급수적으로 늘어나게 되었다. 이것은 당시 공공기업들은 외채 조달에 급급하여 엄청난 고금리로 외채를 조달한 것이 문제였다. 이렇듯 무분별한 외화차입에 힘쓰는 동안 우리는 국제 금융자본의 좋은 먹잇감으로 변하였다. 그리고 금융위기를 기회로 그들에게 한국은 가장 수익을 올리기 쉬운 나라로 만들어 주었다. 또한 현시점에서도 지속적인 증시부양으로 증권시장의 유동성이 좋아졌다. 그래서 또다시 금융위기가 올 때에도 거대금융자본들은 신속히 자금을 회수할 수 있도록 만들어 주었다.

따라서 단지 국내증권시장에 과도하게 투입된 국제 금융자본의 이탈을 우려해서 지속적으로 금융규제를 완화한다는 것은 잘못된 정책이다. 그리고 국제적으로 형성된 거대금융자본은 우리나라에게 돈을 벌어주기 위해 존재하는 것이 아니다. 그들은 어떻게 하든 우리의 부를 착취하여 자신들에게 이익을 주기 위해 존재하는 집단이다. 그래서 우리 경제의 자생적 능력도 키우고 경제민주화를 위해서는 국제 금융자본에 대한 영향력을 줄일 수 있도록 국가정책이 전환되어야 한다.

### ③ 금융통화위원회

국가의 통화신용정책에 대한 중요사항을 심의 의결하는 기구인 금융통화위원회(이하 금통위)는 한국은행에 설치되어 있는 국가기관이다. 이 위원회의 인적구성은 한국은행의 총재(이하 한은 총재)를 비롯하여 7인의 위원으로 구성되어 있다. 여기서 한은 총재는 금통위 의장으로 임기는 4년이고 연임이 가능하다.

금통위의 운영방식은 한은 총재가 의장으로 금통위의 회의를 주재한다. 그리고 본회의는 의장이 필요하다고 판단할 때나 혹은 금통위 위원 2인 이상의 요구가 있을 때 소집된다. 본회의에 상정되는 안건을 심의의결할 때는 5인 이상의 출석이 요구된다. 더불어 출석 과반

수의 찬성에 의해 의결된다.

이러한 금통위는 시기에 따라 기준금리를 결정할 수 있는 권한을 가지고 있는데 이것은 심히 위험한 독선적인 권한이다. 다시 말해서 불과 7명의 위원이 국민의 생활과 직결된 기준금리를 마음대로 결정할 수 있는 것은 관치금융의 전형이라고 볼 수 있다. 더욱이 잘못 결정된 금리조정의 결과로 인한 국민적 피해는 금통위의 누구도 책임지지 않는 구조로 되어 있다. 특히 지금과 같이 국민의 부채가 눈덩이처럼 불어나고 있는데 금통위의 구성위원은 서민의 어려움을 전혀 모르는 인사들로 구성되어 있어 더 큰 문제이다.

더불어 서민의 가계 대출에 따른 이자 부담은 기준금리가 결정적인 역할을 하고 있다. 그렇기 때문에 금통위의 금리변동은 서민 생활에 직접적으로 타격을 줄 수 있다. 그리고 잘못 결정된 금리는 시중의 유동성을 약화시킬 수 있고 상황에 따라 통화와 자금의 회전에 문제가 생길 수 있다. 더불어 일방적으로 행한 금리의 조절이 경기 침체와 고용축소 그리고 실업을 가속화시킬 수 있다. 또한 금리는 물가상승, 인플레이션과 직접 관련이 되어 있어 그 결정은 신중하면서도 공정성이 요구된다.

그래서 경제민주화를 위해서는 관치 금융의 전형인 금통위를 지금과 같이 일부 위원에 의해 편협된 결정이 되지 않도록 시민단체가 직접 참여할 수 있도록 위원 구성을 보완하여야 한다.


④ 금융감독원

국가에서 금융이나 증권, 보험 등을 관리 감독하기 위한 국가기관으로 금융감독원(이하 금감원)이 설립되어 있다. 그러나 감독기관 출신들이 퇴직 후에 금융이나 증권, 보험 등의 관련기관으로 취업하여 실제적인 감독기능을 무력화하고 있다. 이것은 명백한 국가기관의 불공정행위이다. 금감원이 금융 등의 기관을 감독하는 것은 그들을 방치함으로써 생기는 경제적·사회적 폐해를 막기 위함이다. 그런데도 불구하고 금감원 소속의 공직자들이 본분을 망각하고 감독을 해야 할 기관의 임원이 된다는 것은 어불성설(語不成說)이다. 그리고 우리 사회를 바르게 할 경제정의의 차원에서 보면 지극히 부당한 처사이다. 나중에 자신이 근무해야 할 감독대상 기관을 누가 철저하게 감독할 것이며 후일을 위해 불성실한 감독을 할 것은 필연적이다.

그래서 우리 사회의 금융산업에 대한 통제를 바로 하기 위해서는 감독기관 출신은 감독대상 기관에 절대 취업이 불가능하도록 법제화해야 한다. 그래야 국가의 관리·감독기능이 강화될 수 있으며 금융부조리로 인한 국민적 피해를 줄일 수 있다.

또한 금융감독원이 과거의 증권이나 보험의 감독 기능까지 독점하고 있다. 그래서 금융 분야의 무소불위(無所不爲)의 권력기관으로 군림하고 있는 것이다.

이것은 권력이 집중되면 부패하는 속성을 감안할 때 반드시 분리되어야 한다. 그래야 정당하게 금융산업을 견제할 수 있다.

경제민주화 차원에서 현재의 금융 감독기능은 증권, 은행, 보험 등이 세부적 분화가 이루어져야 한다. 그리고 관리나 조사 및 행정처리 기능은 공무원이 하고 감독은 각 광역시도에서 선출된 지자체의원에 의해 구성된 감독위원회에서 수행되어야 한다. 이렇게 하면 공무원을 감독하고 견제하는 역할이 생겨서 부정부패의 요인을 사전에 막을 수 있다.

단, 감독위원회의 위원은 연임을 할 수 없으며 해당분야에 종사했던 사람은 자격을 주지 말아야 한다. 특히 금감원에 근무한 사람은 관계분야에 취업할 수 없도록 법적 제한 조치가 되어야 한다.

### (3) 금융산업의 폐해

현재의 대다수 금융기관은 외환위기 이후 외평채에 의해 조성된 공적자금에 의해 구제되었다. 여기서 공적자금이라는 것은 국민의 혈세를 담보로 한 것이기 때문에 금융기관 정상화 후에는 반드시 회수되어야 한다. 그러나 대부분의 금융기관이 공적자금 투입으로 정상화가 추진되었으나 그 과정에서 이미 외국자본에 의해 잠식되어 있었다. 그리고 소유권이 넘어가거나 헐값매입으로 그들은 엄청난 이익을 취하게 해주었다. 더불어 금융기관 종사자들의 도덕적 해이로 공적자금을 횡령하여 상당 비용이 국민의 빚으로 남게 되었으며 국민의 부담으로 되살아난 금융기관들이 건전한 기업대출보다는 소매금융에 치중하여 국민을 상대로 지속적인 돈놀이를 하고 있다. 또한 금융규제 완화로 인해 경제적인 거품이 심화되고 있으며 그에 따른 부작용으로 또다시 세계가 경제위기로 치닫고 있다.

금융산업은 유동성의 차원에서 실물경제를 지원하고 보조해주는 역할을 하는 것이다. 그렇기 때문에 그 운용의 결과는 실물경제에 직접적인 영향을 준다. 그러나 유동성이 지금과 같이 실물경제와는 별도로 독립하여 운용되는 경우는 경제적 거품을 일으키고 손쉬운 돈놀이로 전락한다. 그래서 금융기관의 극단적 이익 추구로 인해 전체 국민이 채무자가 되고 있는 것이다.

금융산업은 예금과 대출을 통해 자본의 순환을 원활하게 하는 역할을 하여야 한다. 그러나 대출대상이 개인 또는 가계인 경우는 단순한 돈놀이가 될 뿐이다. 또한 금융산업은 예대 상계의 돈거래와 거래자 신용을 바탕으로 이루어지는 산업이다. 그래서 국가정책이나 경기의 변화에 따라 금융시장은 항상 불안정한 상태에 놓여 있을 수밖에 없는 것이다.

그렇기 때문에 현재와 같이 돈놀이로 전환되어 있는 금융산업은 절대적인 개혁이 필요하다. 그러나 현재에도 시장맹신 논리와 자본시장의 자율화라는 명분으로 금융산업에 대한 대대적인 개혁보다는 국가의 방임이 문제가 되고 있다. 더불어 금융기관들은 자신의 수익을 극대화하기 위해 국민착취형으로 변질되어 있다. 그래서 국민들의 삶의 질 향상을 위한 경제민주화를 추진하기 위해서는 적극적인 국가의 개입이 필요하며 금융기관의 수익을 규제하여야 한다. 그리고 국민을 위한 금융산업으로 변화될 수 있도록 조처를 취해야 한다.


## 4. 금융자본주의가 금전만능주의로 진화

현대 자본주의의 진화는 산업자본주의가 금융산업 위주의 금융자본주의로 변질되면서 시작되었다. 또한 이렇게 탄생된 금융자본주의가 자본의 독점이 심화되면서 금전만능주의로 진화한 것이다. 다시 말해서 자본주의의 진화는 산업자본주의가 금융자본주의를 거쳐 금전만능주의로 전환된 것이다. 그리고 그 과정에서 현대 자본주의는 금전만능의 환상에 빠져 금전만능자본주의가 된 것이다. 이러한 진화

여정에는 개인 이기적인 경제관념과 국가의 방임이 가장 큰 역할을 하였다.

특히 신자유주의 경제 이후부터 금융산업의 비약적 발전은 국가의 정책과 법적인 보장에 의해 진행된 것이며 국가가 금융 규제를 완화시키면서 더욱 키워졌다. 그리고 금융산업의 주체인 거대금융자본이 자금의 흡인력에 의해 집중이 강화되면서 비약적인 발전이 이루어진 것이다. 이러한 금융산업은 실물경제와는 상관없이 독립적으로 진화하였다. 그리고 돈이면 안 될 것이 없다는 풍조와 실제적으로 그렇게 만들어져 가는 사회구조가 금전만능주의를 탄생시키고 키워 왔던 것이다.

## 1) 산업자본주의의 전개

산업자본주의는 자본주의 발전단계에서 가장 정점에 있는 시기에 해당된다. 이 시기는 성장과 발전이라는 사회적 요구에 잘 맞았으며 지속적인 발전 단계에서 삶의 행복지수도 비교적 높았던 시기이다. 그래서 우리 사회는 산업과 과학의 발달 그리고 고용의 원활화로 인해 국가 부의 축적과 성장과 분배를 기할 수 있었으며 더불어 자수성가형 기업증가와 고용확대 및 개인적 부의 증가로 민주주의의 원칙에 의거한 최대다수의 최대 행복을 추구할 수 있었다. 또한 내수 경기와 소비의 활성화를 통해 실물경제의 원활화를 기할 수 있었으며 국민적 행복지수를 키울 수 있었다. 특히 신흥 산업자본주의 국가는 미래에 대한 기대감과 지속적인 발전의 가시화로 인해 국민적 행복지수가 높아서 사회적 불평등에 대한 반발도 그다지 크지 않았다.

## (1) 국가 부의 축적

현대에 들어와서 우리는 산업자본주의를 통해 과학과 산업의 발달을 추구할 수 있었다. 그리고 이것은 국가 부의 축적을 가능하게 하고 국가사회가 발전할 수 있는 여건을 형성해주었다. 우리 사회의 경제체계도 자본주의의 근간인 실물경제가 주체가 되고 금융은 실물경제의 윤활제가 되었다. 그래서 금융은 생산과 고용 그리고 소비의 각 분야에 적극적으로 기여하여 성장의 견인차 역할을 다하였다. 또한 경제의 각 단계가 원활하게 이루어짐으로써 사회 전체의 성장에 따른 분배가 비교적 고르게 이루어질 수 있었으며 그로 인해 국가 부의 축적과 지속적인 발전을 기할 수 있었다. 더불어 산업자본주의는 계층 간의 빈부 격차를 줄일 수 있도록 개인적 부의 축적을 소득과 고용에서 찾았기 때문에 사회적 불평등을 줄일 수 있었던 것이다.

이렇듯 계층 간의 불평등을 줄여야 사회구성원들은 동질성을 갖고 국가의 발전에 적극적으로 참여할 수 있으며 경제민주화의 조건을 만들어 갈 수 있다. 그래야 이 과정에서 이루어진 국가 부의 축적은 온실효과[2]를 일으켜 국민들을 범세계적인 위기에 대하여 저항할 수 있는 능력을 키워줄 수 있다. 또한 건실한 국부의 축적은 경제적인 어려움에 대하여 보호가 가능한 사회 안전망을 구축해 줄 수 있다.

---

2) 온실효과(Greenhouse Effect): 지표에 복사된 열을 대기 중의 수증기나 이산화탄소 등이 흡수하거나 오존층에 반사되어 온도를 올리는 효과이다. 이것은 태양광을 받아들이고 열을 내보내지 않고 축적하여 겨울철 온실과 같은 작용을 하는 것을 말한다.

## (2) 자수성가형 기업 증가

산업자본주의의 중요한 특징은 자수성가형 기업이 새롭게 많이 생기면서 고용이 증가하고 그에 따라 성장 분배도 원활해진다는 점이다. 그리고 고용 증대와 지속적 성장을 통해 도시로 인구집중 현상이 일어난다.

특히 국가가 자수성가형 벤처기업이나 창의적 기업의 육성을 통해 새로운 자본을 형성시켜서 한 곳에 집중되어 있던 자본의 분산이 가능하게 되는 것이다. 이렇게 자본의 분산이 원만하게 진행되면서 자본의 순환 또한 원활해질 수 있었다. 이것은 우리가 추진했던 산업자본주의사회에 새로운 성공사례가 되어 지속적인 경제발전의 밑거름이 되었고 그에 따라 국민의 더 나은 삶에 대한 기대감으로 행복지수가 커질 수 있었다.

또한 개인적 노력에 따라 누구라도 신분상승과 잘살 수 있다는 희망을 갖게 하였다. 그리고 이것은 또다시 누구라도 노력하면 성공할 수 있다는 자수성가형 기업을 육성하게 하고 계속적인 투자를 통해 사회 전체를 발전지향적인 산업자본주의 사회로 이끌어 왔다.

## (3) 고용확대 및 개인적 부의 증가

산업 자본주의에서 산업 생산의 활성화는 고용을 향상하고 실업을 줄이며 소비 진작을 통해 다시 생산에 대한 활성화로 이어진다. 그래서 이러한 경제활동의 일련의 과정이 개인적 부의 증가를 가져온 것이다. 이 때문에 산업자본주의 시대의 고용 확대는 사회적 문제인 실업률도 줄이고 경제활동 인구를 증가시켜 자본에 대한 이윤을 원만히 재분배가 되도록 하여 자본의 순환에 절대적인 역할을 해왔다. 특히 고용확대에 따른 실업률의 감소는 임금 지급을 통한 소비를 진작시킬 수 있었다. 더불어 소비는 내수경기를 활성화시켜 부의 재분배를 원활히 해준 것이다.

산업 자본주의에서 개인적 부의 증가는 중산층을 키워주고 중산층의 증가는 경제적 안정을 이루어 건전한 산업사회로 나아가는 길을 제시해 주었다.

특히 당시의 중산층의 사회적 약진은 언더독 효과[3]에 의해 상위계층에 대한 강한 견제력을 갖도록 힘을 실어주어 경제적 안정을 꾀할 수 있도록 한 것이다.

## (4) 내수경기와 소비의 활성화

내수경기의 진작과 소비의 활성화를 고용을 통해 지불된 임금으로 유도한다. 그래서 고용으로 소비를 진작하고 내수를 촉진하여 다시 생산을 유발하는 선순환의 과정을 밟아 국가경제를 원활하게 한다. 특히 소비를 통한 내수경기의 활성화는 국민의 삶의 질에 직접적인 영향을 미치고 경기 체감에 대한 실질지표가 되기 때문에 중요하다. 그래서 산업자본주의의 승패 여부는 소비 장려에 의한 경기 활성화와 고용에 달려 있다고 해도 과언이 아니다. 더불어 생산의 활성화는 지속적인 경제발전에 절대적인 영향을 미쳐서 과학기술의 발전과 함

---

3) 언더독 효과(Underdog Effect): 개싸움에서 유래한 용어로 밑에 깔린 개를 뜻하는 말이다. 이것은 약자가 이겨주기를 바라는 심정을 표현하는 것이다.

께 우리 사회의 경제적 안정에 산업자본주의가 가장 큰 역할을 한 것이다. 또한 지금 우리 사회에 만연되어 있는 과소비는 산업자본주의의 본질인 근검과 절약의 정신에 위배되어 있으며 오히려 금전만능주의의 산물이다.

## (5) 지속적인 경제발전

산업자본주의에서는 지속적인 경제발전이라는 명제는 경제적 균형발전과 성장이 전제되어 있는 것이다. 특히 경제적 빈부격차를 줄이고 사회통합적 상생의 관점에서의 경제발전이 가장 중요한 덕목이다.

이러한 산업자본주의의 가장 큰 장점은 지속적인 경제발전에 대한 기대감과 발전의 가시화라고 할 수 있다. 이로 인해 국민은 미래에 대한 기대감과 잘살 수 있다는 희망에 지금 당장의 다소 부족한 사회적 여건이나 불공평한 조건에 대하여 잘 참아낸다. 그러나 산업자본주의도 어떤 단계에 이르면 선진국형의 저성장화가 일어나기 때문에 지속적인 경제발전의 한계에 도달하게 된다. 그리고 사회적 요구는 오히려 폭발적으로 증가되어 상대적 경제 퇴보가 일어나 산업자본주의의 또 다른 위기가 닥칠 수 있다.

다만 점진적이고 지속적인 경제발전은 나비효과[4]에 의해 우리의 미래 발전에 대한 무한한 성장을 기대할 수 있다는 의식이 키워져 국가의 지속적인 발전에 큰 도움이 되었던 것이다.

---

4) 나비효과(Butterfly Effect): 미국의 기상학자인 에드워드 로렌츠가 주창한 것으로 어떤 일이 처음 시작할 때는 아주 작은 변화도 결과에 있어서는 큰 차이가 난다는 의미이다.

## 2) 금융자본주의로 이행

　금융자본주의란 금융이 자본운용의 핵심이 되면서 발전된 자본주의이다. 이러한 금융자본이 산업 외적으로 발달됨에 따라 산업자본의 역할을 위축시켰다. 그리고 지금은 단순히 금융자금으로서 실물경제와 상관없이 독자적인 분화를 일으켜서 발전하고 있다. 더욱이 국가 차원에서도 금융산업을 확대, 육성하고 있으며 금융에 대한 규제를 완화시켜 금전만능의 금융자본주의 사회로 변질시켜 가고 있는 것이다.

　이렇듯 지금의 금융산업은 실물경제를 지원하는 본연의 역할에서 벗어나 있으며 돈놀이의 한 방편으로 금융을 이용하고 있는 것이다. 더불어 금융산업은 금융자금을 활용해 소득과 부가가치를 창출한다는 허울 좋은 명목으로 금융자본주의를 발전시키고 있다. 또한 금융자본으로서 자신의 역할을 벗어나서 금융대출을 이용한 돈놀이로 불로소득이 만연된 사회를 만들어 가고 있다. 이러한 금융기관의 돈놀이는 내적으로는 개인과 가계의 대출을 해줌으로써 국민을 빚더미에 올려놓고 경제적 어려움을 키우고 있으며 외적으로는 외국계 금융자금과 함께 국내 증시를 통해 투기자금으로 변질되어 국가의 부에 직접적 손실을 끼치고 있는 것이다. 더욱이 이러한 금융자금은 생산산업과는 전혀 관계없이 존재하고 있다. 그래서 금융파생상품이라는 다단계 돈놀이 시스템을 만들어 건전한 경제체계를 훼손시키고 있다.

　금융산업 분화에 따른 파생상품의 만연은 일부 금융산업의 발전을 가져왔으나 결과적으로는 대다수의 국민들을 금융부채를 떠안는 채무자로 전락시키고 있다. 그래서 우리 국민의 상당수는 가계부채에 짓눌리는 금융노예로 전락하고 있는 것이다.

2008년 미국발 유동성 위기는 전 세계의 금융시장에 불안을 가져오고 실물경기의 침체를 가져왔다. 그래서 소비와 투자가 급속히 위축되고 극심한 불경기를 유발했으며 그 과정에서 수많은 국민들은 고통 속에서 어려운 삶을 영위하였다. 다행히 위기의 과정은 넘겼다고 하나 지금의 상태는 아직도 금융위기의 진행 중에 있다. 앞으로도 이러한 금융위기가 다시 찾아와서 또다시 금융산업이 붕괴되면 수많은 사람들이 실업자로 길거리에 나앉게 되는 경우가 발생될지도 모른다.

이와 같이 금융자본주의는 대다수의 국민들을 위기에 대처하기 어려운 상황으로 몰아가고 있으며 상위 일부계층에게 터무니없는 부를 약속한 대신 대다수의 국민들을 금융노예로 전락시켜 놓고 있다. 이러한 점에서 금융자본주의는 현대 사회를 또 다른 금융봉건시대로 만들어 가고 있는 것이다.

그래서 국가는 더 이상 대다수 국민들을 도탄에 빠지게 하는 금융자본주의를 방치해서는 안 된다. 금융산업에 대하여 적절한 규제와 조정을 하여 더 이상의 국민적 피해가 커지지 않도록 하여야 하며 국민을 금융자본으로부터 보호할 필요가 있다. 더욱이 선진국의 투기자금으로 인한 금융수탈을 막을 수 있는 범세계적인 금융규제 기관이 필요하다. 이것이 잘못된 금융자본주의로 이행하는 자본주의를 바로잡는 길이다.

## (1) 국부의 손실

금융자본주의는 금융자본의 자유화를 전제로 생겨났다. 그리고 금융자본은 금융산업의 국제화와 거대화를 기화로 금융시장의 세계화가 진행되었으며 금융선진국이 후발국의 경제적 착취를 쉽게 할 수 있도록 만들어졌다. 그 때문에 지금은 금융산업을 빙자하여 국가 간을 넘나드는 투기자금으로 만연되어 있다. 또한 이렇게 조성된 투기자금은 각국의 증권과 펀드 및 환투기 등의 방법으로 후발국의 경제를 교란하고 국부를 착취하고 있는 것이다.

특히 금융자본주의는 파생상품이라는 금융다단계 기법을 이용하여 금융대출을 늘리고 과소비를 유도하여 우리 사회에 거품경기를 일으키고 있다. 그리고 그로 인해 내적으로는 선량한 국민들을 금융채무자로 만들어 개인적 부를 축적하기 어렵게 하고 있으며 외적으로는 외국계 금융자금의 국내 증시를 통한 투기로 국가의 부에 직접적 손실을 주고 있다.

우리는 자본주의의 논리에 의해 개인의 경제적 발전이 곧 나라 전체의 경제발전이라고 착각하고 있다. 그러나 실제적인 경제적 측면에서 개인의 발전이 나라의 발전이 아니라는 점을 간과해서는 안 된다. 경제에서는 국가의 총체적 부가 한정되어 있기 때문에 어느 개인이 부를 과잉 축적한다는 것은 타인의 부를 갈취하는 것과 마찬가지이다. 그렇기 때문에 개인의 극단적 부의 축적은 오히려 빈부격차만 키워서 사회적인 불만만 증대될 뿐이다. 그래서 이기적으로 취한 개인적인 부의 축적은 국가 부의 증대와는 아무 관계없다. 오히려 다수에게 빈부격차의 심화로 인한 사회적 박탈감만 키우고 나쁜 상황을 조성하는 죄수의 딜레마[5]적인 요소가 있다는 것을 잊어서는 안 된다.

---

5) 죄수의 딜레마(Prisoner's Dilemma): 공범을 저지른 두 명의 죄수를 잡아 한쪽이 협력할 경우 이익을 주고 자백을 유도하면 상대방의 결과를 고려하지 않고 자신의 이익만을 위해 침묵보다는 자백을 선택하게 된다. 이 때문에 결국에는 둘 다 자백을 하여 더욱 불리한 상황으로 가게 된다는 게임의 법칙이다.

## (2) 생산 산업의 위축

금융자본주의에서 자금이 생산 분야의 자본으로부터 이탈한 것은 금융산업이 고용과 소비의 순환과정 없이도 이익을 취할 수 있기 때문이다. 그리고 금융자본의 다양한 운용법의 개발로 돈놀이만으로도 돈을 벌 수 있는 길이 열려 있어 굳이 생산 산업으로 자금이 투자되지 않아도 되는 것이 문제이다. 이러한 현상은 결과적으로 생산의 필요성을 감소시키고 고용을 어렵게 하며 자금이 금융 분야로 집중되어 정상적인 자본의 순환을 망치게 한다. 더불어 과학기술의 발달과 공장 생산의 자동화로 인해 생산 분야의 고용이 축소되고 있는 상황에서 금융의 돈놀이는 고용을 더욱 축소시켜 국민경제에 나쁜 결과를 가져오고 있다. 이처럼 고용이 충족되지 않은 생산 활동은 임금을 통한 소득 분배가 축소되고 불공평해진다. 그래서 하위 계층의 소득 부재로 인한 개별 소비를 감소시켜 과잉 생산과 재고 누적을 가져오게 되며 이것이 경기침체와 경제적 공황을 일으킨다. 또한 이러한 현상은 재생산의 여지를 막아 심각한 경제위기와 높은 실업을 유발한다. 이토록 금융산업의 일방적인 발전은 우리 경제에 도움이 되기보다는 상황에 따라 경제위기를 발생시키는 하나의 요인이 된다.

우리가 소비하는 공장 생산재의 가격 결정에는 원자재의 비용과 고용 임금이 중요한 부분을 차지하고 있다. 특히 여기서 원자재의 비용은 자재의 수요와 공급에 따라 정해지나 고용임금은 노사 협의에 의해 결정된다. 따라서 이렇게 형성된 생산비는 세금과 기업이윤 등의 기타 비용과 합쳐져 물가를 형성한다. 그리고 물가는 또다시 고용소득과 더불어 소비의 가능성을 결정한다. 이 때문에 물가의 상승은 소비를 줄이고 소비는 생산 산업의 위축을 가져와 경기침체의 원인이 된다.

다시 말해서 생산과 고용 그리고 소비는 서로 떼려야 뗄 수 없는 불가분의 관계를 가지고 있다는 것이다. 그래서 그중에 어느 하나라도 균형을 잃으면 나머지 모두가 불안정한 상태가 될 수밖에 없다. 이러한 불균형은 생산 산업의 위축을 가져오고 경기를 침체시켜 사회를 불안정하게 만든다.

## (3) 금융대출과 부채 증가

금융자본의 활성화를 위해서 은행은 리스크가 적은 소매금융을 통해 자본을 키운다. 그리고 금융기관은 자신들의 이익을 극대화시키려고 은행의 예금금리를 낮추고 대출은 활성화시킨다. 그래서 국가는 금융기관의 각종 규제를 풀고 금리를 지금과 같이 낮추어서 돈놀이를 쉽게 하도록 한 것이다. 다시 말해서 저금리를 통해 금융기관이 돈을 쉽게 벌 수 있도록 만들어 준 것이다.

금융기관은 예대상계에 의한 마진을 취하는 사업이다. 그래서 기준금리가 어떻게 되든지 아무상관이 없다. 오히려 금리가 낮으면 낮을수록 대출이 수월해져서 더욱 유리하다.

그러나 일반 서민에 있어서는 다르다. 은행의 대출이 수월하다는 것은 결코 좋은 것만이 아니다. 대부분의 서민이 대출을 통하여 사업자금을 융통하는 것이 아니고 단순히 주택자금이나 생활비 등을 융통하여 쓰기 때문에 단순한 빚으로 남는다. 그리고 빚을 갚기 위해 자신의 소득에서 매달 일정 금액의 대출이자를 지불해야 하는 처지가 되고 만다. 지금과 같이 서민을 돕겠다고 주택담보대출이나 전세

대출 그 외의 각종 대출을 쉽게 해주는 금융정책은 잘못된 것이다. 이러한 정책을 계속 유지하는 것은 국민에게는 결코 좋은 일이 못 된다. 이것은 금융산업의 활성화에는 도움이 될지 모르나 국민 전체를 빚더미에 올려놓는 무책임한 정책이다.

과거에도 금융기관의 대출금이 주택시장으로 흘러들어와 부동산 투기를 조장했고 그로 인해 부동산 가격이 거품을 일으켰다. 그러나 지금은 가격상승의 한계상태에 도달해 더 이상의 주택가격 변화가 없는 답보 상태가 되었으며 결국에는 대출 자체가 국민의 빚으로만 남게 되었다. 더불어 지금도 계속된 전세대출 활성화로 인해 전세 시장에 많은 돈이 흘러들어오고 있다. 그것이 전셋값을 폭등하게 하는 요인이 되었으며 서민경제를 뒤흔들어놓고 있다.

또한 금융산업은 그 기법을 달리해 여러 가지 금융파생상품을 개발하였다. 그리고 빚에 몰린 서민을 금융다단계의 기법을 이용해서 다각도의 올가미를 씌어 착취구조를 만들어 놓았다. 이것은 금융자본주의의 종주국인 미국을 중심으로 한 자본선진국의 발달된 금융기법이다. 이러한 방법은 선진 금융기관들이 전 세계를 상대하여 돈놀이를 하기 위해 개발한 것이다. 지금은 일반화된 은행의 저금리도 이러한 착취 구조의 방편으로 이용되고 있다.

지금 서민들은 은행의 저금리 대출을 통해 낮은 이자로 쉽게 돈을 빌리고 있으며 금리가 낮아서 빌려 쓰기 좋아서 대출을 일삼게 되었다. 그리고 그렇게 빌린 돈으로 부동산 투기를 하거나 허영에 젖은 생활비로 사용하면서 낭비하고 있다. 그래서 결국 은행 대출의 대부분이 서민들에게 빚으로만 남게 된 것이다. 그렇기 때문에 서민의 대다수는 대출의 악순환 속에서 헤어날 수 없는 채무자로 전락하고 있다.

또한 국가도 마찬가지이다. 국가도 국제적으로 전횡하고 있는 저금리의 외채를 빌려 쓰고 있으며 적자재정을 편성하여 퍼주기식의 포퓰리즘으로 국민을 현혹하고 있다. 더불어 국민 각자는 허황된 거품경기에 빠져 국가부채가 눈덩이처럼 불어나고 있는 것도 모르고 있다.

국가나 국민이 빚을 지는 것은 명백히 금융자본주의의 피해이다. 그리고 거대자금을 가진 금융집단의 농간이다. 금융기관은 소매대출을 통해 돈을 가지고 쉽게 돈놀이를 하고 있으며 그것으로 치부하는 사이에 국민은 의식도 못하고 대부분이 금융노예가 되어 버리고 있다. 그래서 자기도 모르는 사이에 금융기관이나 대부기관에 다달이 이자를 내고 사는 월세인간의 처지가 되어 가고 있는 것이다.

과연 금융자본주의가 무엇을 위해 우리 사회를 주도하고 있는지 왜 국가는 방임상태로 있는지 다시 신중하게 생각해보아야 할 것이다. 이렇게 잘못된 자본논리 때문에 국민의 정신은 피폐해지고 과소비에 불필요한 낭비가 만연하는 돈의 노예사회로 변해가고 있는 것이다. 이미 금리를 높이기에는 늦은 감이 있을 정도로 국민들은 저금리에 대한 타성에 젖어 있다. 그리고 쉽고 편하게 살려는 마음이 팽배해 있어서 부동산, 증권, 펀드, 도박 등의 투기와 불로소득의 일확천금을 바라는 쪽으로 신경을 쓰기 때문에 더 큰 문제이다.

이러한 일확천금을 바라는 욕망을 충족하기 위해 또 다른 도박자금이 필요하며 이로 인해 금융기관 문을 두드리고 대출에 따른 빚만 눈덩이처럼 불어나고 있다. 이러한 것들이 반복되면 결국에는 누구도 손쓸 수 없을 정도로 경제가 망가지는 것은 명약관화(明若觀火)하다.

더욱이 금융산업은 기하급수적으로 발전을 하여 모든 국민을 돈의 노예로 몰아가고 있기 때문에 이것으로 인해 생길 미래의 과격한 사회적인 변화에 대하여는 누구도 책임지지 못한다.


## (4) 금융 분야로 부의 집중


금융자본주의에서는 금융자본으로 각종 산업자본이 끌어들여져 흡인되는 것은 가장 보편화된 현상이다. 즉, 금융자금이 주변의 각종 자금을 끌어들여 더 큰 규모로 성장하는 것은 중력의 경우와 같이 중력이 클수록 더 큰 힘으로 주변의 물체를 끌어들이는 것과 같은 이치이다. 다시 말하면 집중된 돈은 자생적 흡인력으로 주변의 자금을 끌어들여 더 큰 자금으로 변화한다. 그렇기 때문에 금융자금은 어떤 규제나 통제가 없으면 주변 자금을 흡인하여 거대화하면서 경제의 흐름을 왜곡시킨다.

이것은 현대 금융자본주의에서 국가의 적절한 규제나 조정이 없으면 대자본이나 금융자본은 강력한 흡인력으로 자금의 집중현상을 일으킨다는 의미이다. 그렇기 때문에 작은 자본은 더 작게 되어 소멸하게 되고 그와는 반대로 큰 자본은 더 커져서 결국 사회적 빈부격차를 크게 만드는 것이다.

이러한 경제왜곡 현상은 자금의 흡인력 차원에서 금융자금과 시간 간의 상관관계로 살펴볼 수 있다. 여기서 금융자금과 시간 간의 상관관계란 자금의 크기에 따라서 흐름이 달라지는 시간을 가리키는 것이다. 즉, 대자본과 같이 흡인력이 큰 자본은 집중성으로 인해 자금의 흐름이 느려진다. 그리고 반면에 소자본 주변에서는 빨라진다. 이것을 다시 말하면 대자본일수록 자본의 순환이 되지 않아 시간이 흐를수록 돈은 점점 불어나고 소자본일수록 쉽게 빨리 없어진다는 의미이다. 이 때문에 자본이 크게 확장된 금융이나 대자본으로 자금이나 부가 집중될 수밖에 없다. 이것이 금융자본주의의 가장 큰 문제점이다.

## (5) 금융산업 확대와 고용 감소

금융산업은 일종의 서비스 산업이다. 이러한 서비스 산업은 목적에 따라 전산화와 기계화를 통해 고용인원을 줄이고 이익의 극대화하기 쉽다. 그렇기 때문에 현재 금융 분야에서는 급격하게 고용을 감소시키고 있는 것이다. 더불어 금융산업 분야에 종사하는 사람들의 연봉이 천정부지로 오르고 있는 것은 금융기관의 규모 확대와 고용 축소 때문이다. 다시 말해서 연봉이 오르는 것은 여러 사람이 나누어야 할 금융 수익이 몇몇 사람에게만 집중되는 것이 주요인이다. 이러한 것은 노력에 비하여 과다한 수입으로 불로소득에 가깝다. 그래서 이러한 불로소득에 가까운 과다한 수입 때문에 쉽게 살려는 사회의식이 키워지고 소득의 불균형 분배를 통해 사회적 괴리현상을 가져오고 있다. 더불어 금융 분야의 이익을 극대화시키기 위하여 구조조정이라는 명분 아래 고용인원 감축이 계속 진행되면서 사회적으로 필요한 고용을 줄여 실업률을 높이는 결과를 가져오고 있다.

지금까지 금융산업의 발달이라는 목적으로 만들어지고 그동안 난맥상을 이루고 있는 것이 금융파생상품이다. 이것은 또 다른 서민가계에 착취구조로 자리매김하고 있어 대대적인 정리가 필요하다. 더불어 큰 노력 없이 쉽게 불로소득을 얻으려는 금융산업 분야의 종사자들의 가치관이 전환되어야 한다. 원래 금융산업 분야는 생산산업 부분의 조력자가 되어야 한다. 그러나 자신들만의 영역 내에서 돈을 회전시키고 그에 대한 이득과 혜택을 받으려고 하기 때문에 결국 공회전을 일으키는 자동차 바퀴와 같이 금융산업의 과열로 인한 경제위기가 찾아올 수밖에 없다.

지금의 금융파생상품은 서로가 실타래처럼 엉켜서 난맥상을 이루고 있다. 그렇기 때문에 이렇게 엉켜진 실타래를 누구도 풀어내지 못한다. 이것을 해결하려면 우리는 알렉산더 대왕의 지혜에서 찾아야 한다. 만일 엉켜진 실타래를 차근차근 제대로 풀어 쓸 수 없다면 일도양단(一刀兩斷)하는 과감성이 필요하다. 그래서 조각을 내어 다시 연결해서 쓸 수 있는 지혜로 위기를 대처해야 한다. 그러면 어떻게 일도양단해야 하느냐가 관건이다. 그것은 은행과 투자은행 및 증권회사 등 금융산업의 전반적인 구조를 뜯어 고쳐 재편해야 한다는 의미다. 다시 말하면 단순히 구조조정을 위한 금융기관 사이의 통합과 퇴출 및 축소를 배제하고 고용확대를 바탕으로 하여 적정한 소득 분배가 되도록 임금조절이 필요하다. 그리고 금융기관의 투자처도 생산성 분야와 같이 건전한 부분으로 전환시켜야 한다. 그래서 돈이 돈을 만들어 혜택을 받는 불로소득적인 작태를 규제하고 다수 고용을 통해 일부에게 과다하게 집중된 이익을 재분배하도록 해야 한다. 이렇듯 금융산업의 독자적인 발전과 규모의 확대는 고용을 축소시켜 사회적 불공평을 심화시킨다. 그렇기 때문에 금융기관을 분산시켜 고용을 늘리고 적은 소득이지만 다수가 만족할 수 있고 미래사회에 기여할 수 있는 건전한 금융산업을 만들어야 한다.

## (6) 내수 위축과 소비 감소

내수산업은 국내에서 소비되는 물품들을 생산하는 산업이다. 이러한 내수산업은 수출산업과 더불어 우리 경제를 떠받치는 두 개의 축이다. 그래서 내수산업과 수출산업은 항상 상호 간에 보완적 관계가 이루어져야 한다.

여기서 수출은 국가 차원에서의 경제활동이다. 이것은 국내에서 생산된 물품을 필요한 국가에 달러 등의 교환 가치로 제공하는 것을 말한다. 다시 말해서 상대국에게 부족한 것을 제공하고 자국에 필요한 것을 구입하여 수출로 국가 간에 이득을 공유하는 것이다. 특히 자본주의 사회에서는 수출을 통해 자연스럽게 국가는 부를 축적할 수 있다. 그리고 그 과정에서 국내 산업을 활성화하고 성장시켜서 고용을 확대하며 국민의 소득을 향상시킬 수 있는 것이다.

만일 내수산업만 활성화되고 수출이 부진하면 외환이 부족해진다. 그리고 국가는 부족한 외환을 충족하기 위해 외채에 의존하는 악순환이 일어난다. 반대로 수출은 잘되는데 내수가 부족해지면 외환이 풍족해도 국내 경기가 침체되어 국민의 생활은 어려워진다. 그래서 이 경우에도 또 다른 경제의 악순환이 생길 수밖에 없다.

더욱이 수출은 자본이 국가 간에 순환이 되고 내수는 국내에서 순환이 이루어지기 때문에 수출로 벌어들이는 외화가 내수로 전환되는 것이 원만해야 한다. 다시 말해서 수출과 내수산업에 순환되는 자본이 원활해야 하고 상호 간에 적절히 조화가 이루어져야 한다. 그러므로 국가는 수출과 내수산업이 조화를 이루도록 정책적 조치가 필요하다. 그리고 수출과 내수산업 간의 금융자본의 순환이 정상적으로 흐르게 하기 위해서는 수출산업의 육성도 중요하지만 내수산업의 지속적인 활성화가 필요하다. 특히 내수산업이 위축되어 소비가 줄어들면 생산의 필요성이 감소되어 고용이 축소되고 실업이 증가한다. 고용이 축소되면 임금을 통해 소비욕구를 충족해오던 국민들은 쓸 돈이 없어진다. 이러한 연쇄적인 경제의 악순환은 경기 침체의 원인이 되어 서민생활에 직접적 영향을 미친다. 더욱이 사람들은 삶을 영위하기 위해서는 반드시 소비가 필요하다. 또한 생산을 촉진시키기 위해서도 생산품이 소비되어야 한다. 과거의 대공황 같은 경제위기는 소비가 생산을 못 따라가 과잉재고로 인해 발생된 것임을 잊어서는 안 된다.

오늘날은 과학기술의 발달로 인해 대량생산이 가능해졌다. 그래서 현대에 있어서는 너무 절약하는 것 또한 바람직하지 못한 경제운용이 될 수 있다.

그러나 생산을 독려하기 위해 억지로 과소비를 조장하는 것도 더욱 잘못된 생각이다. 과소비는 낭비를 가져오고 낭비는 자원고갈을 이끈다. 그리고 지구상의 자원은 한계가 있기 때문에 앞으로의 자원고갈을 염두에 두고 적절하고 균형 잡힌 소비활동을 해야 할 필요가 있다.

### (7) BIS(자기자본비율)의 함정

자기자본비율 BIS(Bank for International Settlement)는 국제결제은행의 약자로 은행의 건전성과 안전성을 평가하는 국제기준을 뜻한다. 이는 1988년 바젤협약에 의해 국제적으로 자기자본비율을 설정했으며 우리나라도 외환위기 이후에 본격적으로 도입했다.

자기자본비율은 자기자산이 총부실위험자산에 대한 백분율로 표시하며 그 비율은 8%를 기준으로 하고 있다. 더불어 이것은 반강제 규정으로 각국에 적용하고 있다. 그래서 기준에 못 미치는 경우에는 국제적 금융거래에 규제를 가하기 때문에 국가 간에 강한 구속력을 갖고 있다.

이러한 BIS 규제는 은행의 부실화를 막는다는 취지에서 필요한 규제이다. 그러나 각 은행들은 자기자본비율을 높이기 위해 외부로부터 차입하여 자기자본을 키울 수밖에 없다. 그래서 키워진 은행의 자기자산은 결국 대출 등을 통해 수익을 늘려야 하므로 극단적인 돈놀이로 변할 수밖에 없다. 이러한 태생적 문제점 때문에 비교적 부실화될 부담이 적은 주택담보 등의 소매대출에 치중하는 것이다. 그래서 가계나 개인의 빚은 계속적으로 늘어나고 금융기관은 국민 전체를 대상으로 지속적인 돈놀이에 전력을 다하는 것이다.

지금과 같이 설정된 은행의 과도한 자기자산비율은 외채차입을 증가시킬 수밖에 없다. 그래서 그렇게 유입된 자금은 국민 상대의 돈놀이로 변하여 국민과 국가의 부를 선진국의 금융자본에 착취당하는 구조로 만드는 것이다.

의도적으로 증가시켜 놓은 자기자본비율은 우리나라와 같이 돈이 크게 소요되지 않는 국가조차도 불필요한 외채를 끌어오게 하고 있다. 그리고 이러한 외채의 이자를 지속적으로 물게 하는 것은 선진자본들이 BIS의 명분을 이용하여 후발국의 착취 수단으로 삼았기 때문이다. 이러한 선진자본의 반강제적인 착취구조가 은행의 건전성이라는 명분 아래 우리가 얻지 않아도 될 채무를 지우고 있다. 그래서 지속적으로 우리 사회를 착취하고 병들게 하는 것이 BIS의 함정일 것이다.

### 3) 금전만능주의의 만연

금전만능주의는 금융자본주의의 극단적 발달과 함께 나타나는 현상이다. 이것은 돈의 역할이 교환의 가치를 넘어 부의 축재와 효용성의 극대화가 가져온 사회병리학적 현상이다. 특히 금전만능이란 의미는 돈이면 안 되는 것이 없다는 뜻으로 돈에 의한 사회적 지배를 의미한다.

지금 우리 사회는 금융이 산업화되면서 불로소득의 가능성을 크게 키워왔으며 노력 없이 쉽게 살려는 사회풍토를 만연시켰다. 그리고 국가의 경제력이 일부 계층으로의 집중화되면서 계층 간의 빈부격차가 발생하여 사회적 문제를 만들고 있는 것이다.

더불어 이러한 사회적 문제는 공직자의 부정부패와 불로소득을 원하는 사람들의 투기 그리고 도박 등의 사회적 부조리와 불로소득에 따른 과소비를 유발하고 있다.

우리 사회의 금전만능주의는 근본적으로 과학기술이 선도하는 산업사회에서 시작되었다. 그러나 과학기술의 발달로 자본의 집중성이 큰 대기업은 돈을 벌어들여 부를 축적했지만 상대적으로 고용은 줄어들었다. 이 때문에 국가 전체로 보면 실업은 늘고 부의 편재로 인해 빈부격차만 심화된 것이다.

특히 선진국의 경우를 보면 금전만능주의에 의한 피해를 살펴볼 수 있다. 그들은 금융규제 완화 등의 금융산업 육성에 치중하여 실물경제를 등한시하였다. 그래서 자국 내의 실업자는 늘고 금융자본을 후발국가에 투자하면서 국가경제는 오히려 후퇴되는 경향을 보이고 있다. 그래서 선진국이 후발국에 경제적 착취를 통해 빌붙어 먹고사는 처지가 된 것이다. 이것이 금전만능주의의 만연으로 인한 사회적 현상이다.

## (1) 공직자의 부정부패

공직자의 부정부패는 금전만능주의에서 일어나는 가장 큰 폐단이다. 이는 기업 비자금의 용도가 공직자의 뇌물로 대부분 쓰이기 때문이다. 그래서 기업은 비자금을 정상적인 거래과정에서 마련하지 못하고 탈세 등의 부도덕하고 부정적인 방법으로 만들어 낸다. 그리고 이렇게 만들어진 비자금은 공직자의 부정부패와 항상 함께하며 정경유착과 맞물려 공직자뿐만 아니라 사회 전반에 악영향을 미친다.

여기서 기업의 비자금과 공직자의 부정부패는 떼어 내려고 해야 뗄 수 없는 불가분의 관계를 가지고 있다. 처음부터 비자금의 조성 목적은 정치적·경제적 특혜를 얻고자 함이다. 그래서 비자금을 이용하여 관계된 공무원이나 정치인들의 동조를 얻어 낸다. 그렇기 때문에 지금과 같은 금전만능주의가 만연된 사회에서는 공직자의 동조를 얻고자 할 때는 반드시 음성적 비자금으로서 돈이 필요하다. 이때 사용되는 기업의 돈은 비자금일 수밖에 없다. 정상적인 흐름 과정에서 형성된 자금은 쉽게 노출되어 부정부패를 유도할 음성적 자금으로 쓰기 어렵기 때문이다.

그래서 기업은 비자금을 몰래 조성하고 숨기고 세탁하여 축적해놓고 있으며 필요할 때 쓰는 것이다. 그렇기 때문에 비자금은 항상 정상적인 자금의 흐름을 벗어나 음성적으로 존재할 수밖에 없다.

이렇게 쓰이는 비자금은 정경유착에 의한 부정부패 쪽으로 순환이 이루어져 부정한 돈으로 사용된다. 그래서 건전한 자금의 흐름을 비정상적으로 왜곡시켜 우리 사회를 금전만능주의사회로 이끌어 간다.

## (2) 빈부격차의 증가

우리 사회에 팽배한 금전만능주의는 돈이면 안 되는 것이 없다는 단순한 사고에서 시작된 것이다. 그래서 그 재산의 형성과정이 어떻든 무조건 남보다 잘살려고 하는 욕망이 우선한다. 이처럼 남보다 빠른 시간에 더 많은 것을 소유하려는 욕망은 사회가 요구하는 상생의 원칙을 무시하게 된다. 또한 건전한 수단과 방법을 통한 점진적 재산형성보다는 일확천금과 요행수를 바라게 된다. 그 때문에 투기 등의 부정적인 방법이 이용된다. 그리고 보다 쉽게 벌어들이는 불로소득을 선호하게 되어 노력 없이 편하게 사는 것이 행복의 척도인 것처럼 사회의식도 변질시켰다.

이러한 불로소득에 의한 치부는 돈놀이나 부동산, 증권, 투기 그리고 임대업, 오락 성향의 연예프로 등의 사회적 가치가 낮은 방법에 의해 유지되고 있다. 또한 불로소득으로 벌어들인 자산도 사유재산제의 법적 규정에 의해 인정되기 때문에 정상적인 자금의 흐름을 막아 버린다.

더불어 금전만능주의로 이룬 사회의식은 개인적 치부의 방법에 대한 엄격한 잣대를 요구하지 않는다. 그 때문에 돈을 버는 방법에 정당성이 부여되지 않고 있어 여러 가지 사회병리현상을 만들고 있다. 그리고 드러나지 않는다면 어떠한 부정적인 방법에 의해 치부를 하여도 별로 문제가 되지 않는 이상한 사회가 되었다.

이러한 치부 방법에 대한 또 다른 문제점은 사회에 해를 끼칠 수 있는 음성적 자금이 발생되어 돈의 흐름을 왜곡시킨다는 것이다. 이와 같이 돈의 흐름이 왜곡되면 정상적인 경제체계를 벗어나 비정상적으로 순환된다. 그리고 이것은 일부 불로소득 계층으로 돈의 집중을 가져와 불균형 분배를 유발하고 사회적 불평등을 증가시킨다. 더불어 비정상적인 흐름과 집중이 반복되는 과정에서 자본의 악순환을 일으키고 빈익빈 부익부의 빈부격차를 심화시킨다. 그래서 금전만능주의로 심화되는 계층 간의 빈부격차는 우리 사회가 추구하는 경제민주화에 가장 큰 걸림돌이 되고 있다.

### (3) 투기로 인한 불로소득과 과소비

금융대출이 직접적으로 영향을 주는 것이 부동산 분야이다. 부동산 부분에 자금이 넘쳐나면 그 결과로 부동산 가격이 상승하고 그에 대한 차액을 노리고 더욱 많은 투기자금이 부동산으로 흘러들어와 다시 가격을 상승시키는 악순환의 고리를 형성한다.

이러한 부동산투기는 전형적인 불로소득의 한 방편으로 이용되고 있으며 건전한 자본주의 의식을 손상시키고 금전만능주의 사회로 이끌고 있다. 그리고 불로소득은 졸부를 양산하고 불필요한 과소비를 조장하여 서민경제를 망치고 있는 것이다.

이렇듯 부동산투기는 금융대출과 맞물려 건실하게 살아가는 많은 사람들을 빚에 내몰고 그들에게 상대적 박탈감을 심어 주고 있다. 더불어 금전만능의 의식 속에서 쉽게 돈을 벌어 놀고먹는 사람들에 대한 욕망만 키워 놓고 더 나쁜 사회적 해악을 끼치고 있는 것이다.

더욱이 부동산 투기라는 것은 부동산 가격을 키워 우리 사회가 필요한 여러 가지 사업을 진행할 때 예산을 증가시켜 경제적 부담을 크게 키운다. 그리고 부동산 가격의 폭등은 국가적 사업에 있어서도 사회적 비용을 크게 키우며 때에 따라서는 사업 자체를 불가능하게 만들기도 한다.

이렇게 투기로 얻어진 불로소득은 금전만능의 허영과 결합하여 과소비를 유발하고 불필요한 낭비로 우리 사회를 병들게 한다.

## (4) 기업 격차의 심화

과학기술의 발달로 현대 사회의 노동 생산성은 비약적으로 향상되어 왔다. 그러나 공장의 기계화와 자동화를 통해 대량생산이 되면서 고용인원은 감소될 수밖에 없었다. 그리고 시설에서 상대적 차이가 나는 대기업과 중소 하청기업 간의 생산성 격차는 더욱 커졌다. 그래서 대기업의 경우는 시설 향상으로 고용인원이 감소되면서 기업이득이 증가되고 상대적으로 임금이 크게 상승되었다. 그러나 이에 반해 중소기업은 생산성이 현저하게 좋아지지 않아 임금의 상승이 뒤따르지 못하였다. 더불어 대기업의 경우에는 해당 분야에 독점적인 지배구조를 가지고 있어 가격을 조절하기 쉽다. 그래서 자신들의 이익을 챙기기 수월하기 때문에 더욱 임금상승이 클 수밖에 없다. 그러나 중소기업의 경우는 상대적으로 대기업에 수탈되기 쉬워서 대기업과 중소기업의 상호 간 임금 격차가 더욱 심해지고 있는 것이다.

또한 제조업과 반도체 IT산업에 있어서도 마찬가지이다. 양자 간에는 사양산업과 미래산업이라는 사회의식의 격차로 인해 노동생산성에 현저한 차이를 나타내고 있으며 이것이 고용에도 영향을 주고 있다.

이러한 상호 간의 고용 격차가 노동생산성의 균형을 깨고 있다. 더불어 금전만능주의의 사회적 의식이 더 많은 보수와 편한 직장을 선택하게 하여 대기업으로의 취업 집중이 일어나고 있는 것이다. 그리고 이 때문에 기업 간의 격차는 더욱 크게 벌어지고 있다.

## (5) 사회적 이념의 획일화

자본주의는 모든 사람들에게 경제활동에 있어서 최선을 요구하는 사회이다. 그리고 이러한 최선의 경제활동에 대한 보상으로 돈이 주어지며 이것이 가치의 척도가 되고 있다. 또한 이러한 돈에 대한 최상의 평가가 금전만능주의를 만들었다. 그래서 이러한 금전만능주의를 통해 지금의 배금주의 사회에 대한 기본적 틀을 형성시켰다. 그리고 우리 사회는 잘못된 교육방법으로 지금까지도 자본주의 원칙과는 전혀 다른 배금주의 사상을 가르쳐 왔다. 이 때문에 알게 모르게 우리 사회는 단일목표로서 돈을 절대적 이념으로 삼고 있는 것이다. 이것은 잘못된 것이다. 왜냐하면 한정된 재화 속에서 모두가 돈에 대한 욕망을 갖는다면 상호 간에 극심한 경쟁상태가 이루어질 수밖에 없다. 그래서 절대 선으로서의 돈에 의해 모든 것이 결정되는 금전만능주의사회는 변화되어야 한다. 만일 이러한 관점을 우리 스스로가 고치지 못 한다면 우리 사회의 미래는 위태로워질 수 밖에 없다. 그리고 금전만능주의사회가 지속되는 것은 우리 후손들에게는 지극히 불행한 일이 될 수 있다.

또한 현재 우리 사회에 팽배한 금전만능주의는 사회적으로 좋은 여러 가지 이념들을 등한시하는 폐해를 주고 있다. 돈에 모든 가치가 집중하는 것은 좁은 문으로 많은 사람이 동시에 통과하려는 것과 다를 바 없다. 좁은 문으로 한꺼번에 통과하려면 서로 충돌하여 제대로 통과하기 어려울 뿐만 아니라 서로에게 피해를 주기 때문이다.

이와 같이 모든 국민이 돈을 단일목표로 삼는다면 상호 갈등에 의해 사회적 손실이 크게 늘어날 수밖에 없다. 그리고 돈이 가진 빈익빈 부익부의 집중성으로 인해 빈부격차만 심화될 뿐이다.

더욱이 이러한 빈부격차로 인해 적게 소유한 사람들은 상대적 박탈감을 갖고 반사회적으로 변하기 쉽다. 그러므로 우리 사회가 보다 나은 미래로 가기 위해서는 사회적 이념의 다원화가 필요하다. 그리고 각각의 이념에 대한 상호 존중이 요구된다. 이러한 다른 이념에 대한 상호 존중과 이상화는 교육과정에서 길러져야 할 것이다. 그래서 우리의 후세교육을 맡은 교육자의 역할이 대단히 중요하다.

더불어 사회적으로 이념의 계층분할을 이루어 돈에 의한 단일이념을 다변화시켜야 한다. 지금과 같이 돈이 모든 가치기준의 척도가 되고 그 외의 모든 것이 계속 무시된다면 그 결과는 공멸밖에 없다. 즉, 만인에 의한 만인의 돈에 대한 투쟁으로 우리 사회는 공존의 역량을 잃게 될 것이다.

아직도 우리 사회 일각에서는 금전만능주의를 가치 없는 것으로 여기고 보다 나은 이념으로 세상을 사는 사람들이 많이 있다. 그러나 그 정도는 금전만능주의자에 비하면 너무 극소수인 것이 문제이다.

더불어 더욱 나쁜 것은 사회의 간접교육과 여론을 주도하는 방송매체도 금전만능주의에 만연되어 있어 우리 사회의 이념을 더욱 왜곡시키고 있다. 어쩌면 금전만능주의로 일어나는 사회적 해악에 대한 책임의 상당 부분은 이러한 방송매체에 있다고 볼 수 있다. 우리의 인성이 키워지는 유, 초등 교육과정에서 인기 연예인의 선호는 그 바탕에 부모들의 금전만능주의와 교육자로서의 무신념이 그것들을 방조한 일면도 있겠다.

## 5. 금전만능주의의 폐해

현대 자본주의의 변종인 자금(배금)주의가 인간의 이기심과 결합하여 새로운 형태의 사회이념을 만들었다. 그것이 바로 금전만능주의이다. 이렇게 탄생한 금전만능주의는 태생부터 돈과 관련되어 있다. 또한 돈을 최상의 이데아로 여기기 때문에 사회 여러 분야에 부정적인 영향과 각종의 폐해를 끼치고 있다.

이전까지의 사회철학에서 상호 존중되던 여러 가지의 이념들이 있었으나 이것이 돈에 의해서 재평가되고 그 가치가 결정됨에 따라 돈이 모든 것을 주재하는 금전만능의사회가 되어 버린 것이다.

그리고 이러한 금전만능주의는 돈이면 안 될 것이 없다는 관점에서 시작해서 우리의 의식을 주도하고 있다. 그래서 부정부패, 투기, 과소비, 허영과 기만, 이기주의의 팽배, 빈부격차의 심화 등 건전한 사회질서를 망치고 비정상적으로 나아가게 하는 주요인이 되었다.

이러한 부정적인 사회의식은 균형성장과 적정한 소득분배를 막아서 우리 사회의 건전한 발전을 해치고 경제민주화의 달성을 어렵게 하고 있다.

### 1) 정경유착

정경유착은 말 그대로 권력을 가진 자인 정치인과 재력을 가진 경제인 간의 결탁을 말한다. 다시 말해서 권력이 이권을 제공하고 그 혜택을 받은 기업은 돈을 뇌물로 주는 유착관계이다. 이러한 유착관계는 당사자들은 혜택이 되나 국가와 국민에게는 직접 피해를 주는 행위이다.

이러한 정경유착은 돈이 직접 개입됨으로써 이해관계가 성립되는 금전만능주의 사고방식의 전형이다. 더욱이 이것은 공직자의 부정부패와 연결되어 우리 사회의 건전한 경제질서를 흩트리고 비정상적으로 나아가게 하는 요인이 되고 있다.

이보다 더 나쁜 것은 정경유착이 국외적으로 이루어지는 경우이다. 예를 들면 거대 다국적 기업이나 금융자본이 부패한 정권과 야합하여 우리 기업을 싼값에 매입한 후 주가조작 등의 거품을 일으켜 차익을 취해 빠져나가는 경우이다. 이때는 국가 부의 유출뿐만 아니라 경제적 피해도 크게 되는 상황이 벌어진다.

또한 국내에서는 권력자가 정경유착 기업에게 법적·정치적 혜택을 주어 큰 이익을 볼 수 있도록 주선해주는 경우이다. 이것은 일방적 혜택을 주는 경우로 경쟁관계에 있는 기업에게 상대적으로 불이익을 주게 되는 상황이 벌어진다. 그래서 더욱 부정적이 될 수밖에 없다.

이러한 정경유착은 주로 우리 사회의 상위계층에서 일어나는 행위이다. 그리고 어떠한 경우에도 부정적인 결과가 드러나야 비로소 국민들이 알 수 있기 때문에 원초적 해결이 불가능하다. 그래서 다른 어떤 경우의 부정부패보다도 더욱 좋지 않은 사회적 병폐현상이다.

특히 재벌기업이 자신의 자본을 이용하여 권력과 유착되는 경우는 더욱 나쁜 상황을 만들 수 있다. 고위직 퇴임 후에 재벌기업의 임원으로 가는 것이나, 그들의 주식을 공여받는 행위 등도 정경유착의 한 방법이다. 만일 이러한 부적절한 거래를 통해 얻는 것보다 잃는 것이 많다면 누구도 하지 않을 것이다. 공정하지 못한 경쟁을 통해서는 정상적으로 경쟁하는 기업이 절대로 이길 수 없다. 그래서 정경유착에 의한 부적절한 방법을 선호하는 것이다.

이러한 여러 가지 조건보다 더욱 나쁜 것은 정경유착에 필요한 자금의 형성이다. 이러한 것은 주로 하청기업에게 떠맡긴 부담이나 위장거래의 이중장부에 의해 조성된다. 다시 말해서 금액이 부풀어진 가짜영수증이나 음성적 리베이트가 비자금이 되어 정경유착에 이용된다.

이것은 생산가에 간접적으로 반영되어 물가를 상승시키는 요인이 되기도 한다. 그래서 정경유착은 금전만능주의를 통해 국민에게 주는 경제적 피해와 더불어 우리 사회의 경제민주화를 해치는 중요한 요인이다.

## 2) 부정축재

부정축재란 공직자가 자신의 지위나 법적 권한을 이용하여 부정한 방법으로 축재를 한 것을 말한다. 우리 사회에서 보면 이익집단이나 개인이 직접 접하는 공직자와의 이권교환 행위는 뇌물수수 등의 부정한 돈거래라고 할 수 있다. 이런 부정한 돈거래로 공직자에게 축재를 할 수 있도록 종용하게 되는 원인은 금전만능주의 사고방식 때문이다.

공직자에게 봉사정신과 명예심이 우선이라면 이러한 돈거래는 성립되지도 않았을 것이다. 그러나 금전만능주의의 풍토 속에서 돈의 중요성을 느끼고 살기 때문에 돈에 대한 유혹을 참아내기 어려운 것이다.

결국 부정축재는 부정부패에서 이루어지고 부정부패는 금전만능주의에서 잉태된 것이다.

이러한 부정축재는 불로소득에 의한 재산 축적이다. 그래서 정당한 노력 없이 벌어들인 돈이므로 낭비와 과소비로 흐르기 쉽다. 그래서 부정축재는 낭비와 과소비와 같은 사회악을 키우기 때문에 더욱 나쁜 결과를 가져온다.

이러한 부정축재에 대한 국가차원의 조처가 부정축재 방지법이다. 그러나 이러한 부정축재에 대한 법안도 부정축재에 대한 적절한 역할도 못하고 지금은 실효성이 없는 법이 되어 버렸다. 그래서 이제는 부정부패에 대한 조처로 과거 부정축재에 대한 규제는 없애고 피동적으로 부패방지법을 제정하고 시행하기 때문에 부정부패에 대한 적절한 조처가 이루어지지 않고 있다.

특히 공직자의 부패와 비리는 불법적인 방법을 통해 자신들의 이익을 챙긴 소수의 부정행위자들로 인해 생기는 것이다. 그리고 그 결과는 다수의 국민들과 선량한 공직자들이 피해를 받는다는 점에서 문제가 아닐 수 없다. 이러한 부패와 비리의 원인은 다음과 같다.

첫째, 정치적인 측면에서 부패 방지에 소극적이다. 부정부패의 가장 큰 요인이 공직자의 의식에 기인하는데도 불구하고 그들이 자신들에 대한 통제라는 관점에서 적극적인 언행을 취하지 않는다.

둘째, 사회문화적인 면에 팽배해 있는 부에 대한 욕망이 소득에 대한 옳고 그름을 가리지 않는 의식 때문이다.

셋째, 교육적인 면에서 이율배반적인 잣대로 교육을 시키기 때문이다.

넷째, 경제적인 측면에서 우리 사회에 만연되어 있는 금전만능주의 때문이다.

다섯째, 법률에 대한 미비와 엄격한 적용이 되지 않고 있어 유전무죄 무전유죄라는 비틀어진 사고가 사회에 팽배해 있기 때문이다.

2008년 12월 19일 관보에 게재된 바와 같이 부정축재처리법폐지법이 공포되었으며 그 내용을 살펴보면 "이 법은 1953년 7월 1일 이후부터 1961년 5월 15일까지의 기간 중에 국가공직 또는 정당의 지위나 권력을 이용하거나 사위 기타 부정한 방법으로 재산을 축적한 부정 공무원, 부정이득자, 학원부정축재자의 부정축재에 대한 행정상, 형사상의 특별처리를 규정하기 위한 것으로 이미 그 목적을 달성하여 사실상 효력이 상실되었음에도 불구하고 형식적인 법률로 남아 있는 상황이어서 법령정비 차원에서 이를 폐지함."

우선 이러한 조치가 진행되는 것은 부정축재자나 부정부패 방지에 대한 국가적 차원에서의 척결의지가 없다는 것이 문제이다. 더불어 부정부패처리나 부정부패방지는 공직자와 정치인들에게 보면 자신들도 결코 면죄가 되지 않는다는 점에서 기피하는 것이다. 또한 금전만능주의 사고방식에 의해 남보다 많은 부를 축재하면 사회적으로 대우를 받는 점에서 유혹을 못 참는 것이 이유가 된다.

이러한 것이 모두 금전만능주의 의식에서 나온 부정부패가 우리 사회에서 근절되지 못하는 이유이다.

## 3) 빈부격차

우리 사회는 경제개발을 지상의 과제로 삼고 산업 발전을 가속시킨 이후 비약적인 경제성장을 해왔다. 그러나 성장과정에서 부의 분배가 공정하지 않아 부자와 가난한 사람 간의 빈익빈 부익부 양극화 현상이 진행되었다. 더욱이 부유한 재벌은 정경유착 등의 부정적인 행위로 더욱 재산을 축적해 가면서 계층 간의 빈부격차는 더욱 심해졌다. 이렇게 키워진 빈부격차는 금전만능주의와 함께 돈이 일부 계층으로의 집중되면서 격차가 줄어들지 못하고 더욱 심해지고 있는 것이다.

특히 외환위기를 겪고 난 후에는 공적자금의 횡령 등의 도덕적 해이로 인해 빈부격차가 줄어들지 않고 도리어 수습을 할 수 없을 정도로 크게 증가되었다.

그 이후에도 국민의 소득 수준이 전반적으로 상승하는데도 불구하고 계층 간의 소득 격차는 더욱 벌어졌다. 그래서 지금은 소득에 따른 계층 간의 상대적 박탈감만 커져 사회적 불만 요소가 되고 있는 것이다.

실제로 저개발 국가에 갈수록 개인의 소득이 적음에도 불구하고 사회적 만족도나 행복지수가 높다. 이러한 이유는 물질이 풍요롭고 소득이 많다고 무조건 행복해지는 것이 아니고 오히려 사회구성원 간의 소득격차가 적을수록 불만족 정도가 적어지는 것에서 기인한다. 다시 말해서 소득이 적어도 상대적으로 주변의 사람들과 비교해서 격차가 적은 경우에 덜 불행하다고 느낀다는 것이다.

지금의 미국사회는 계층 간의 빈부격차가 심각한 상태에 처해 있다. 주로 유태인으로 구성되어 있는 미국의 상위 0.1%가 국민 전체 소득의 10%를 점유하고 있어서 경제적 불균형이 심각하다. 이러한 점에서 미국이 전 세계에서 가장 높은 소득을 가져도 결코 행복하다고 느끼는 국민들이 많지 않은 이유이다. 이것은 극단적인 금전만능주의의 결과이다.

지금 미국은 금융규제 완화로 생긴 유동성 위기를 연방준비은행의 통화의 양적 완화라는 방법으로 해결하고 있다. 그러나 이렇게 증가된 통화는 국민에게 골고루 분배가 되지 못한다. 그 이유는 연준이 발행한 화폐는 공적자금이라는 명목으로 우선 은행에 최저금리로 분배가 되고 그 돈은 다시 국민들에게 은행대출이라는 과정을 통해 재분배가 되기 때문이다. 그래서 은행을 통한 재분배의 과정에서 일반 국민은 빚쟁이가 되고 있는 것이다. 그리고 금융권에 있는 일부의 금융자본가들만이 혜택을 받게 되는 것이다. 이 때문에 미국이 시행하고 있는 양적 완화라는 것은 금융권을 중심으로 한 일부 계층에게 혜택이 집중되어 사회적 빈부격차를 더욱 심화시키고 있는 또 다른 원인이 되고 있다.

원래 양적 완화의 주목적은 통화량을 늘리고 인플레이션을 키워서 고용을 확대하려는 방편으로 이용한다. 그러나 양적 확대는 물가를 급속하게 상승시켜 경제를 불안하게 만드는 역할도 한다. 그렇지만 현재 미국이 시행하는 양적 완화는 거의 무상으로 미국의 은행에게 분배된다. 그리고 우리와 같이 금융자본이 취약한 국가에 투기성 자금으로 흘러들어 오고 있다. 더불어 그들의 앞잡이로 나선 매판 금융기관에 의해 전 국민을 빚쟁이로 만들고 우리 사회의 빈부격차를 확대시키는 역할을 하고 있다.

이렇듯 우리가 선진국에 경제적인 착취를 당하고 있는 것은 금융산업을 통해 만들어진 금전만능주의 때문이다. 그리고 더 나쁜 것은 금전만능주의에 심취한 금융자본 앞에 국민들은 빚을 안고 더욱 빈곤해지는 것이다. 그럼에도 불구하고 금융기관의 일부 종사자들은 국민상대로 돈놀이를 하여 치부를 하는 것도 금전만능주의로 인한 혜택이라고 생각하고 있다.

## 4) 포퓰리즘과 거품경제

우리는 정치적인 인기영합 행위를 포퓰리즘이라고 한다. 이러한 정치형태는 대중의 인기를 얻기 위해 돈에 의한 경제적 혜택을 전면에 내세우고 있으며 대중의 지지도를 높이기 위해 돈을 풀기 때문에 경제적으로는 거품경기가 될 수밖에 없다. 그리고 포퓰리즘에 의한 거품경기는 건전한 경제운영을 망칠 뿐 아니라 적자재정이나 외채를 통해 대중의 욕구를 충족시키기 때문에 결국에는 국가와 국민의 빚으로 남는다.

지금 우리 사회에 만연되어 있는 포퓰리즘은 대중민주주의 영향이 크다. 그러나 포퓰리즘은 별도의 돈을 필요로 하기 때문에 국가 입장에서는 국민의 직접적인 조세 부담보다는 외채에 의존하게 된다. 이렇게 해서 누적되는 외채는 우리가 갚아야 할 빚이다. 그리고 혜택이 주어질 때는 좋지만 그 시기가 지나 우리 손으로 그 빚을 청산해야 할 때는 더욱 큰 고통으로 되돌아올 수 있음을 알아야 한다.

지금도 극심한 부채로 인해 모라토리엄 혹은 디폴트 상태에 다가간 많은 국가들도 긴축재정을 거부한다. 왜냐하면 이제까지 포퓰리즘에 의해 남의 나라 돈을 빌려다가 잘 먹고 잘살아 왔기 때문에 긴축으로 인한 고통을 인내하려고 하지 않는다. 현시점에서도 국가 파탄의 위기에 있는 유럽의 그리스는 더 이상의 외채를 빌릴 방법이 없어도 국민 전체가 긴축재정에 반대한다. 왜냐하면 긴축으로 인해 이제까지 살아왔던 생활의 풍만함을 버리고 근검절약에 의한 빈곤한 삶을 살아야 한다는 것을 용납하지 못하는 것이다. 그래서 미래에는 나라가 망해도 당장은 과거와 같이 편하고 쉽게 살려고 하고 있는 것이다. 그러나 이것은 계속 허용이 안 될 것이다. 아니 더욱 혹독한 시련의 시기가 다가올 것이며 그 기간도 자신들을 방만하게 한 기간만큼 더 길어 질 것이다. 이것이 허황된 금전만능주의의 사고방식에 의해 치러진 포퓰리즘과 거품경기의 종말이다.

## 5) 도덕적 해이

도덕적 해이란 우리 사회가 가지고 있는 법과 제도적인 허점을 이용하여 자신 혹은 집단의 책임을 기피하고 이기적인 이득을 취하는 행위를 말한다. 특히 금융 분야에서 자신들의 잘못에 의한 손실을 정부가 메워 줄 것이라는 믿음과 절대 망하게 하지 않는다는 판단하에 정당한 책임을 지지 않는 것을 말한다.

지난 외환위기 때에 우리는 위기를 해결하기 위해 외평채를 발행하여 외채를 빌려 왔다. 그리고 그것으로 공적자금을 만들어 금융기관에 투입을 하고 외환위기에서 벗어났다.

그러나 공적자금을 투여받은 금융기관의 도덕적 해이(Moral Hazard)로 인해 횡령이 자행되었다. 그래서 국가가 빌린 외채가 그대로 국민의 빚 부담으로 남게 된 것이다. 이렇듯 도덕적 해이는 금융기관이 자신의 잘못으로 생긴 리스크를 자신들이 떠맡아 책임지는 것이 아니다. 오히려 정부를 통해 국민에게 떠맡기는 무책임한 행위이다. 이것은 정상적인 경제구조를 해치고 도덕적인 측면에서 경제와 사회적인 책임을 회피함으로써 자본주의의 원칙을 무시하는 금전만능주의 사고방식에서 나온 것이다.

또한 도덕적 해이의 다른 예로 기업이 금융대출을 크게 키워 놓으면 기업이 도산할 때 그로 인해 생길 경제적 파장 때문에 어쩔 수 없이 정부가 개입하게 되는 경우다. 이 경우에도 기업은 모든 것을 정부에 맡겨 처리하기 때문에 손해 볼 것이 없다. 그래서 기업주는 자신의 것을 챙겨가고 손해를 국민에게 떠맡기는 흑자도산을 하려고 한다.

이렇게 하여 자신의 책임을 기피하고 그 손실을 국민에게 떠맡기는 도덕적 해이는 전형적인 금전만능주의 해악의 하나이다.

## 6) 낭비와 과소비

금전만능주의의 사회적인 폐해의 또 하나는 불로소득으로 별 노력 없이 벌어들인 돈을 함부로 쓰는 행위이다. 이 경우에는 돈을 노력 없이 벌었기 때문에 돈의 가치에 대하여 소홀할 수밖에 없다. 따라서 돈의 쓰임새 또한 절제가 없이 함부로 쓰게 되며 낭비로 흐를 수밖에 없다. 더불어 겉치장에 치중하고 낭비를 하니 알맞은 소비보다는 과소비가 될 수밖에 없는 것이다. 그래서 불로소득에 의해 벌어들인 돈은 낭비와 과소비의 원인이 되어 사회적으로 여러 가지 해악을 끼치는 것이다. 이러한 과소비는 잘못된 소비습관에서 키워진 것으로 금전만능의 풍조와 결합하여 더욱 나쁜 사회의식을 키우고 있다.

지금 우리 사회에 만연된 과소비의 원인은 다음과 같다.

첫째, 외환위기 이후에 과도한 긴축의 역작용으로 생긴 소비 위축을 해결하기 위해서였다. 그래서 의도적으로 내수 활성화를 시켰기 때문에 그로 인해 과소비가 일어난 것이다. 그렇기 때문에 잘못 왜곡된 경제구조와 사회적 관행을 바로잡아야 한다.

둘째, 사회적 격차를 과시하기 위해 과소비를 조장했다.

셋째, 고생 없이 자란 신세대의 허황된 소비풍토가 부모의 잘못된 의식에 의해 키워졌다.

넷째, 방송연예의 각종 프로 속에서 과소비를 충동적으로 조장하였다. 이것은 방송문화 속에 내재하는 허영이 과소비를 유도하였기 때문이다.

다섯째, 정권유지 차원에서 조장된 포퓰리즘이 무분별한 과소비를 조장하였다.

이러한 과정에서 국민들의 소비형태가 대형화, 고급화하여 낭비가 일상화되었다. 더불어 거품경기와 과시욕에서 생긴 외제 선호의 밴드 왜건 효과(Bandwagon Effect)[6]와 맞물려 금전만능주의를 더욱 심화시켰던 것이다. 그러나 과소비는 억제해도 생산과 고용 그리고 소비의 연결고리 속에 내수의 활성화를 위한 적절한 소비는 필요하다.

## 7) 투기와 도박

돈의 사회적 역할은 사회 속속들이 순환하여 풍요로운 삶의 가치를 이루도록 도와주는 것이다. 그래서 사람들은 많은 돈을 소유하고 그것을 향유하며 살아가고 싶어 한다. 그러나 상당수의 사람들은 자신의 노력에 의해 돈을 벌려 하지 않는다. 그리고 기회만 있으면 불로소득을 통해 노력 없이 쉽게 부자가 되길 원한다.

따라서 많은 사람들은 이러한 마음가짐으로 쉽게 돈을 벌 수 있는 방법을 선택하게 된다. 그리고 그것을 위해 부동산이나 주식이나 펀드 등에 투자라는 명목으로 투기를 한다. 그러나 돈으로 돈을 버는 것은 아무리 법적으로 정당하다고 해도 그것은 명백한 투기이다. 우리 사회 속에 존재하는 돈은 반드시 누군가의 돈이다. 그래서 별 노력 없이 돈을 번다는 것은 다른 누군가의 돈을 갈취해 가는 것과 마

---

6) 밴드왜건 효과(Bandwagon Effect): 유행에 따른 소비현상으로 특정 상품에 대하여 사람들이 소비를 많이 한다는 의식이 확산되면 해당 상품의 소비가 늘어나는 효과를 말한다. 남이 시장을 간다고 하니까 거름지게 지고 따라 나선다는 속담과 유사한 의미이다.

찬가지이다.

특히 국가가 경기부양이라는 명목 아래 잘못된 부동산 대책을 세워 놓으면 그것이 더 큰 문제가 된다. 부동산을 통해 이익을 취하려는 투기세력들이 은행대출을 통해 얻은 자금으로 부동산을 사고팔아 부동산 가격을 상승시킨다. 그래서 그 결과로 집 없는 서민들만 더욱 집을 구하기 어려운 상황으로 몰고 간다. 부동산 정책이 자주 변하여 지금과 같이 다주택 소유자의 감세와 투기 심리를 조장하는 경우에는 더 큰 문제가 된다.

서민의 주거안정과 불로소득의 방지가 부동산 정책의 가장 중요한 요점인데 불구하고 오히려 투기의 여건을 만들어주는 것이 문제이다. 이렇게 되면 집을 담보로 한 은행대출의 증가를 막을 수 없다. 이것이 결국 국민을 더 깊은 빚더미의 수렁에 내몰고 가는 것이다.

그리고 도박 또한 이러한 투기와 별반 다를 것이 없다. 아무리 합법적으로 로또가 인정되고 강원랜드에서 도박을 할 수 있어도 이것 또한 일확천금을 쫓는 금전만능주의에서 나온 사회악적인 행위일 뿐이다.

## 8) 허영과 기만

균형 있고 건실한 사회에서 가장 큰 해악은 허영에 의한 거품경제 운영이다. 허영심에 차서 낭비와 과소비를 일삼게 되면 사회계층 간에 불만이 생긴다. 그리고 계층 간의 불만은 빈부에 대한 적대감을 심화시켜 사회를 불안정하게 만드는 요소가 된다.

이러한 허영의 대표적인 것은 방송광고 분야이다. 광고는 될 수 있는 한 화려하게 꾸미고 허황된 포장을 많이 한다. 그리고 많은 사람의 관심을 끌기 위해 애쓰며 이 과정에서 허영이 겉으로 표출된다. 또한 방송연예 분야는 그 특성상 허위와 기만적인 요소로 꽉 차 있다. 그래서 그것을 시청하는 사람들도 자기도 모르게 허위와 기만에 둔감해질 수밖에 없다.

픽션으로 꾸며진 드라마, 영화 그리고 각종 프로그램 등이 시청자들을 허영과 기만 속으로 끌어들인다. 그래서 허영과 기만은 금전만능주의의 전령사와 같다. 금전만능주의 속에 팽배해 있는 돈에 대한 경외심이 방송연예인과 몇몇 스타들에 의해 표출되어 우리 사회를 허황된 세계로 이끌어 가고 있다. 이러한 허영과 기만에서 낭비와 과소비가 조장된다.

더불어 우리 사회는 또 하나의 민주화가 필요하다. 그것은 문화민주화이다. 문화 민주화란 독선적인 방송·언론 등에 의해 조장된 문화적 종속화를 탈피하여 보다 건전한 문명사회가 될 수 있도록 하는 것이며 문화적 과소비를 막고 방송연예의 사회적 지배력을 축소시켜 삶의 질을 향상시키도록 하는 것이다.

또한 우리 사회에서 일어나는 경제범죄나 기타의 강, 절도 그리고 사기 등은 거의 대부분이 금전만능주의의 사고방식에서 만들어진 것이다. 자신의 분수에 맞지 않는 겉치레가 명품을 찾게 되고 이러한 명품선호는 베블런효과[7]가 적용되어 자신의 사회적 지위를 과시하기 위해 과소비를 조장하는 효과를 준다.

---

7) 베블런효과(Veblen Effect): 인간의 과시 욕구가 허영심으로 인해 가격이 비쌀수록 수요가 늘어나는 것을 말한다. 귀금속이나 사치품이 경제가 나빠져도 수요는 오히려 늘어나는 소비성향을 갖는 사회적 현상이다.

## 9) 사회이념의 상실

우리 사회를 보다 나은 미래로 이끌어 가는 중요한 행위의 하나가 사회이념의 정립이다. 수많은 동서양의 성현과 철학자들이 우리 사회를 위하여 많은 철학적 이념과 교훈을 남겼다. 그러나 지금은 이러한 교훈과 삶의 이념들이 사라져 버렸다. 그리고 금전만능주의에 의해 무조건 돈의 가치가 최우선되는 이상한 사회로 변질되었다.

이러한 것이 우리의 다음 세대를 위한 교육과정에서도 반영되고 있다. 즉, 돈을 버는 것에 별 도움이 안 되는 도덕이나 윤리와 철학에 대한 교육적 비중은 적어지고 있다. 그리고 직접 돈이 되는 학문만을 선호하게 된 것도 금전만능주의에 의한 직접적 해악의 하나이다. 더욱이 후손들에게 돈이면 다 된다는 사고를 심어 주는 것은 우리의 미래사회를 위해서는 크게 잘못하는 일이다. 이 때문에 돈이 최고선으로 자리를 잡고 있으면서 여타의 소중한 사회적 이념들은 등한시하게 만든다. 그래서 돈으로 모든 것을 해결하려는 의식이 팽배해지면서 각종 범죄와 이기주의적 갈등이 지속되고 있는 것이다.

특히 현대와 같이 삶의 다변화가 요구되는 사회에서 금전만능주의에 의한 이념적 획일화는 돈을 목적으로 만인의 만인에 의한 투쟁을 유발한다. 이러한 사회적 갈등이 어느 누구도 더 나은 삶을 얻기 어렵게 한다. 그래서 우리는 금전만능을 넘어 보다 많은 사회적 이념을 찾아내고 존중하여야 한다.

## 10) 과학기술의 경시

현재의 우리 사회는 금전만능주의로 인해 돈이 되는 과학기술만이 연구되고 개발이 추진된다. 그래서 미래의 보다 나은 발전을 이끌어 줄 기초과학기술은 경시되어 과학기술의 종합적인 발전에 한계를 주고 있다. 특히 기초과학의 등한시로 인해 응용과학 분야도 더 이상의 창조적 발달을 기대하기 어렵다. 그리고 그저 돈이 되는 얕은 잔재주 기술에 치중하여 배금주의의 실용성만을 고도로 요구하고 있다.

이렇게 왜곡된 과학기술은 더 이상의 향상이 기대되기 어렵다. 더욱이 금전만능적인 사고가 사회에 팽배해지면서 과학기술보다는 향락적이고 소비적인 경제행위가 우선시되고 있다.

현대의 과학기술은 어느 하나가 주도되지 않고 상호 간의 네트워크가 형성되어 동반상승하는 시너지효과로 급격하게 발전을 구가해 왔다. 그러나 이제는 금전만능주의 의식에 사로잡혀 과학기술에 대한 홀대가 계속되어 어느 누구도 과학기술 분야로 진출하려 하지 않고 있다. 이것이 더 이상의 과학기술의 발달을 저해하여 답보 상태에 놓이게 만드는 것이다.

또한 금전만능주의의 일환으로 키워진 돈놀이의 금융 분야에서 누리는 고소득은 우리 사회의 직업적 건전성을 해치고 기회주의적이며 별 노력 없이 건성으로 살아갈 수 있는 직업관을 심어 주었다. 그래서 힘들고 어렵고 소득이 적은 과학기술 분야의 종사자에게 상대적 박탈감을 주어 더 이상의 비약적인 과학기술 발달을 기대하기 어려워지고 있다.

## 11) 사교육과 고액과외

자유민주주의와 자본주의 사회에서는 모든 사람에게 기회가 균등하다. 그러나 이러한 기회 균등도 금전만능주의와 더불어 돈에 의해 결정되고 있다. 또한 소위 학벌로 지칭되는 교육기관 간의 격차에 의해 불평등한 교육이 계속된다는 것은 잘못된 일이다. 그러나 현재의 실정은 교육기관 간의 격차에 의해 기회가 주어지기 때문에 이것을 해결하기는 어려운 상황이다.

많은 사람들은 교육을 통해 신분상승을 꾀하려는 목적으로 남보다도 유리한 학벌을 갖고자 한다. 그리고 때에 따라서 그것이 여의치 않을 경우 돈을 이용하여 교육적 유리함을 취하려 한다. 그렇기 때문에 고액과외나 사교육에 치중하는 것이다.

특히 기존의 기득권층은 자신의 자식들이 교육적 단계에서 다른 사람에게 뒤처지는 것을 싫어한다. 그래서 뒤떨어지는 것을 막기 위해 사교육에 많은 돈을 써서 교육적 차별을 주고 있다. 더불어 교육과정에서도 돈이 개입되어 신성한 교육풍토를 흐리고 있다. 이 때문에 기득권층은 고액과외를 선택하게 된다. 이러한 고액과외는 빈부격차를 고착화시키는 또 하나의 요인이 되기도 한다. 이처럼 교육에 돈이 관련되는 것은 금전만능주의의 또 다른 극단적 행태이다.

특히 사교육이 주는 문제점으로는 사회 및 교육의 불평등 구조를 확대시킨다. 그리고 서민가계에는 큰 부담을 주어 삶의 질을 저하시키고 있다. 더불어 학교교육의 목표상실과 공교육이 비정상적으로 흘러 교실붕괴 현상을 만들어놓고 있다. 이렇게 잘못된 사교육은 사회적 비용의 증가와 낭비로 국가 경제를 왜곡시킨다. 그래서 사교육과 고액과외는 경제력 남용방지와 경제주체 간의 상호 조화를 추구하는 경제민주화를 의해서는 반드시 바로잡아야 할 사회적 과제이다.

## 12) 교육자 간의 차별

교육자 간의 격차는 초등, 중등, 고등교육을 담당하는 교육자의 의식에 대한 차이를 뜻한다. 지금의 초등학교는 가면 갈수록 교사들이 여성화되고 있다. 이러한 이유는 초등학교 교사에 대한 사회적 차별의식에서 기인한다. 그래서 남성들이 기피하게 된다.

여성의 경우는 부부간 맞벌이의 하나로 초등학교 교사가 선택되어 가계의 별도 수입처럼 인식된다. 그러나 남성의 경우는 가장으로서 혼자 벌어들인다는 이미지가 강하다. 이러한 점이 남성교사가 여성교사에 비해 직업 조건으로 열악하다는 것처럼 여겨진다. 그래서 남성들은 금전만능주의의 관점에서 자연스럽게 초등교사직을 경시하고 기피하게 되는 것이다.

이와 같이 교육자 간의 성별에 따른 선호의 격차는 돈에 대한 수입의 적고 많음에서 결정된다. 그렇기 때문에 맞벌이의 소득에 비해 상대적으로 열악한 가장인 남자 교사의 수입이 적어 생기는 현상이다. 더불어 적은 급료에도 교육봉사를 우선으로 하는 선생님들의 급료에 대한 학부모들의 관점이 금전만능주의의 차원에서 보기 때문에 더욱 큰 문제이다.

## 13) 연구비의 횡령

연구용역비란 대학이나 고등교육기관들이 국가나 기업으로부터 일정한 용역을 수주받아 연구를 수행하기 위한 비용이다. 현재 전국의 각 대학에서는 상당수의 교수들이 국가나 기업으로부터 상당한 비용을 받고 우리 사회에 필요한 여러 가지 연구를 수행하고 있다. 그리고 그에 대한 성과도 비교적 좋다. 그러나 그것에 반해 다수의 교수들이 월급 외의 부수입 정도로 생각하고 있다. 그래서 자의적으로 연구비를 사용해 사회적 물의를 빚고 있는 것이다. 더불어 연구과정에서 논문조작이나 부풀리기를 통해 자신의 실적을 과장하고 국가로부터 연구비를 과잉 지원받고 있다. 이러한 것들은 교수라는 명예직이 선비로서의 자긍심보다 돈벌이의 수단으로 인식하는 금전만능주의 발상에서 나온 행위이다.

더욱이 각급기관의 자문이나 심의 등에 참여하여 사회적 기여를 하는 교수들이 있는 반면에 그 지위를 이용하여 이권에 관여하는 교수들이 있다. 이 또한 명예를 벗 삼아 살아갈 교수들이 금전만능주의에 빠져 자신의 본분을 망각하고 있는 것이다.

또한 교사들의 촌지도 일종의 학부모가 주는 뇌물이다. 촌지라는 뜻은 약간의 성의표시라고 한다. 그렇지만 학부모는 그것을 통해 자식에게 유리한 무엇을 얻고자 하는 뜻이 담겨져 있다. 이와 같이 교육자 차원에서 논문조작과 연구용역비의 횡령이나 이권관여 그리고 촌지 수수는 우리 사회를 부패의 수렁으로 모는 행위이다. 그리고 교육자들의 숭고한 사명감을 없애는 금전만능주의의 산물이다.

## 14) 직업 차별과 청년 실업

우리 사회의 직업 중에 3D 업종은 어렵고 힘들고 더러운 직종의 직업을 뜻하며 많은 사람들이 이것을 기피하고 있다. 그리고 후진국의 외국인 근로자를 불러들여 우리 대신 일하게 하고 있다. 물론 아무리 어렵고 힘들어도 누군가가 반드시 해야 한다. 그러나 우리의 경우는 우리 스스로가 해야 할 일을 남에게 떠맡기고 쉬운 일만 찾아 하고 있는 것이다.

거대한 로마는 자신들에 의해 고용된 게르만 용병에 의해 멸망했다. 자신들이 직접 해야 할 국가방위조차도 남에게 맡기다가 결국 멸망을 자초한 것이다. 이렇듯 역사는 나태함으로 인해 자신의 일을 남에게 떠맡기는 행위는 용서하지 않는다.

우리의 3D 업종 또한 마찬가지이다. 우리는 금전만능주의 사고에 빠져서 직접 해야 할 산업생산에 등한시하고 있다. 우리의 산업이 우리 손에 의해 지켜지고 유지되어야 하는데도 불구하고 돈이 되고 쉬운 일만 선택해서 하고 있다. 그렇게 하다가는 결국 우리는 이제까지 잘 지켜 왔던 산업의 모든 것을 잃게 될지도 모른다.

잠재실업이란 직장을 구할 수 있는데도 잠재적으로 직업을 갖지 않는 실업상태를 말한다. 우리 사회에서 이러한 잠재실업은 청년실업에서 잘 나타나 있다. 중소기업의 일자리는 남아도는데 사회 초년생인 청년들은 쉽고 편한 자리 그리고 보수가 많은 자리만을 찾기 때문에 실업상태가 유지되는 것이다. 이것은 금전만능주의의 사고방식에서 나온 사회악적인 현상이다. 아직 취업도 해보지 못한 청년들에게 좋은 직장을 강요하고 높은 보수를 주는 직장만을 찾도록 하는 사회의식이 그들을 실업상태로 몰아가고 있는 것이다.

중소기업이나 소규모 직장에 취업하면 마치 사회에서 뒤처진 사람처럼 대하는 사회의식도 금전만능주의의 산물이다. 그래서 어쩔 수 없이 좋은 직장이 나올 때까지 잠재 실업상태에 있게 되므로 청년 백수가 되는 것이다.

더불어 더 큰 문제는 잠재실업에 만성화된 청년실업자들이다. 그들은 이미 오랜 실업 속에 나태함과 무기력함에 만성화되어 더 이상의 취업의식이나 근로의식을 상실한 경우가 많다. 이 때문에 국가는 노령화에 대책으로 만든 출산율 증가 정책도 무용지물이 될 수밖에 없다. 청년실업의 증가로 일을 하지 않는 유휴 노동력이 계속 증가하는데 인구를 계속 늘려서 노동력을 키운다는 것은 어불성설(語不成說)이다.

## 15) 이익단체의 집단이기

우리 사회에서 금전만능주의 의식이 가장 잘 드러나는 행위 중의 하나가 이익단체에 의한 집단이기적 행동이다. 이러한 집단이기주의는 집단의식에서 나온다. 집단의식은 군중이 모여 집단을 이룰 때 보여 주는 군중심리의 하나이며 그때 집단은 그 들이 처한 상황 아래에서 가장 쉽고 편한 방법으로 모든 일을 해결하려는 경향이 있다. 이것이 현대사회에 팽배해 있는 자신만의 이기적 경제논리와 함께 복합되어 나타나는 현상이 바로 집단이기주의이다.

의약분업 시행 시 의사와 약사 간의 힘겨루기나 한의약 문제가 있을 때 이해당사자 간의 타협 없는 투쟁 그리고 법학 대학원과 사법시험 합격자 간의 집단행동 등 이루 말할 수 없다. 이렇게 우리 사회 내에서는 분야별로 기득권을 가지고 있는 이익단체들 간의 밥그릇 싸움과 집단행동은 비일비재하다. 이것은 남이야 어떻든 자신만 살고 보자는 생각에서 나온 행동이다. 그리고 아전인수(我田引水)식의 이기적 경제논리에 찬 금전만능주의의 발현이다. 그래서 항상 이익단체 간의 싸움은 타협이란 없으며 극단적으로 치닫는다.

또 하나의 집단이기심의 발현은 님비(Nimby: Not in my back yard) 현상이다. 이것은 자신에게 불리한 여러 가지 사회간접자본을 자신의 주변에 설치하지 못하게 하는 집단행동이다. 그러나 자신에게 불리한 시설은 남에게도 좋을 리가 없다. 내가 피해받지 않는다면 어떠한 곳도 상관없다는 식의 발상은 잘못된 이기심이다. 이러한 이기심은 금전만능주의 사고에 의해 남에게 조금도 손해 볼 수 없다는 생각에서 만들어진 것이다.

또한 대기업 및 공기업의 노동쟁의도 마찬가지이다. 앞서의 이익집단 간의 싸움은 자신들의 영역에서 이루어지는 갈등이다. 그러나 기업의 노동쟁의는 그 피해가 물가상승으로 국민에게 직접 돌아온다는 점에서 더욱 나쁘다. 왜냐하면 노동쟁의의 목적이 자신들이 소속된 집단의 임금상승이다. 이러한 임금상승은 생활 공산품의 생산비를 올려놓아 결국에는 전체 물가를 급등하게 하는 직접적 요인이 된다.

## 16) 고용격차

고용격차는 기업 간의 격차에서 나오며 임금격차로 나타난다. 이러한 임금격차는 대기업과 공공기업 금융기관 공무원과 일반 중소기업 근로자들 간의 급료차이다.

우리 사회에서 대기업이 급료가 많은 것은 그들이 산업분야의 독점적 지배구조에서 나온 것이다. 다시 말해서 독과점의 특혜에 의해 가격을 자신들 뜻대로 조정하기 때문에 직원의 급료를 쉽게 올릴 수 있는 것이다. 그리고 그들의 임금상승은 물가에 직접 반영되어 그 즉시 물가상승으로 이어지는 악순환의 연결고리를 형성하고 있는 것이 문제이다. 그리고 공기업과 공무원의 급료가 높은 것은 그동안 계속된 포퓰리즘의 결과이며 무분별한 외채와 적자 재정에서 출발한다. 더불어 적자재정을 충당하기 위해 외국으로부터 차입한 돈은 결국 세금으로 처리되어야 하므로 국민의 부담으로 남는다. 또한 금융기관의 임금이 높은 것은 국민은 상대로 돈놀이한 결과의 산물이며 지금 우리 사회에 형성된 각종 불평등 요소가 고용과 임금의 격차를 만들고 금전만능의주의를 고착화시키고 있는 것이다.

# 금전만능주의의 종말

금전만능주의의 종말은 어디서부터 오는지 그리고 어떻게 오는지 또 왜 오는지 더불어 종말 이후에는 어떻게 될 것인지 생각해보자.

지금과 같이 풍요 속에 심취한 우리의 눈에는 보이지 않을 것이다. 현재 우리 사회가 이루어 놓은 경제체제도 인류문명이 만들어 놓은 결과 중의 하나이다. 그래서 경제 또한 역사에 의해 견주어 보면 그것을 바로 알 수 있다. 우리의 역사 속에서 보면 어떠한 문명이든 시기적 차이가 있을 뿐 흥함이 있으면 반드시 망함이 있었다. 그동안 우리에게 절대적으로 변하지 않을 것처럼 보이지는 자본주의 또한 동일한 결과를 맞을 것이다. 만일 지금이 자본주의의 발달단계의 정점에 있다고 하면 이제부터는 소멸의 시기가 도래하고 있다고 볼 수 있다.

과거의 역사 속에서 보면 인류문명은 항상 흥망성쇠가 존재해왔다. 그래서 우리는 앞으로 찾아올 자본주의의 몰락을 예측하고 어떠한 방법으로든지 이에 대비해야 한다.

우리의 문명이 역사적 도전에 대한 응전의 결과로 이루어진 것이라면 기존의 자본주의 몰락에 대한 도전은 이미 시작된 것이나 마찬가지이다. 그것은 이제까지의 자본주의의 견제자이며 도전자였던 사회, 공산주의가 쇄락하면서 자본주의는 그 경쟁자를 잃고 독보적인 상태에 놓여 있게 되었다. 다시 말해서 자본주의가 더 이상 도전을 받고 응전할 대상자가 사라진 것이다. 그래서 자본주의의 몰락은 이미 예정된 것이나 다름없다. 이러한 자본주의의 몰락은 동시에 금융자본주의에서 파생된 금전만능주의의 종말을 가져올 것이다. 그렇기 때문에 새로운 사회의 출현을 위해 또 다른 경제철학이 만들어지고 체계가 이루어져야 한다.

## 1. 자본주의의 도전과 응전

자본주의의 도전과 응전은 어떻게 이루어지는가 여부에 대하여는 새로운 경제논리가 어떻게 형성되는가에 달려 있다. 기존의 자본주의 체제가 지금과 같이 빈부격차의 심화뿐 아니라 각종 사회병리현상을 만들어 가고 있으므로 반드시 새로운 도전이 필요하다. 그렇기 때문에 자본주의에 대한 새로운 도전이 없으면 기존 상태에서 개선의 여지가 없이 답보 상태에 빠져 발전적인 해결이 불가능하게 된다. 더불어 지금과 같이 자본이 실물경제에서 금융산업으로 분화되어 통제 불능의 상태로 나아가는 것은 자본주의의 도전에 대한 정상적인 응전이 아니다. 다시 말해서 금융산업이 독자적인 돈벌이로 변질되고 있는 것은 자본주의의 발전적 응전이 아니고 악순환으로 동화되고 있는 것이다. 그래서 지금과 같이 현대 자본주의가 금전만능주의의 편협하고 변질된 상태를 유지하고 있으면 계층 간의 갈등으로 인한 심각한 사회적 도전을 받게 될 수밖에 없다.

더불어 이러한 사회적 도전에 대하여 적절히 대응을 못 하면 더 이상의 자본주의는 그 명맥을 이어가지 못하게 될 것이다. 그뿐만 아니라 자본주의가 우리에게 주었던 사회적 혜택 또한 더 이상 지속될 수 없다.

특히 자본주의가 금융자본주의의 단계에서 금전만능주의로 변질되면서 우리는 또 다른 변화의 위험을 안게 되었다. 이렇게 사회적 요구에 자극되어 나타난 개혁의 위험성은 경제체계의 붕괴뿐만 아니라 정치제도의 혁신까지 요구한다. 그래서 우리사회는 혼란과 변혁의 압박을 받을 수밖에 없다.

그리고 이제까지 경제를 지배하던 자본주의 체계에 공백이 생기게 되므로 새로운 경제논리가 필요하게 된다. 이러한 것 때문에 사회적 혼란기가 도래하여 인류는 또다시 위기의 시대를 맞이하게 될지도 모른다. 이것은 경제적 변화에서 일어나는 혼란으로 사회적 자기통제 능력의 감소를 가져와 속수무책의 사회적 격변으로 나아 갈 수 있다.

그래서 우리는 혁명과 과격한 변화를 억제하고 자본주의의 새로운 경제질서로 이끌어 가도록 하는 노력이 필요하다.

우리 사회는 역사 속에서 유례가 없었던 자본주의의 네메시스(창조)8)를 통해 발전적 변화를 갖게 되었다. 그리고 이러한 자본주의로 미메시스(모방)9)하여 새로운 사회질서를 이루어 왔다. 그러나 지금은 잘못된 경제체계로 인해 자본주의의 해체가 요구되는 사회적 도전에

---

8) 네메시스(Nemesis, 創造): 그리스 신화에 나오는 다산의 여신으로 창조의 의미를 가지고 있다. 아티카의 람누스에서 숭배되었으며 분노와 복수를 관장하고 인간에게 행복과 불행을 나누어 준다고 한다. 제우스와 사이에서 알을 낳고 거기서 헬레네가 태어났다.

9) 미메시스(Mimesis, 模倣): 모방의 뜻을 가지고 있는 그리스어이다. 플라톤에 의하면 실존하는 것은 신이 창조한 것이며 예술은 자연의 재현으로 미메시스의 형태를 갖는다고 했다.

직면해 있다.

더불어 이러한 자본주의의 변화는 미래에 대한 비전과 변화에 따른 사회적 응전 그리고 개혁을 위한 계층 간의 분열을 요구하며 새로운 자본주의 탄생의 필요성이 요구된다. 그래서 우리 사회는 역경을 통해 새로운 자본주의 사회의 시작을 맞아야 하며 기존의 금전만능주의에 대한 새로운 변화가 필요하다.

이에 따른 각 세대의 변화에 대한 요구를 살펴보면 다음과 같다.

연령 및 성별 균형은 우선 가장 사회적 문제가 되고 있는 고용에서 찾아야 한다. 특히 가장 문제가 큰 청년실업의 해결책을 마련하는 것에서 시작되어야 한다. 그리고 중장년의 직업이 안정되어야 한다. 또한 중장년에 다가오는 조기 퇴직이나 명예퇴직 후에도 재취업의 길이 열려 있어야 하며 퇴직에 따른 고용의 불안정 요소를 줄여야 한다.

더불어 고령화사회에 대한 고용의 대책은 고령화에 대한 우려보다는 은퇴 후 노년층의 지혜를 사회적 자원으로 삼아야 한다. 그렇게 하기 위해서는 60세 이후에는 의무적인 사회 재교육을 통해 고령자의 취업 기회를 주어야 한다. 그래서 고령자의 무능화를 방지하고 불필요한 사회복지를 줄여야 한다. 특히 성별 균형에 있어서는 사회적 편견이나 성별격차를 최소화하고 언제라도 정당한 취업이 되도록 사회기업 및 고용을 확대한다.

## 1) 청년층의 도전과 응전

이 시대에서 도전을 받는 청년층의 일차적인 문제는 청년실업이다. 사회의 초년생인 청년들이 직업도 가져 보지 못하고 졸업 후 바로 실업 상태로 가는 것은 국가나 사회적으로 큰 손실이 아닐 수 없다. 특히 우리나라와 같이 부존자원이 부족한 국가의 경우는 인적자원이 곧 가장 큰 자산이다. 그럼에도 불구하고 청년들의 인적 효용성이 적은 청년실업은 더 큰 사회적 문제가 아닐 수 없다. 그리고 청년실업의 또 다른 문제는 고령화 사회와 연계되어 있다. 이것은 청년실업으로 인해 실제 근로에 참여하는 인원수가 전체 인구수에 비례하여 오히려 적어진다는 점이다.

다시 말해서 청년실업으로 인해 일을 하지 않고 놀고먹는 청년백수 인구가 증가하므로 실제적 노동인구가 감소한다. 그래서 사회 전체는 인적 자원 활용에 대한 불균형이 생길 수밖에 없다. 그리고 이러한 청년백수의 증가로 인한 노동 불균형이 장기화되는 경우 우리 사회는 무기력하게 되기 쉽다. 그래서 반드시 누군가가 해야 할 일을 아무도 하지 않는 노동 불능 상태의 사회가 될 수도 있다.

이처럼 청년실업에 대한 적절한 해결은 우리 사회의 균형을 이루는데 필수적 요소이며 현대 자본주의에서 추구해야 할 첫 번째 단계이다.

현재의 우리 사회에서 만연되고 있는 청년실업의 요인을 분석해보면 청년에게 일자리가 없어서 실업 상태가 되는 것이 아니다. 더 좋은 일자리, 더 좋은 보수, 더 편한 직업이라는 중복된 목표에 의해 잠재적 실업으로 가기 때문이다. 이것은 기존의 자본주의가 왜곡되어 금전만능주의로 변질된 과정 속에 생겨난 현상이다. 즉, 돈으로 모든 일에 대한 가치평가를 하고 돈이면 안 될 것이 없다는 잘못된 사회의식 속에서 기인한 것이다. 그래서 금전만능주의로 인해 우리 사회에는 건전한 직업관이 바로 세워지지 못하고 있는 것이다.

지금 우리 청년층이 가지고 있는 좋은 직업에 대한 관점이 사회적 기여와 직업으로서의 자긍심이 아니다. 그것보다는 더 쉽고 더 편안히 보다 큰 보수가 목적이 되기 때문에 이러한 문제점이 생긴 것이다. 이것은 사회의식에 직접 영향을 주는 TV, 방송이나 교육문화 분야에 팽배한 금전만능주의의 잘못된 사고방식이 가져온 사회적 폐단 때문이다. 이렇게 만들어진 사회의식이 어렵고 힘든 직업을 멸시하게 하고 불로소득을 당연시하도록 하는 사회악적 병리 현상을 키웠다. 그리고 이것은 전도양양한 청년들의 직업의식을 병들게 하고 있으며 청년실업의 당위성과 핑계를 제공하고 있다.

더불어 청년층의 당면한 도전은 교육과정에서 발생되는 과도한 학자금 부담이다. 이러한 학자금문제는 청년층의 일자리 부족과 맞물려 있어 경제적 부담을 주고 있으며 또한 졸업 후 취업에도 상당한 영향을 준다. 이 때문에 만일 청년들이 소득부재의 실업 상태에 놓이게 되면 신용카드나 대출에 의존하여 소비욕구를 충족하려 하고 결과적으로는 신용불량의 상태에 빠지게 된다. 이것이 청년층이 사회에 접하며 최초로 겪게 되는 도전이며 시련이다.

## (1) 학자금

청년층의 일자리 부족은 학비를 벌어 학교에 다니거나 그것을 통해 생활하는 학생에게는 학자금과 생활비의 조달에 어려움을 준다. 다시 말해서 부모로부터 학비를 조달하는 학생을 제외하고는 학비의 조달 문제가 학교를 계속 다닐 수 있는가에 대하여 결정적인 역할을 할 수 있다. 그 때문에 일자리가 없으면 자력으로 벌어서 다닐 수 있는 기회를 상실하게 된다. 이것은 부모의 능력이 자식에게 학교를 계속할 수 있는지 여부를 결정하게 하는 또 다른 요인이다. 그래서 청년층의 일자리 부족은 우리 사회의 기회균등에 대한 불평등을 조장하고 있는 것이 된다. 더불어 교육을 통해 신분상승이 가능하다면 학자금은 명백한 사회적 제약이 될 수밖에 없다. 돈 있는 부모를 통해 차별화된 교육을 받고 좋은 직장을 얻을 수 있는 조건이 만들어지고 그로 인해 사회적 격차가 생긴다면 학자금은 분명 청년층을 좌절로 이끄는 제약조건이 될 수밖에 없다.

더욱이 천정부지로 오른 학자금은 청년층에 또 다른 금전만능주의의 피해를 안겨주고 있다. 그리고 새로운 인생의 시작도 하기 전에 학자금 대출로 인한 채무로 좌절을 맛보게 되는 경우도 생기고 있다.

학생들의 학비는 학교에서 결정한다. 그러나 그 면면을 살펴보면 교직원의 봉급과 학교시설 유지관리비가 대다수를 차지하고 있다. 이것을 다시 말하면 학생들이 학교와 교직원들을 먹여 살린다는 의미이다. 그리고 교육기관이 본연의 자세를 망각하고 학교설립의 근본적인 취지와는 전혀 다른 교육을 파는 기업으로 변질된 것이다.

학생들이 학자금을 걱정할 정도로 학비가 비싸다는 것은 교직원의 월급이 너무 높게 책정되어 있다는 것과 학교를 방만하게 운영하면서 그 재정적 부담을 학생들에게 모두 지우는 것에서 기인한다. 또한 국가는 학생들을 도와준다고 하면서 학자금을 내릴 정책을 세우지 않고 학자금대출 등으로 유도하여 사회에 나오기도 전에 학생들을 금융기관의 채무자로 만들어 놓고 있다. 이것이 우리 청년층이 심각하게 겪고 있는 또 다른 사회적 도전이다. 그리고 이에 대한 응전으로 등록금 인하에 대한 사회적 요구가 커져가고 있는 것이다.

지금 설정되어 있는 학자금은 대학 당국이 금전만능주의의 사고에서 결정된 거품이 끼어 있다. 그래서 지금처럼 대학에서 일방적으로 결정하는 등록금을 대학과 학부모와 정부의 협의체에서 다루도록 통제가 필요하다. 그리고 이제까지 관행처럼 해왔던 학자금 인상에 대하여 잘못된 것을 바로잡는 것은 앞으로 우리 사회를 이끌 청년층에게 경제민주화로 나아가는 길을 가르치는 중요한 사항이다.

### (2) 취업과 실업

사회초년생인 청년들이 취업도 해보기 전에 실업상태에 놓이게 한다는 것은 그들에게 미래에 대한 희망을 빼앗는 것이다. 그리고 이러한 상태가 지속되는 것은 국가적으로도 막대한 손실이 아닐 수 없다. 특히 그들의 부모가 중년층의 연령에 있기 때문에 조기퇴직이나 명예퇴직 등의 상황에 처해 소득 능력을 상실할 때는 더욱 큰 문제가 된다. 그래서 청년실업은 우리 사회에서 심각하게 고려해야 할 가장 큰 사회적 문제다.

더욱이 청년실업의 또 다른 원인이 직업 간 격차에서 나오기 때문에 문제가 아닐 수 없다. 즉, 대기업은 취업하기 위해 경쟁이 심하지만 중소기업은 채용을 하기 위해 힘들어 한다. 다시 말해서 우리 사회의 전체적인 고용 능력이 남아도는데도 불구하고 청년실업이 증가하고 있다는 의미이다.

그래서 청년들은 대기업에 취업하는 것이 중요한 도전이지만 잘못된 사회의식으로 인해 중소기업에 취업하기를 포기하는 최악의 응전을 선택하고 있다. 이것은 청년들이 직업의식이 금전만능주의에 심취하여 근로의 소중함을 잊어버렸기 때문이다. 이러한 청년층의 잘못된 의식은 기성세대의 금전만능주의 추구에 대한 잘못으로 생겨났다. 그리고 아직도 사회 전반적인 의식이 바르게 고쳐지지 않고 있는 것이 우리의 미래를 어둡게 한다.

### (3) 신용카드와 신용불량

청년층이 자신의 직업을 가지지 못했을 때는 부모의 세대에 의존하는 생활을 할 수밖에 없다. 그러나 부모의 혜택이 충분치 못한 경우는 자신들의 소비에 대한 욕망 충족을 위하여 신용카드를 발급받아 사용한다. 더불어 소득이 전혀 없는 실업 상태에서는 돈을 갚을 능력이 없어서 빚에 몰리게 된다. 이 때문에 신용카드로 낭비된 돈을 갚지 못하고 신용불량의 상태로 빠질 수밖에 없다. 특히 처음 사회에 진출해서 직업도 가져 보지 못한 청년실업자들이 신용카드의 무책임한 사용으로 인해 신용불량 상태에 빠지는 경우에는 더 큰 사회문제가 된다.

또한 지금과 같이 포퓰리즘에 의해 거품경기가 확산되어 있으면 자신도 모르게 과소비에 취해서 낭비를 일삼는 청년들이 늘어날 수밖에 없다. 그리고 이러한 청년들은 소득부제의 상태에서 신용불량에 빠져 헤어날 수 없게 되며 그래서 결국에는 청년층의 신용불량을 국가차원에서 구제하는 비정상적인 현상이 일어나게 된다. 그리고 이러한 국가적인 면책방법은 무책임한 청년들을 양산하고 전도양양한 청년들을 무기력하고 무능한 세대로 만든다.

지금과 같이 청년층이 신용카드 남발에 의해 사회적 도전을 받는다면 소득 없는 실업상태의 무기력함으로 신용불량자가 되는 것은 당연한 귀결이다. 그래서 청년들은 직업에 대한 눈높이를 낮추어 취업을 하는 것이 청년실업에 대한 적절한 응전이 될 수 있다.

## 2) 중·장년층의 도전과 응전

중장년의 조기퇴직이나 명예퇴직은 경제와 사회적 변화에 의한 구조조정의 일환으로 이루어진다. 그러나 이러한 중장년의 조기퇴직은 중장년층의 가장 큰 도전이며 시련이다. 그리고 이것은 우리 사회가 추구하고 있는 자본주의의 발전과 경제민주화의 달성에도 어려움을 주고 있다. 더불어 중장년의 퇴직은 우리 사회에서 가장 중추적이고 활동적인 계층을 실업상태로 내몰고 있으며 국가적 차원에서도 고용안정에 심각한 영향을 주고 있는 제도이다.

우리 사회의 중심이며 조직의 중추적 역할을 할 수 있는 중장년층이 직업적으로 불안정해서는 안 된다. 만일 그들의 직업이 불안정하다면 그들이 부양하고 있는 가족 또한 불안정해질 수밖에 없다. 즉, 그들이 부양하고 있는 자식세대인 청소년층과 부모세대인 고령층은 동시에 불안정한 상태에 놓여진다는 것이다. 그래서 중장년층의 실업은 우리 사회를 전반적으로 불안정하게 만드는 결정적인 요인이 된다.

또한 중장년층은 경제적으로 소비의 중심에 있기 때문에 그들의 소득이 감소되면 내수소비가 줄어들고 더불어 생산이 위축될 수밖에 없다. 이러한 일련의 연쇄적인 변화는 고용 불안정과 더불어 경제의 안정에도 직접 영향을 주기 때문에 중장년층은 퇴직과 더불어 재고용에 대한 대책이 절실하다.

이렇듯이 중장년층이 겪는 퇴직으로 인한 실업이 사회적 도전이라면 취업을 위해 재고용하는 것은 우리 사회의 적절한 응전이 된다. 그리고 중장년층의 재고용은 고용측면에서 신규 고용과는 본질적으로 다르게 다루어야 한다. 그렇기 때문에 중장년층의 재고용은 국가 차원에서 전체적인 고용안정에 대한 대책과 병행하여 항상 고려되고 추진되어야 한다.

### (1) 조기퇴직과 실업

조기퇴직이 중장년층에 도전이 되는 이유는 퇴직에 의한 실업이 그들에게 직접적으로 경제적 어려움을 끼치기 때문이다. 이 경우 이제까지 그들이 담당해온 부양가족에 대한 직능을 상실하게 할 뿐 아니라 그들 자신을 사회적으로 무기력하게 만든다. 그래서 더 이상의 사회구성원으로서의 의무를 다할 수 없게 한다. 특히 조기퇴직은 고용저하에 따른 소득부재자를 늘리고 실업률을 증가시켜 소비를 감소케 하고 그에 따른 생산을 위축시켜 경기침체의 원인이 된다.

우리나라의 근로조건은 선진국과 다르다. 우리나라는 국방의 의무 때문에 20대 후반에서 시작하여 50대 중반까지 약 30년 정도로 근로기간이 정해지지만 선진국은 20대 초반에서 시작하여 60대까지 약 40년간을 일하게 된다. 그래서 선진국은 우리보다 훨씬 긴 근로기간을 가지고 있어 노후 준비에도 훨씬 유리하다 그리고 우리의 경우는 근로기간도 짧은데도 사회적 필요성에 의해 조기퇴직이 되는 경우에는 더욱 어려움이 생긴다.

중장년층은 퇴직 이후에도 일자리의 부족으로 인해 실업 상태에 머무르거나 바로 접할 수 있는 재취업의 기회가 적다. 그리고 재취업이 되어도 급료나 근로조건이 열악한 중소기업이 대부분이기 때문에 구체적인 노후대책이 되지 못하고 있다. 그래서 국가적 차원에서 기업의 조기퇴직을 억제하고 정년을 단계적으로 연장하는 정책이 세워져야 한다. 그리고 퇴직 후에도 다양한 분야에 재취업을 할 수 있는 제도적 장치가 마련되어야 한다. 다시 말해서 중장년의 퇴직이 도전이라면 재취업을 하여 경제적 안정을 기하도록 해주는 것이 국가가 취해야 할 응전이 된다.

## (2) 대출과 가계부채의 증가

중장년층을 구속하고 있는 또 하나의 사회적 제약은 금융대출과 가계부채로 인한 경제적 부담이다. 이것이 중장년층이 도전하고 넘어가야 할 가장 중대한 문제이다.

중장년층의 불안정한 고용은 가족부양이나 노후대책에 필요한 생활자금의 부족을 가져와 필요에 따라 금융대출이 이용된다. 그리고 생활자금의 해결을 위해 빌린 금융대출은 계속 늘어나서 더욱 생활이 어려워지는 상황에 처하게 된다. 이 때문에 가계부채는 늘어나고 불안정한 취업으로 소득은 줄어드는 이중 딜레마에 빠진 상태가 될 수밖에 없다.

우선 중장년층이 사회적으로 안정되기 위해서 금융권에서 빌린 돈을 조속히 갚아야 한다. 그러나 실질 소득이 감소하기 때문에 조속한 시기에 금융 대출을 갚기 또한 수월하지 않다. 여기서 대출의 증가는 이자 부담을 키워 자신의 소득에 대한 효용성을 감소시킨다. 그리고 그에 대한 부담은 가계부채로 남아 안정된 노후를 보장하지 못한다.

지금 우리 사회는 가계의 실질소득의 증가는 멈춘 상태이다. 이러한 가운데서 생활부담금과 교육통신비 등의 증가로 가계수지가 악화일로에 있다. 이 때문에 소비성 대출증가로 비은행권의 대출이 빠르게 증가되어 금융차입이 계속적으로 늘고 있다. 이 또한 금융규제 완화에 맞물려 가계대출의 수요가 증가되는 것과 그 맥을 같이하고 있다. 그래서 중장년층이 금융기관으로부터 대출을 늘리는 것이 사회적 도전이라면 불필요한 은행대출을 삼가고 기존의 채무를 갚아 나가는 것이 그들이 취할 적절한 응전이 된다.

### (3) 빈부격차의 심화

중장년층이 사회적으로 도전받고 있는 것 중의 하나가 빈부격차의 심화이다. 이것은 가족부양과 같이 지속적으로 지출해야 할 비용이 있음에도 불구하고 퇴직 등으로 인해 소득이 감소되어 생기는 경제적 어려움과 맞물려 있다. 이 과정에서 노후안정을 위한 자금이 사전에 확보되지 않은 경우에는 더 큰 어려움에 처하게 되며 빈익빈(貧益貧)으로 인해 사회의 하위 계층으로 전락하는 상황이 벌어진다.

우리 사회의 중장년층은 경제적으로 중산층에 해당된다. 그렇기 때문에 그들이 가진 경제에 대한 의식이 사회 전체의 균형과 안정에 결정적 역할을 하고 있다. 그래서 빈부격차가 심해지면 심해질수록 경제에 대한 상대적 박탈감은 중장년층을 불안하게 만든다. 이것이 경제적인 측면에서 사회를 안정시켜야 할 중장년층의 견제기능을 무너지게 한다.

더불어 빈부격차의 심화는 중장년층이 주도하는 사회적 개혁의 단초가 되어 우리 경제체계 전체를 뒤흔들어놓을 수도 있다. 이 때문에 중장년층에서 빈부격차가 증가되는 것을 방치하는 경우 우리 사회는 더 큰 어려움에 처할 수 있다.

특히 중장년층은 예비적인 노년층이다. 그래서 노년으로 다가갈수록 중장년층이 느끼는 빈부격차에 대한 두려움은 더 커질 수밖에 없다.

지금 우리 사회를 버텨주고 있는 중장년층이 빈익빈에 의해 경제적 도전을 받고 있다면 적정한 소득분배가 이루어지도록 하는 경제민주화는 이에 대한 가장 필요한 응전이다.

## 3) 노년층의 도전과 응전

노년층이 겪을 사회적 도전은 은퇴 후의 경제적인 문제와 더불어 육체적인 쇠퇴이다. 최근에는 의술과 과학의 발달로 인해 인간의 수명이 길어져서 은퇴 후에 잉여 연령이 길어지고 있다. 그래서 노년층 인구가 늘어나고 있으며 점진적 고령화가 사회적 문제가 되고 있다. 또한 그들을 부양할 신세대의 노동인구 부족이 저출산과 맞물려 앞으로 다가올 고령화 사회의 가장 심각한 문제이다.

그러나 이에 대한 대비책으로 무조건 신생아 수를 늘려 해결하고자 하는 것은 적절한 방법이 못 된다. 더욱이 인구를 크게 증가시켜서 노동인구를 늘리자는 것은 미래의 인구급증으로 인한 또 다른 사회적 문제를 일으킬 수 있다는 점을 무시한 극단적인 방책이다. 이러한 정책은 지금과 같이 과학기술화로 점차 일자리가 줄어가고 있는 상황에서는 실업자를 더욱 양산하는 것이 될 수 있다. 그래서 인구증가로 고령화로 인한 노동 공백을 메우고자 하는 것은 최하위의 방책이다.

지금도 일자리가 비어 있는 중소기업이 있어도 취업을 안 하는 젊은이가 많이 있다. 그래서 청년실업으로 사회적 문제를 일으키고 있는데도 불구하고 많이 낳아서 미래 고령화 사회를 대비한다는 것은 잘못된 것이다.

고령화 사회에서는 고령화에 맞는 형태로 고용방식이 전환되어야 한다. 다시 말해서 고령자를 고용의 중심으로 이끄는 노동방식으로 변화를 가져야 한다는 것이다. 이것은 노년층의 경제적 무기력이 사회적 도전이라면 국가는 고령자에 맞는 취업 재교육과 일자리를 주선해 주는 것이 적절한 응전이 될 수 있다.

## (1) 노후생활 안정

노년층이 겪을 경제적 도전은 노후생활의 안정이다. 우리 사회가 발전되고 진보될수록 노년층이 사회적 책임을 다하고 안심하고 살 수 있는 사회가 되어야 한다. 그러나 지금은 금융의 규제 완화와 금융산업 발달의 일환인 초저금리 정책으로 연금의 실효성이 떨어지고 노후생활 안정에 필요한 노후자금의 확보가 어렵게 되어 있다. 그리고 금전만능의 사회적 의식과 경기침체로 인해 노년층의 생활안정에 필요한 생활자금의 확보가 더욱 쉽지 않다.

이것은 인간의 수명연장과 더불어 노년층 인구가 증가하고 그들에 대한 사회적 고용이 줄어드는 데서 기인한 일들이다. 그리고 신체적으로 노약해질수록 직업을 구하기 힘들어 노년층의 생활은 더욱 어려워지고 있다. 또한 노년층이 증가할수록 사회적 복지요구가 늘어나 그들에게 돌아가는 혜택도 줄어들어 노후생활 안정에 더 큰 영향을 주고 있다.

그래서 국가적 차원에서 노년층의 노후생활에 대한 안정 기반을 조성할 수 있는 대책이 수립되어야 한다. 그렇기 때문에 고령자 재취업과 지속적인 소득이 가능한 직업이 필요하다. 더불어 노후생활 안정에 대한 독자적 응전이 가능하도록 건강한 생활을 위한 충분한 의료지원이 이루어져야 한다.

## (2) 연금과 국가보조

노년층이 노후에 대한 대비가 어려워지면 그들은 사회적 극빈자화한다. 그리고 지금 우리 사회의 극빈자 대부분은 노약자나 사회적 무능력자이다. 이렇게 고령자가 극빈자화되는 것은 노년층에 있어서 또 하나의 사회적 시련이다.

노년층은 몇몇의 경우를 제외하고는 대부분이 정상적인 직업을 갖지 못하고 있다. 그래서 상당수의 고령자는 국가의 연금이나 생계비 보조와 자식들이 주는 용돈으로 생활을 영위한다. 그리고 그중에서 사회생활 중에 축적한 연금으로 생활을 하는 계층도 수명연장에 따른 국가의 연금 부담이 커지면서 여러 가지 부작용이 나타나고 있다. 그래서 미래에는 이 또한 지속되기 어려운 상황으로 갈 수 있다.

현재 연금의 경우는 은행의 이자가 너무 낮아 실제적 소득에 대한 효용성이 떨어져 연금 그 자체를 불안전한 투자나 투기로 활용하고 있다. 이 때문에 연금의 잘못된 운영으로 모든 것을 잃게 되는 수도 있으며 이러한 경우에는 노년층이 극빈자가 될 수 있으며 그 짐은 국가가 떠맡게 되는 것이다.

노년층이 오랜 직장생활을 통해 일정 연금을 확보했다면 그 연금의 활용은 경제적 도전이다. 그래서 연금을 통해 노후가 보장되도록 국가는 지원하고 보호를 해주어야 한다. 여기서 연금을 보장해준다는 것은 연금을 통해 살아갈 수 있도록 별도의 금리를 책정하고 시행해야 한다는 뜻이다. 그래야 국가의 노년층에 대한 재정적 부담도 줄어들고 보다 효율적인 복지정책을 세우고 집행할 수 있다.

### (3) 은퇴 후 실업대책

지금 우리 사회에서는 일정 연령 이후에 정년퇴직이라는 강제 은퇴제도가 있다. 이러한 정년퇴직에 의한 은퇴는 노년층이 도전해서 해결해야 할 중요한 과제 중에 하나이다. 이것은 다수의 노후 준비가 안 된 노년층의 은퇴 이후 나머지 삶에 대한 시련으로 작용하고 있다. 그래서 은퇴 후 실업상태에 있는 노년층에 대한 국가의 제도적 장치가 필요하다. 그래서 이에 대한 대책으로 고령자들이 취업 가능한 단순 직업에는 고령자들만이 고용될 수 있도록 정책적 배려를 하여야 한다. 또한 일반적 은퇴 연령인 60세 때에는 사회적 교육과정으로 1~2년 정도 초등학교에서 의무 재교육 기간을 설정하여 이수하도록 하여야 한다. 그리고 재교육 후에는 재취업을 주선해주는 방식의 고용정책의 변화가 필요하다. 더불어 사회적 합의가 이루어진다면 정년퇴직 연령을 보다 늦출 필요가 있다.

## (4) 복지와 경제적 시련

복지는 소득 분배의 한 과정으로 자본주의 사회에서는 꼭 필요한 정책이다. 그리고 노년층의 노후가 보장이 되지 않을 경우에는 반드시 필요한 사회적 재분배이다. 그러나 복지는 그 정도가 심화되면 포퓰리즘화된다. 그리고 포퓰리즘은 사회적 거품을 유발한다. 그래서 과도한 포퓰리즘에 의한 복지는 경계되어야 한다. 더불어 과도한 복지는 정치적 목적에서 생겨나고 공약을 통해 추진되기 때문에 쉽게 남용될 수 있다.

우리 사회의 복지는 당연히 국민의 세금으로 처리해야 한다. 그러나 국민의 담세에 대한 부담 때문에 정치적 의도에 따라 외채에 의존하게 된다. 이 때문에 적자 재정을 통한 국가의 채무는 계속 증가하고 있으며 이에 대한 구체적 해결방안은 아직도 요원하다.

이렇게 만들어진 국가 채무는 언젠가는 국민 전체에게 큰 부담으로 작용될 것이다. 그럴 경우에는 경제적으로 취약 계층인 노년층이 가장 큰 피해를 받게 되며 크나큰 경제적 시련에 직면하게 될 것이다. 그리고 그런 경제시련이 계속될 경우에도 복지 포퓰리즘에 심취해 있는 국민들은 누구도 긴축 등의 어려운 고통을 함께하려 하지 않을 것이다. 그래서 고통의 기간은 더욱 길어지고 사회적 취약 계층인 노년층은 더욱 오랜 기간 고통을 받을 수밖에 없다.

## 2. 자본주의 붕괴의 원인

현대 자본주의는 근대 산업자본주의와 복지라는 이질적인 두개의 가치가 결합된 수정자본주의이다. 이러한 수정자본주의가 최근에는 국가의 자유방임 아래 신자유주의라는 금융주도형의 금융자본주의로 전환되었다. 그리고 금융자본주의는 돈이면 안 될 것이 없다는 금전만능주의로 우리 사회를 변혁시켰다.

특히 공산주의 몰락 이후에 우리 사회는 그때까지 서로 대립하고 있던 이데올로기의 종말을 가져와 금융자본주의라는 독단적 경제논리로 진화되었다. 그래서 현재에 와서는 금융자유화로 굴레 벗은 망아지처럼 금융산업의 끝없는 변화가 일어나고 있다. 그리고 누구도 어떤 결말이 올지 판단하기 어려운 금융 분화가 일어나 지속적인 경제위기로 진행되고 있다. 이 과정에서 금융산업은 각종 파생상품을 개발하고 발전되었으며 우리 사회를 통제가 불가능한 금전만능주의 사회로 만들었다.

이러한 금전만능주의는 일부 금융자산가들에게 금융에 대한 온갖 혜택을 다 주고 있어 경제적 불평등을 유발시켜 사회적 반발을 사고 있다. 이렇듯 법과 금융 혜택을 등에 업은 금융자산가들은 조직화된 탐욕과 투기로 재산을 더욱 크게 불리고 있으며 이 때문에 우리 사회는 적정한 균형 분배가 이루어지지 못하고 있다. 그래서 이들의 탐욕에 대한 규제로 경제민주화에 대한 사회적 요구가 증폭되고 있는 것이다. 그러나 아직도 경제민주화에 따른 적절한 부의 재분배가 제대로 수용되지 않고 법의 비호 아래 금융자산가들의 탐욕 정도가 점점 더 커지는 상황으로 가고 있다. 이 때문에 우리 사회 일각에서는 적정한 소득 분배에 대한 사회적 개혁이 요청되고 있으나 이 또한 금권과 유착한 정권에 의해 무시되고 있는 것이 현실이다.

지금 우리 사회는 보다 나은 미래를 위해 경제민주화를 추구하고 있다. 그리고 경제민주화를 위한 사회적 불평등 해소에 국가의 조정 능력이 필요하다. 만일 국가의 조절이 충분하다고 여겨지지 않는다면 안정적인 사회는 결코 오래가지 못한다. 이러한 것들이 사회적 격변을 유도하여 우리 사회를 혼란에 빠트릴 수도 있다.

그리고 돈으로 획일화한 사회철학은 일부 계층에게 부를 독점하기 쉽게 만들고 빈부격차 등의 각종 사회적 병리현상을 일으킨다. 이러한 병리현상은 제대로 통제가 되지 않을 경우에는 사회적 혼란과 더불어 현대 자본주의의 붕괴 원인이 될 수 있다. 그리고 현대 자본주의의 몰락은 금전만능주의 종말을 몰고 올 것이며 진정한 금전만능주의 종말은 금융자본주의의 몰락에서 시작된다.

## 1) 이데올로기의 종료

우리가 쓰고 있는 이데올로기는 프랑스의 계몽주의 철학자인 데스튀트 드트라시(Destute de Tracy)가 최초로 사용한 것이다. 그 의미는 어떤 사회집단이 진리라고 여기며 받아들인 가치나 관념의 체계를 말한다. 그러나 지금 우리 사회에서 이야기하는 이데올로기는 상호 대립되는 관념을 총칭한다. 그래서 공산주의가 몰락하기 전까지는 자본주의 대 공산주의의 양자 대립구조를 이데올로기라고 하였다.

그러나 실제적으로 이데올로기란 자신의 사상이나 행동 그리고 생활방법을 근본적으로 제약하고 있는 관념 속의 과학(Science of Ideas)

이라는 의미이다. 이것은 이론과 실천의 양면성을 갖는 정치철학의 한 형태이다. 즉, 인간의 모든 지식을 관념의 과학 차원에서 보는 것이다. 그리고 이러한 관념의 체계를 역사적이고 사회적인 입장에서 사상과 의식의 체계 관한 지식으로 본 것이다.

또한 관념의 과학은 인간의 정신체계에서 편협된 사고를 몰아내고 이성을 회복함으로써 인간에 노력하고 봉사하는 것을 목표로 삼고 있다. 그러나 이데올로기는 왜곡되거나 편협되고 선택적인 관념도 내포하고 있다.

여기서 이데올로기라는 말은 좁은 의미와 넓은 의미로 구별할 수 있다. 즉, 현재에도 계속되는 이데올로기를 둘러싼 논쟁이 어떤 부분은 용어의 정의와 전혀 다른 의미로 쓰이기 때문에 생긴 현상이다. 넓은 의미의 이데올로기는 체계화된 관념이 정치에 접근하는 온갖 종류의 행동 지향적인 이론이나 관념 체계에 나타나는 모든 시도를 뜻한다. 그와는 달리 좁은 의미의 이데올로기는 다음과 같은 몇 가지 특징이 있다.

첫째, 인간의 관념 체계에서 현재 사실에 관한 설명적 요소와 규범적 가치를 포함한다.

둘째, 추상적인 용어로 사회 및 정치를 조직하는 계획을 정당화한다.

셋째, 이러한 계획의 실천에는 투쟁이 뒤따른다고 본다.

넷째, 서약에 의해 이념적으로 충실한 지지자를 모으려고 한다.

다섯째, 대중을 지향하며 핵심 지식인에게 지도자적인 역할을 부여하려 한다.

지금은 이데올로기에 의해 이루어진 대립적인 관념의 세계도 공산주의의 몰락과 함께 자본주의로 종료되었으며 자본주의의 독자적 발전시대가 되었다. 그래서 사회발전의 가장 중요한 요소인 도전과 응전의 상호 전개가 사라지게 되었다. 그리고 자본주의는 상호 견제 세력이 없어지면서 독자적인 발전은 더 이상 지속되지 못하고 균형을 잃어버리게 되었다. 이 때문에 현대 자본주의는 미래지향적 발전의 정상궤도를 벗어나게 된 것이다.

## 2) 금전만능의 획일화

자본주의 사회는 모든 사람들에게 경제활동에 있어서의 최선을 요구하는 사회이다. 그리고 최선의 경제활동에 대한 보상으로 돈이 주어지며 이것이 현재의 가치척도가 되고 있다. 또한 보상적 가치척도에서 돈에 대한 최상의 평가가 금전만능주의 사회를 만들었다. 그래서 금전만능주의 사회는 돈이면 안 될 것이 없다는 사고 속에 기본적 틀이 형성된 것이다. 그리고 우리 사회는 이처럼 돈이 최우선이라는 잘못된 사고 아래 자본주의를 교육시켜 왔으며 그 결과 자본주의의 근본 원칙과는 전혀 다른 금전만능주의 사상을 일반화하였다.

현재 우리 사회는 사회적 가치평가에서 단일목표로 돈을 절대적 이념으로 삼고 있지만 이것은 잘못된 가치기준이다. 왜냐하면 한정된 재화 속에서 모두가 돈에 대한 욕망을 갖는다면 상호 간에 극심한 경쟁상태가 이루어질 수밖에 없다. 그래서 절대선으로서의 돈에 의해 모든 것이 결정된다면 극심한 사회적 갈등은 피할 수 없게 된다. 이 때문에 돈을 최고의 가치로 삼는 금전만능주의사회는 변화가 되어야 한다. 만일 이러한 의식이 고쳐지지 않는다면 우리 사회의 미래는 없다.

또한 우리 사회에 팽배한 금전만능주의는 사회적으로 좋은 여러 가지 이념들을 등한시하는 폐해를 주고 있다. 돈에 모든 가치가 집중하는 것은 하나의 출구로 많은 사람이 몰려드는 것과 같다. 동시에 출구를 나가려면 서로 부딪혀 제대로 통과하기도 어려울 뿐만 아니라 서로 방해가 되어 피해를 주기 때문이다.

이와 같이 모든 국민이 돈을 단일목표로 삼는다면 상호 갈등에 의해 사회적 손실이 크게 늘어날 수밖에 없다. 그리고 돈이 가진 빈익빈 부익부의 집중으로 인해 빈부격차만 심화되어 또 다른 갈등의 소재가 될 것이다.

더욱이 이렇게 심화된 빈부격차는 적게 소유한 사람들에게 상대적 박탈감을 갖도록 하여 반사회적으로 변하게 만든다. 그러므로 우리 사회가 보다 나은 미래로 가기 위해서는 사회적 이념의 다양화가 필요하다. 그리고 각각의 이념에 대한 상호 존중이 요구된다. 이렇듯 다른 이념에 대한 상호 존중과 이상화는 교육과정에서 길러져야 할 것이다. 그래서 우리의 후세교육을 맡은 교육자의 역할이 대단히 중요하다.

국가 방위에 여념이 없는 군인은 명예심과 국가관이 투철해야 한다. 그리고 그중에서 명예심이 최고의 덕목이며 돈은 차선이라는 의식이 사회적으로 인정되어야 한다. 또한 명예심만으로도 살아갈 수 있도록 사회적으로 지원이 되어야 한다. 정치인은 남을 위해 봉사하는 정신을 갖고 행동해야 한다. 그것이 자신의 최선을 다하는 것이며 이때 돈은 절대적으로 배제되어야 한다. 그리고 사회에 봉사한다는 자긍심이 모든 것에 우선이 되어야 한다. 또한 사업가는 사업을 통해 사회에 기여하여야 한다. 그리고 사회적 기여가 모든 것에 최우선으로 하고 이것에 의해 자존감을 갖는 것이 필요하다. 공직자는 사회에 대한 봉사정신이 최선이고 부정부패에 의한 돈의 축재를 수치심으로 여겨야 한다.

더불어 종교인들의 선행과 희생정신 등이 사회적으로 존중되어야 한다. 그리고 교육자는 청렴한 선비정신이 자신들이 추구하는 최고의 선으로 여겨지는 사회가 되어야 한다. 또한 문화예술가들은 돈을 목적으로 한 작품활동보다 창작의 성취감이 우선되어야 한다. 이 외에도 우리 사회가 지향해야 할 여러 가지의 이념들이 사회를 이끌어가는 덕목으로서 자리매김되어야 한다. 그래서 사회적으로 이념의 계층 분할을 이루어 돈에 의한 단일이념을 다변화시켜야 한다.

현재와 같이 돈이 모든 가치기준의 척도가 되고 그 외의 모든 것이 계속 무시된다면 그 결과는 공멸밖에 없다. 즉, 돈에 대한 만인에 의한 만인의 투쟁으로 우리 사회는 공존의 역량을 잃게 될 것이다.

## 3) 자본주의의 변질

현대의 자본주의는 수정자본주의와 금융자본주의의 혼합형이다. 다시 말해서 산업자본과 금융자본의 독점적 체제를 합리화시키기 위해서 사회복지라는 퍼주기식의 분배형식을 가미한 것이다. 이것은 독점자본과 정치권력이 합작하여 포퓰리즘과 거품경제의 단맛을 국민들에게 각인시키는 방편으로 이용되고 있다.

그리고 현대의 자본주의는 금융자본이 산업자본과 분리되어 순수 자금으로 이행된 금융자본주의가 대세를 이루고 있다. 여기서 금융자본주의는 금융 분야를 자생적인 금융산업으로 자리매김하기 위해 돈놀이에 치중할 수밖에 없으며 불로소득과 투기의 방법으로 치부하는 경향을 띠고 있다.

이것은 명백한 자본주의의 변질이다. 자본이 자기 역할을 떠나 불로소득과 투기의 목적으로 운영된다면 그것은 이미 자본주의가 아니다.

이러한 자본주의의 변질은 금융자본으로서 금전만능주의의 초석이 되었으며 우리 사회에 발생하고 있는 수많은 사회적 해악의 원인이 되고 있다. 그리고 우리 사회가 추구하는 경제민주화의 가장 큰 걸림돌로 작용하고 있으며 이제까지 잘 유지되어 오고 있는 현대 자본주의를 몰락으로 몰고 가고 있다.

## 4) 부의 독점과 빈부격차

우리 사회는 평등을 추구하는 민주사회의 이념을 가지고 있으면서도 상·중·하의 계층적 분화가 이루어져 있다. 이것은 현대판 계급사회이다. 다만 고대의 계급사회와는 달리 일부 계급적 상승이 가능하다는 점이 다를 뿐이다. 그러나 저본주의의 근본적 이념과는 달리 상위계층이 지본과 부를 독점하고 상·하위 간의 격차가 너무 커서 문제가 되고 있다. 그래서 가면 갈수록 중산층이 상위계층으로 진입이 어렵고 상위계층에 대한 견제가 불가능해지는 계급 고착화 현상이 일어나고 있다.

더불어 부의 집중과 분배의 불평등으로 인해 하위계층이 폭발적으로 증가하고 있으며 계층 간의 빈부격차가 심화되고 있다. 이것은 현대 자본주의가 추구하는 경제민주화의 균형분배를 망치고 우리 사회를 몰락으로 이끄는 하나의 원인이 되고 있다.

## 5) 자본주의의 이율배반

　자본주의에서 가장 중요한 논리는 사유재산의 인정이다. 이것은 개인이 열심히 일하면 어떠한 재물이라도 취하고 소유할 수 있다는 논리이다. 그래서 개개인에게는 미래에 부자가 될 수 있다는 희망을 부여하여 준다. 그러므로 모든 이에게 최선을 다해 노력하도록 하는 중요한 이념이 되고 있다.

　그러나 자본주의가 고도로 발전되어 가면서 금융산업의 분화가 이루어지고 노력 없이 돈으로 돈을 버는 금융자본주의가 일반화되면서 문제가 발생하였다. 그래서 지금은 돈이 돈을 모은다는 집중의 원리에 의해 빈부격차가 심해지고 있다. 이 때문에 아무리 노력해도 더 이상의 부를 취할 수 없는 계층적 고착화가 이루어지고 있으며 이것이 가난의 세습 또는 양극화의 논리로 정착되어 가고 있는 것이다. 이러한 양극화의 고착은 중하위 계층이 더 이상의 부의 축적이나 계급 상승을 불가능하게 만든다. 그래서 사유재산제도에 의해 부의 무한 축적은 불가능해졌다. 이러한 이율배반적인 현상으로 인해 현대 자본주의 논리에서 하위계층의 본질적 변화는 어려워진 것이다. 그리고 돈을 많이 가지고 있으면 오히려 쉽게 돈을 벌 수 있도록 사회구조가 형성된 것이 현대 자본주의의 이율배반적인 요소이다. 이러한 이율배반은 금융자본이나 금융산업 분화의 자충수가 되어 현대 자본주의를 몰락으로 이끌어 가고 있다.

## 6) 신분상승의 고착화

현대 자본주의의 가장 큰 문제는 교육을 통해 신분상승이 불가능한 점이다. 우리 모두가 누구나 노력하면 신분상승이 가능한 것으로 여기고 있으나 실제적으로는 고착화되어 가고 있는 것이다. 그리고 지속적인 사회적 계층 분화로 인해 각 계층 간의 신분상승이 불가능해지고 있다. 또한 가면 갈수록 자녀교육에 투입되는 사교육비의 많고 적음에 따라 결정되는 교육의 질적 차이가 사회적으로 계층 상승을 막아버린다. 그래서 하위계층에서 상위계층으로의 신분상승은 갈수록 어려워지고 있다. 더불어 소유재산의 상속 및 증여 등과 같이 원초적으로 부를 쉽게 전수할 수 있는 것도 문제이다. 이 때문에 재산이 많을수록 세금을 적게 내려고 편법과 탈법으로 상속을 하게 된다. 이것이 일반화되면서 결국에는 가난의 대물림과 같이 부의 불균형 분배가 만연된다. 이렇듯 부와 가난의 대물림과 같은 사회적 제약이 실제적인 신분상승을 거의 불가능하게 만든다. 그리고 이러한 사회적 제약으로 인해 기존의 상위계층과의 인적 교류 외에는 신분 변화가 이루어지지 않는다. 그래서 사실상 현대 자본주의 사회에서는 신분이 고착화되어 가는 것이다.

## 7) 신용불량의 프랙털

우리는 어떤 물체의 형태가 전체 구조와 일부 구조가 끊임없이 닮은꼴로 반복될 때 그 물체는 프랙털 구조를 가지고 있다고 한다. 다시 말해서 어떤 구조의 모양을 확대하거나 축소를 하여도 전체가 비숫한 형태를 갖는 것을 말한다. 이것은 유사성과 순환성의 특성을 가지고 있으며 거대차원과 극소차원의 닮음을 표현할 때 사용된다.

지금 우리 사회에서 나타나는 프랙털적인 현상은 국가가 재정위기를 맞고 있는 것에서 찾을 수 있다. 즉, 남부유럽의 국가들과 그 국민들이 금융부채로 인해 동시에 신용불량으로 위기를 맞고 있는 것이 유사한 구조이다. 다시 말해서 국가의 채무와 빈곤계층의 가계부채는 경제적 차원에서 유사한 구조를 갖고 있다고 말할 수 있다.

전 세계를 기준으로 할 때 재정위기에 처한 국가들은 국제적 신용불량 상태이며 그들은 자신의 어려움을 구제금융에 의해 신용불량이나 모라토리엄에서 헤어나려 하고 있다. 그래서 그에 대한 해결책으로 긴축재정 등의 방법이 선택되며 해당국가의 국민들은 혹독한 시련을 받고 있다. 이와 유사하게 우리 사회에서도 금융부채로 인한 신용불량자들이 국가의 구제금융을 이용해서 신용회복을 꾀하고 있으며 혹독한 시련을 받고 있다. 이러한 것이 방만한 국가와 방만한 국민 간에 나타나는 경제적 프랙털 현상이다.

자본주의의 근간은 국가가 자본을 얼마나 많이 보유하고 있는지 여부에 따라 부국인지 빈국인지가 결정되며 부채가 커질수록 어쩔 수 없이 국가는 자본 종속국가로 전락된다. 특히 우리와 같이 국가채무와 국민의 부채가 동시적으로 증가하는 것은 자본주의를 표방하고 있는 국가로서는 대단히 위험한 현상이다.

이것은 국가채무가 국제적으로 위험수위에 있을 때 자국 내의 신용불량 상태에 있는 국민들은 더욱 헤어나올 수 없는 수렁에 빠진다. 다시 말해서 국가의 재정위기는 프랙털 상태에 있는 국민 개개인 채무에 치명적인 결과를 가져온다는 의미이다.

이러한 국가와 국민의 이중채무구조를 해결하지 않고 방치하는 것은 결과적으로 위기가 왔을 때 더 이상 손쓸 수 없는 상태로 만들 수 있다. 그렇게 되면 우리가 표방하고 있는 현대 자본주의는 더 이상의 존속 가치를 잃게 될 것이다.


## 3. 금융자본주의의 몰락

금융자본주의의 몰락은 내적과 외적으로 동시다발적으로 발생한다. 그리고 그 진행 정도가 가면 갈수록 심해지고 극단적으로 변화하기 때문에 결국에는 수습할 수 없는 상황에 도달하게 된다. 여기서 내적 몰락이란 국가 내부에서 일어나는 현상으로 사회의 각계층 간에서 발생되는 갈등과 분쟁의 결과이다. 또한 외적 몰락은 선·후진국 간의 경제적 갈등이나 혹은 국제사회에서 일어나는 국가 간의 분쟁으로 나타난다.

금융자본주의의 경제논리는 이기적 경제논리이다. 남이 어떻게 되든 자신만이 잘 벌고 잘살면 된다는 이기심의 발로와 이기적 집단의식이 경제원칙으로 세워져서 사회적 갈등을 일으키고 있다.

현대의 금융자본주의를 시작한 미국의 경우를 보아도 금융자본의 규제를 완화시키는 과정에서 도덕적 해이와 무절제로 인해 자멸적인 내적 몰락을 가져오고 있는 것이다. 특히 기축통화의 이점을 이용하여 양적완화라는 수단을 가지고 달러를 무절제하게 발행하고 있으며 범세계 금융시장을 투기판으로 변화시키고 있다. 다시 말해서 대량으로 발행된 미국 돈은 우리나라를 비롯한 중국, 일본, 대만 등의 아시아 공업국에 투자라는 명목으로 들어와 투기로 돈을 벌어나가고 있다. 그리고 그들은 이것을 이용하여 자국민에게 경제적 혜택을 주어 국민의 불만을 잠재우고 있는 것이다.

지금 우리에게 일어나고 있는 위기상황 중에 국가부채는 그리스만 해당되고 은행부채는 스페인뿐이며 국가 신용하락은 이탈리아만의 일이 아니다. 이러한 일들은 미국이 그 중심에 있으며 금융자본의 전횡에서 나온 것이다. 이것은 국가 간에서 생기는 외적 몰락의 징후이며 동시다발적으로 일어나서 경제위기의 거대한 폭발로 마감될 것이다. 그리고 앞으로도 이러한 일들이 지속적으로 일어나서 금융자본주의는 몰락의 길을 밟게 될 것이다.

## 1) 내적 몰락

내적 몰락은 국가 내부에서부터 시작하여 사회적으로 확산되는 현상이다. 더불어 국민적 차원에서 개혁을 요구하거나 변화를 바라는 혁신과 같은 현상이 일어나면서 발생되는 몰락의 징후이다.

이것은 일차적으로 각 계층 간의 빈부격차가 극대화되고 포퓰리즘으로 거품경기가 만연되고 문화적 과소비가 일상화되는 것에서 나타난다. 이 때문에 금융자본주의의 가장 큰 해악의 하나인 정경유착으로 공직자와 기업인 간의 결탁과 부정부패가 일반화되고 당연시된다.

더불어 국내의 금융산업의 활성화를 통해 금융 분야는 소매금융에 치중되어 가계부채의 급증을 유발하며 국민 대다수가 은행 빚으로 채무자가 되어 생활에 대한 이중고를 겪는다. 또한 대기업 중심의 경제정책은 대기업 위주로 유통체계를 난립시켜 중소 상공인에 의한 골목상권을 무너뜨리고 재벌기업의 부의 집중을 극대화하게 한다. 그래서 우리 사회의 경제적 약자를 더욱 곤경에 처하게 되는 것이다.

이러한 여러 가지의 사회 내적 문제가 복합적으로 작용하고 하나로 모여진다. 그리고 국민이 직접 피해의식을 느낄 때는 사회적 갈등으로 이어져서 금융자본주의의 몰락에 대한 직접적 동기가 된다.

### (1) 빈부격차의 극대화

각각에 처한 빈부격차의 정도는 주변과의 비교에 의해 결정된다. 지금 한국의 국민소득이 필리핀이나 베트남 사람보다 많다. 그러나 미국이나 스위스에 비하면 적다. 그래서 필리핀과 비교하면 우리 스스로가 부유하다고 생각하나 미국과 비교하면 빈곤하다고 생각하게 된다.

이러한 것은 우리 사회 속의 구성원 사이에도 존재한다. 본인이 아무리 많이 가지고 있어도 그 주변의 모든 사람이 조금이라도 더 가지고 있으면 상대적으로 가장 가난한 것이다.

이렇듯 빈부격차의 정도는 자신이 얼마나 많이 가지고 있느냐가 아니고 남들에 비해 얼마나 적게 가지고 있느냐에 의해 결정되는 것이다.

그리고 우리 사회에 보이는 빈부격차의 가장 큰 문제는 말 그대로의 빈부격차로만 남는 것이 아니다. 어떠한 상황에서 빈부격차가 극단적으로 심해질 때는 이것이 사회의 격변을 일으키는 원인이 된다는 점이 문제이다.

과거의 소련 및 동구권의 공산주의가 무너질 때 일어난 사회혁명과 이슬람의 아랍권에서 일어난 시민혁명도 모두 비슷한 경우이다. 이러한 사건의 내면적인 것을 살펴보면 독재 권력자와 상위 일부계층의 권력을 이용한 치부와 국민 대다수의 빈곤으로 인한 빈부격차가 심해져서 생긴 갈등이 주원인이다. 다시 말하면 빈부격차는 단순히 빈부격차로 끝나지 않는다는 것이다. 이러한 격차가 커지면 커질수록 국가와 사회는 위기로 다가간다는 뜻이다. 위기는 사회적 혼란과 국민에게 또 다른 고통을 주기 때문에 반드시 사전예방이 필요하다. 그것이 바로 우리 모두가 빈부격차를 줄이도록 노력해야 할 가장 큰 이유이다.

그래서 빈부격차의 극대화는 금융자본주의를 몰락시키는 내적 요인 중에 가장 큰 요인이라고 말할 수 있다.

## (2) 문화적 과소비의 일상화

사람들이 삶을 영위하기 위해서는 반드시 소비가 필요하다. 또한 생산을 촉진시키기 위해서도 생산품이 소비가 되어야 한다. 과거의 대공황 같은 경제위기는 생산을 소비가 못 따라가 과잉재고로 인해 발생된 생산위기이다.

오늘날은 과학기술의 발달로 대량생산이 가능하다. 그래서 더 많은 소비가 필요하므로 너무 절약하는 것 또한 바람직하지 못한 경제운용이 될 수 있다. 그러나 생산을 독려하기 위해 억지로 과소비를 유도한다는 것도 잘못된 일이다. 절제 없는 과소비는 앞으로의 자원의 적절한 이용과 미래의 자원고갈을 고려할 때 너무 무모한 경제활동이 될 수 있다. 그래서 적절하고 균형 잡힌 소비활동이 필요하다. 그러나 소비는 또 다른 생산이기 때문에 사회계층적인 차이가 필요하다.

사회계층 간의 소비는 각각의 경제적 역량에 따라 정해진다. 즉,

중산층의 소비 성향과 상위계층의 소비 성향이 다르다는 의미이다. 이렇듯 소비의 형태도 각각의 상대적 차이가 있어 소비 계층 간의 상대성이 존재한다.

소비는 단순히 인간의 욕망을 충족하기 위해 무분별하게 하는 것이 아니다. 반드시 생산과의 조화를 통해 이루어져야 한다. 그래서 소비는 절제가 필요하다. 그러나 최근에 와서는 금전만능의 사고에 의해 문화, 연예, 스포츠 분야에서 다량의 소비가 강요되고 있다. 그리고 절제 없이 불필요한 낭비를 조장하고 있어서 서민들을 더 많은 돈이 필요하게 만든다. 또한 이것이 개인적 욕망과 과장된 거품경기에 맞물려서 자신들의 소득을 초과하는 소비로 이끈다. 이렇게 소득 이상의 과소비는 손쉬운 금융대출로 충족하려는 경향이 강하다. 이 때문에 서민들은 빚에 몰리게 되며 결국에는 누구도 손쓸 수 없는 상태로 이끌어 간다.

이러한 현상은 개인과 가계부채로 나타나며 경기침체와 더불어 개인적 파산으로 몰고 간다. 그리고 파산이 확산되면 경제위기의 내적 요인이 되어 우리 사회를 과격한 변혁으로 이끈다.

## (3) 부정부패의 만연

부정부패는 정경유착과 같이 해당 권력과 이권계층 간의 경제적 이해관계에 의해 발생된다. 이것은 법적 권한을 가진 자가 그에 의해 이권이 결정되는 상대적 계층과의 사이에서 이루어지며 특히 권한을 가진 자가 상대방에 비해 빈곤하거나 부에 대한 욕망이 클 때 쉽게 이루어진다. 또한 권한을 가진 자가 상대에 비해 금전적으로 박탈감을 가졌을 때는 더욱 심해지며 그것에 의해 불공정한 관계가 형성되어 사회에 큰 피해를 주게 된다.

특히 부정부패는 정경유착과 같이 이권이 큰 집단 간에서 생겼을 때 더 큰 사회적 문제를 일으킨다. 이러한 주고받기식의 부정부패는 상대적으로 인과관계가 약한 집단이나 개인에게 큰 손해를 끼친다. 그리고 이로 인해 생긴 부정적인 현상은 우리 사회의 상대적 신뢰도를 망친다. 그래서 부정부패는 우리 사회의 권력남용의 한 예로 금전만능주의와 함께 경제민주화가 추구하는 경제적 균형과 안정을 해치는 중요한 요소이다.

이러한 부정부패는 비은행권의 금융자본에서 현저하게 나타난다. 특히 금융감독 기능을 가진 기관과 부실한 저축은행의 주고받기식의 유착은 그 결과가 서민에게 직접 피해로 다가온다. 그리고 이러한 것이 금융자본주의의 내적 요인으로 작용하여 심각한 사회문제를 일으키고 있다.

### (4) 가계부채의 급증

가계부채의 급증에서 가장 큰 문제점은 가계부채가 소득보다 급속히 증가하는 현상이다. 다시 말해서 소득 대비 가계부채의 증가 때문에 하우스푸어(House Poor)가 급증한다는 것이다. 그리고 중장년층은 경기둔화에 의한 주택가격 하락과 대출이자 부담으로 빈곤층으로 전락하여 결국에는 무주택자가 되는 사회적 문제를 안고 있다. 여기서 '하우스푸어'란 집을 가지고 있으나 과도한 금융대출과 경기침체로 인한 어려움을 겪고 있는 사람을 뜻한다. 이러한 계층은 주택가격 하락으로 원리금 상환이 어렵고 이자에 대한 부담으로 외형상 중산층이나 실질적 구매력이 떨어져 중하위 계층으로 추락하고 있는 상태이다.

현시점에서 가계부채의 급증이 주는 사회적 문제점은 각 계층별로 다르다. 특히 청년층은 부모에 속한 가계부채 증가로 인해 자신의 생활의 어려움도 있지만 지속적으로 인상되는 등록금에 대한 부담이 더 커지고 있는 것이 문제이다. 그리고 퇴직한 중장년층이나 고령층은 소득이 적거나 없는 경우가 많아 주택가격 하락이 그들이 소유한 부동산이나 금융부분에 부실화를 가져와 경제적으로 무능력하게 되고 있다.

또한 고령층의 가계부채의 급증 이유로는 부동산시장의 부진과 전후의 베이비부머(Baby Boomer) 등이 은퇴 연령에 도달하여 소득이 급감한 것이 주원인이다. 더불어 또 다른 가계부채의 급증 원인을 살펴보면 무분별한 개인 신용카드의 증가와 외환위기 이후 지속적인 실업증가 및 소득 감소를 들 수 있다. 그리고 금융산업의 분화에 따른 잘못된 여신정책과 과도한 소비문화가 가장 큰 원인이다. 그렇기 때문에 지금 우리 사회는 금융산업의 극단적 발달과 무분별하게 증가되는 가계부채에 의해 내적 몰락의 위기를 맞고 있는 것이다.

## (5) 유통체계의 난립

우리 사회의 유통체계는 국가의 방임 아래 재벌과 대기업이 장악하고 있다. 최근에 와서 금산분리의 의미가 희석되면서 생산과 금융을 거머쥔 대기업이 자신들의 이익을 극대화하기 위해 유통부분까지 차지하려 하고 있다. 대기업이 골목 상권까지 대단위의 유통체계로 통합하면서 중소형 점포가 설 자리가 없어지고 있다. 이것은 자본의 집중에 있어서나 경제민주화의 균형 분배에 있어서도 대단히 위험한 현상이다.

우리가 튼튼하게 성을 쌓고자 할 때는 덩치가 큰 바위도 필요하지만 틈 사이의 빈 공간을 채워줄 작은 돌도 필요하다. 다시 말해서 큰 돌과 작은 돌의 조화로운 축조로 성을 튼튼하게 쌓을 수 있다는 것이다. 여기서 큰 돌은 성벽의 힘을 받아주지만 작은 돌이 빠지면 틈이 생겨서 그 부분이 취약해져 쉽게 무너진다. 그래서 소비자들은 편리하다고 생각하고 대기업은 자신들의 이윤을 극대화하기 위해 만든 대규모 유통체계의 확산을 방치하면 소규모 점포가 설 자리가 없어진다. 이렇듯 소규모 점포들의 설 자리가 없어지면 결국에는 대규모 유통업체들만 남게 된다.

소규모 점포는 근린 상점과 재래시장의 주 구성원이다. 결과적으로 대규모 유통체계의 활성화는 근린상점과 재래시장을 위축시키거나 소멸하게 한다. 여기서 소규모 점포는 운영자나 소유자의 대부분이 서민으로 가정경제를 책임지고 있는 상황이다. 그래서 소규모 점포가 무너지는 것은 해당 가정경제를 망치고 경제민주화가 추구하는 사회적 고용과 적정한 분배를 못하게 하는 행위가 된다. 이것이 우리 사회의 불공평을 확산시켜 소비를 위축시키고 전체 유통체계를 무너뜨리는 결과를 가져오고 있다.

이러한 것이 소비자들에게 약간의 이익과 편리함을 준다고 우리도 모르게 이용하고 확산을 무작정 방치해온 대규모 유통체계에서 나타나는 문제점이다. 그래서 지금 우리가 대규모 유통과 소규모 상점이 상호 공존할 수 있는 방법을 찾지 못하고 자신의 이득에만 치우치면 정상적인 전체 유통체계는 무너질 수 있다. 그리고 이 과정에서 소매상권이 무너지면서 발생되는 사회적 부작용은 소득의 불균형 분배와 더불어 다수의 서민 경제에도 부메랑이 되어 치명적인 피해를 줄 수 있다.

## (6) 재벌기업의 부의 집중

재벌기업은 일종의 대기업 연합이다. 과거 산업이 발달되는 단계에서는 기업이 업무상 추진력과 기업 간의 효율성을 위해 단일기업으로 통합되는 경우도 있었다. 그 후에 국가의 주도 아래 국제적 경쟁력을 키운다는 명목으로 단일소유주가 기업을 통합적으로 운영하는 방식으로 변화하였다. 이것이 재벌의 성립이다. 그러나 이러한 재벌은 지금까지 전근대적이고 독선적인 경영 형태를 그대로 유지하고 있다.

재벌이라는 것은 아무리 개별화시키려고 출자총액제한 등의 법적 제약을 가해도 분화가 되지 않는다. 그리고 같은 범주의 재벌기업은 결국에는 한 배를 탄 운명처럼 집단인식을 갖고 있어 서로 협력하여 법적규제에 대항한다. 그렇기 때문에 이러한 집단화된 재벌기업은 단순한 법적규제만으로는 분해가 쉽지 않다.

지금 재벌이 취하고 있는 기업연합은 중소기업 차원에서 볼 때 하나의 특혜이다. 더욱이 현재 중소기업에 가해진 법적 제약을 고려할 때 상대적 차별이다. 특히 대기업의 중소기업 착취는 이미 그 도를 넘어가고 있다. 공사 하청 단가의 일방적 깎아내리기, 비정규직 양산을 시키는 파견 근무자 요구하기, 비자금 확보를 위한 영수증 금액 부풀리기 등을 통해 중소기업과의 상생 여건을 없애고 있다.

더욱이 재벌기업의 주주 기업지배는 소유와 지배의 약점을 가지고 있다. 즉, 재벌일가가 보유하고 있는 주식이 국제금융자본이 앞세운 외국계 투기자본보다 적은 경우가 허다하다. 그래서 외국계 투기자본의 배당요구에 대하여 속수무책인 상황이다. 다시 말해서 재벌이 가진 약점 때문에 주주배당을 크게 증가시켜 기업의 재투자의 역량을 감소시키고 있는 것도 재벌이 지배하는 대기업의 가장 큰 문제점이다.

이렇듯 재벌기업들이 우리의 국가의 부를 심하게 손상시키는 지배구조를 가지고 있음에도 불구하고 재벌일가는 자신들의 이익을 위해 교묘하게 기업을 경영하고 있다. 그리고 대기업은 독점적 시장지배구조를 이용하여 폭리를 취하고 집중화된 자금력으로 경제력을 남용하여 중소기업과 소규모상권을 와해시키며 문어발식 확장을 통해 자신들의 이익만을 취하며 부를 독점하고 있다. 이렇듯 재발기업으로 부가 집중하여 불균형 분배가 계속되는 것은 사회적 갈등의 주요인으로 작용하여 금융자본주의의 몰락을 가속시키는 결과를 가져올 것이다.

### (7) 금융투기의 일상화

부동산, 증권, 펀드 등의 금융투기가 일상화되고 당연시되는 것이 금융자본주의의 몰락을 가져오는 하나의 요인이 된다.

전 세계적으로 미국의 강요에 의해 금융자유화가 이루어진 이후에 가장 일반화된 것은 국가 간을 오가는 핫머니와 투기성 헤지펀드이다. 지금 이런 종류의 헤지펀드는 환율의 변동과 함께 주식시장을 통해 투기자금으로 운용되어 후발국의 국부를 착취하는 도구가 되어 있다.

각종 펀드의 주식시장에의 출입은 그 자금의 크기 정도에 따라 엄청난 흡입력을 가지고 있으며 주식시장의 주가 조작이나 등락을 유도하여 큰 이익을 취할 수 있다. 그래서 우리의 주식시장이 아무리

깨끗한 거래를 하여도 투기판으로 변할 수밖에 없는 것이다. 또한 사채의 경우는 금융시장 개방 이전에는 국내자금이 사채의 주류를 이루었다. 그러나 금융시장 개방 이후에는 외국계 투기자금이 사채시장으로 흘러들어와 또 하나의 거대자본으로서 착취구조를 형성했다.

여기서 활용되는 외국계 투기자금은 그 출처가 어떠한 자금인지 모르는 것이 문제이다. 이러한 자금은 출처가 건전한 것인지 아니면 마피아의 범죄 자금인지 마약상의 자금인지 독재자의 부정축재 자금인지 정치인의 돈세탁자금인지 구분이 되지 않는 출처 미상의 자금이다. 지금 이러한 자금들이 우리의 주식시장으로 흘러들어와 우리의 기업을 지배하고 있는 것이다.

다시 말해서 그들에 대한 정보부재가 불법자금에 대한 견제의 어려움을 만들고 있다. 그래서 국가 차원에서 견제할 수 있는 제도적 장치가 필요하다. 만일 이러한 펀드 등의 투기성 자금에 대한 차단이 제대로 안 된다면 우리의 주식시장에 대한 불신으로 금융자본주의의 미래는 보장되지 못한다.

## 2) 외적 몰락

외적 몰락은 금융자본주의가 범세계적으로 요구되는 자본주의의 변화에 부응하지 못하거나 이 이상 방치를 하면 더 큰 위기를 가져온다는 의식이 일반화되면서 일어난다. 즉, 국제적 통합 금융의 횡포와 다국적기업의 착취, 국제통화기금의 난맥상과 신용평가의 자의적 평가로 인한 허구성, 재정적자로 발생되는 다수 국가의 모라토리엄 등이 외적 몰락을 가져온다. 그리고 이러한 외적 몰락은 전 세계를 금융위기로 몰아 금융자본주의의 몰락으로 나타난다. 그래서 우리는 외적 몰락을 막기 위해 현재의 금융자본주의 체계에 상존하고 있는 여러 가지 문제점이 우리 사회에 어떠한 영향을 미치는가에 대하여 살펴보고 대비하여야 한다. 또한 우리 사회에 보편화되어 있는 금전만능주의의 집단의식을 바로잡아 보다 건전한 경제의식을 고취시키고 사회철학을 재정립해야 금융자본주의의 몰락을 막을 수 있다.

## (1) 국제적 금융자본의 횡포

국제적 금융자본의 횡포는 국제금융시장에서 시작한다. 여기서 국제금융시장이란 국제간에 이루어지는 무역거래와 자본의 대차거래 등의 금융자산 거래가 지속적으로 이루지는 곳이나 혹은 그러한 체계를 말한다.

지금 세계는 각 국가 간의 금융시장이나 외환시장의 금융규제가 완화되고 정보통신기술 및 컴퓨터 제어 기술의 발달로 금융시장의 범세계화가 가속되고 있다. 이러한 국제 금융시장에서 대표적인 것은 런던, 뉴욕, 프랑크푸르트, 도쿄, 싱가포르, 홍콩, 바레인, 스위스 금융시장 등이 있다. 이러한 국제금융시장은 넓은 의미의 지불거래의 외환시장과 좁은 의미의 신용거래의 금융시장으로 나눌 수 있다. 또한 외환시장은 계약과 인도의 시기적인 차이를 기준으로 현물환시장과 선물환시장으로 구분된다. 더불어 금융시장은 그 위치에 따라 역내시장과 역외시장으로 세분되며 역내와 역외 시장은 모두 대부자와 차입자 중 한쪽이 외국인이거나 금융기관이 외국에 소재하는 형태이다. 그러나 역내시장은 자금의 대부와 차입 모두가 금융기관 소재국의 통화로 이루어지는 경우를 가리키며 역외시장은 금융기관 소재지가 아닌 타국통화로 자금이 거래되는 것을 말한다. 이렇듯 금융시장은 국가 간에 서로 유기적으로 거래가 이루어져 금융산업의 활성화에는 도움이 되고 있지만 외환 거래가 주목적이기 때문에 대차관계에서 발생하는 리스크나 포퓰리즘화한 국가의 국가채무의 급증의 또 다른 원인이 되고 있다.

범세계적 경기침체와 유럽의 재정위기에 따른 경기 불확실성 등이 국제금융시장의 과잉화로 일어났음을 볼 때 금융시장이 총괄적 경제위기의 진원지라고 말할 수 있다. 그리고 금융시장을 통한 국가 간의 과도한 돈놀이로 인해 대부분의 국가들이 불필요한 채무를 지게 되어 증가되는 국가채무에 의해 지속적인 금융 불안요인이 되고 있다.

지금 전 세계는 국제금융자본의 횡포에 의한 위기를 맞고 있다. 그러나 각국은 금융산업활성화 정책을 펴서 오히려 국제금융시장은 호조를 이루고 있다. 더욱이 미국을 중심으로 한 국제금융자본은 금융산업의 확대에 맞추어 각종 금융파생상품을 개발하고 범세계적으로 자금을 운영하여 자본력이 부족한 국가를 상대로 돈놀이를 하고 있다.

이와 같은 차원에서 본다면 국내에서의 통합금융지주회사라는 거대 금융자본도 국제적 금융자본의 하나로 자리매김하고 있는 것으로 볼 수 있다. 여기서 지주회사라는 것은 여러 회사의 주식이나 지분을 소유하여 회사를 지배, 관리하는 회사이다. 더불어 금융지주회사의 설립 목적은 국제적 금융산업의 변화에 발맞추어 금융산업의 개방에 대비하고 금융허브로서의 성장을 촉진하며 구조개편을 통해 국제적 경쟁력을 키우기 위해서이다. 또한 금융기관의 경영상 합리성과 효율성이 좋아진다는 점이 있지만 경제력 집중에 따른 각종 폐해가 발생된다는 문제점을 가지고 있다. 이와 같이 통합금융지주회사라는 것은 금융자본의 기업 집중의 한 부류로 자본집중이 가능하도록 다수의 금융기관을 모아 한 개의 기업집단 형태를 갖는 것이다. 이러한 통합 금융지주회사는 명백한 기업집중이다. 또한 현재 금융집중이 세계적인 추세이지만 이에 맞추어 금융기관을 키워 통합금융지주회사로 만들면 이들에게 금융자본을 집중시켜 금융에 대해 우월한 지위를 가질 수 있도록 혜택을 부여하는 것이다. 그러므로 아무리 금융기관이 경영합리화에 비중을 두고 경쟁력 강화에 치중을 하고 있어도 결과적으로 서민 대상의 돈놀이가 주가 될 수밖에 없다. 특히 힘없는 중소기업은 트러스트나 카르텔이라고 하면서 법적으로 기업연합이나 담합을 불가능하게 해놓고 있다. 이와는 반대로 자본의 집중이 가능한 금융기관을 크게 키우는 것은 상대적으로 중소기업에 대한 역차별이다. 더불어 금융기관의 통합은 효율성을 최우선하기 때문에 내적 구조조정이 필수적이다. 이것은 다수의 고용이탈로 실업자를 양산하는 결과를 가져온다. 그리고 일부 금융자산가에게는 이익의 극대화로 부를 축적하게 하여 빈부격차를 심화시키는 요인이 된다. 또한 이렇게 국제적 경쟁력을 키우기 위해 만들어진 통합금융지주회사 체제도 세계를 상대로 한 금융기관으로 자리를 잡지 못하고 있다. 그리고 국민을 상대로 소매금융에 치중하여 골목 상권의 수준을 벗어나지 못하고 있는 실정이다. 그러나 경제위기에 처하면 국민의 혈세로 이루어진 공적자금에 의존하여 살아난다. 그래서 금융감독기관은 부의 집중에 따른 경제적 폐해를 줄이기 위해 통합금융지주회사의 규제를 강화하거나 소규모의 금융기관으로 분산시켜야 한다. 그래야 통합금융과 국제거대자본의 횡포로 인한 외적 몰락을 막을 수 있다.

## (2) 다국적기업의 착취

다국적기업은 동일 기업이 여러 국가에 설치된 기업을 말한다. 이는 선진국에서 대자본을 가진 기업이 후발국가의 저렴한 물가 및 임금 등 여러 가지 혜택을 목적으로 국가를 초월해서 진출한 것이다. 이러한 다국적기업을 때에 따라서 "초국적 기업"이라고도 한다.

이것은 어느 한 나라를 근거지로 하여 본사를 만들어 놓고 여러 국가에 동종의 법인을 설립한 것이다. 그리고 본사를 중심으로 총괄적으로 경영활동을 벌이는 기업이다. 이 경우에 다국적기업의 본사는 여러 국가에 설립한 자회사의 일정한 지분을 소유한 상태로 운영을 한다. 그리고 현지의 자회사들은 본사에서 파견된 임직원에 의해 경영이 되는 것이다.

다국적기업을 설립할 경우 여러 나라에서 동시에 생산이 이루어지기 때문에 생산규모를 확대할 수 있다. 그리고 그에 따라 생산비용을 절감할 수 있다. 그래서 규모의 경제와 같이 사업상 여러 방면으로 규모의 확대에 따른 경제적 이득을 얻을 수 있다. 더불어 그 결과로 현지시장에 독점적인 지배력을 확보할 수 있는 것이다. 또한 다국적기업은 본사와 자회사 간의 연결성을 이용해 전문기술자와 숙련공 등을 고용하며 그들을 통해 기술에 대한 노하우를 국가 간에 쉽게 이전시킬 수 있다. 그러나 이것은 다른 측면에서 보면 경제적으로 또는 기술적으로 후발국을 착취하는 수단이 된다.

후발국의 경우 국내의 취약한 경제적 토대로 인해 수출품이 대부분 중저가의 생산품 위주의 되어 있다. 그래서 수출이 제한된 범위 내에서 행해지기 때문에 보다 쉽게 다국적기업의 지배 아래에 들어

가게 된다. 이러한 거대한 외국자본의 투자대상국이 되면 독점적 관행의 영향을 받을 뿐 아니라 해당국의 기업은 여러 가지 형태의 상대적 역차별을 받게 된다. 그리고 다국적기업은 투자대상국의 각종산업 정보 및 특허기술을 침해하고 노동생산력 착취와 독과점을 통해 해당 분야의 경제력을 장악하기 수월하다. 그래서 다국적기업은 후발국에 양날의 칼이 되어 투자와 기술개발에는 도움이 되나 국가의 부를 수탈하는 수단도 된다. 이것이 자본 선진국으로의 부를 집중을 시켜 자본주의의 외적 몰락의 원인이 된다.

## (3) 국제통화기금의 난맥상

국제통화기금(IMF)은 여러 국가가 모은 국제협력자금을 통해 긴급자금이 필요한 국가에 재정지원을 해주는 국제기구이다. 이 기구는 국제적인 통화협력을 바탕으로 이루어진 공동기금이다. 그리고 이 기금을 이용하여 각국의 환율을 안정시키고 국제적 유동성을 확대하는 것이 목적이다. 그래서 국제통화기금은 회원국의 국제 무역수지 불균형이나 외환고갈 등에 따른 경제위기 때 일시적으로 자금을 변통하여 주어 스스로 해결하기 어려운 위기를 헤쳐 나갈 수 있도록 도움을 주고 있다. 이때 국제통화기금의 운영자금은 회원 각국의 무역규모, 국민소득, 외환보유고 등에 따라 공동출자로 이루어진다. 우리나라도 과거 외환위기 때 IMF로부터 직접 도움을 받기도 했다. 물론 그로 인해 혹독한 시련도 겪어 보았다.

그러나 이것은 엄연히 미국 주도 아래 만들어진 국제적인 기금이다. 그래서 국제적으로 서로 도움을 주는 선의적인 역할도 한다. 그러나 그 때문에 미국을 비롯한 세계 각국은 IMF의 공동기금을 믿고 복지 포퓰리즘으로 방만한 재정운영을 하고 있으며 이러한 방만한 재정으로 거품경제를 일으켜 동시다발적인 잦은 외환위기를 자초하고 있다.

지금 발생되고 있는 유럽의 경제위기는 위기에 처한 국가들이 과도한 적자재정으로 일어난 것이다. 그러나 과도한 적자재정의 뒤에는 국제통화기금이라는 믿는 구석이 있어 방만한 재정운영이 가능하기 때문이다.

특히 미국의 경우는 경제위기에 처해도 국제적 인플레이션의 위험을 무릅쓰고 양적완화로 다량의 통화 발행을 하여 해결하고 있다. 그리고 이렇게 발행된 돈의 대부분은 투기자금화하여 국제금융시장을 넘나들고 있다. 그러나 이것은 기축통화의 이점을 이용하여 세계 경제를 우롱하는 돈놀이의 방편이다. 더불어 미국이 스스로 발행한 자금을 활용하여 전 세계를 상대로 돈놀이를 하는 그 전면에는 국제통화기금이 있다. 이것이 바로 국제통화기금이 세계경제를 외적몰락으로 이끄는 요인이 되는 것이다.

## (4) 신용평가의 허구

세계적인 신용평가기관으로 미국에 있는 무디스와 S&P가 있다. 그들은 각국의 신용등급을 자신들의 기준에 따라 정하고 있다. 이러한 무소불위(無所不爲)의 권한은 금융산업에 대한 미국의 국가적 위상에서 나오는 것이다. 그렇지만 일개 기업이 세계 각국을 상대로 신용등급을 정하는 것은 신용평가의 오만함을 보여 주는 좋은 예이다.

국가의 신용등급은 투자의 적격 여부를 기준으로 하는 것이다. 하지만 따지고 보면 투자하기 좋다는 의미는 그 나라의 부를 착취하기 쉽다는 의미도 된다. 누가 돈을 투자해서 손해를 보려고 할 것인가. 어떤 상황에서도 이익이 되기 때문에 투자하는 것이다. 그래서 투자 적격이란 그 국가에 돈을 집어넣으면 그에 상응하는 이득을 취할 수 있다는 뜻도 된다.

국가는 외국의 투자를 유치해야 한다고 한다. 그러나 이러한 투자는 거의가 투기성 자금이다. 단기간에 주식시장으로 들어왔다가 이익을 취하고 빠져나가는 돈이다. 이렇게 투기성으로 우리에게 접근하기 때문에 결국에는 국가의 자산만 손실을 입는 것이다. 그리고 이러한 자금의 상당수는 출처 불명의 자금이다. 자금의 근원이 무엇인지도 모르는 돈이 주식시장을 통해 세탁되고 합법화되기 때문에 문제이다.

물로 국가의 입장에서 선의의 투자는 필요하다. 그러나 선의의 투자는 생산기업에 직접투자가 되는 것만 인정해야 한다. 다시 말해서 생산과 고용 그리고 소비의 실물경제를 거쳐 우리의 산업 활동도 키워주고 고용도 확대해주는 투자가 되어야 한다. 그러나 실제로는 이러한 자금은 주식이라는 투기성 영역에만 들어오고 있다. 그리고 수익을 취해서 나가기 때문에 실물경제에는 전혀 도움이 되지 않는다. 여기에 신용평가의 허구성이 있다.

더욱이 과거의 미국발 서브프라임모기지론 위기 때에도 미국의 신용평가사들은 전혀 예측도 못했다. 이것은 신용평가가 자의적이며 아전인수(我田引水)식이라는 반증이다. 신용등급의 설정이 실제로는 투기성에 치중하기 때문에 상황 판단을 제대로 못한 것으로 여겨진다.

그래서 신용평가의 정확성이 제대로 자리매김하려면 실물경제를 기준으로 하여 투자의 적격 여부가 평가해야 한다.

이렇듯 자의적으로 평가되고 결정되는 신용평가는 결국 국가 간의 불신을 확산시키면서 외적 몰락의 요인이 될 것이다.

## (5) 국가 재정위기의 만연

국가 간에 발생할 수 있는 경제적 상대성은 국가 간의 빈부격차와 같이 부자국가와 빈국으로 대별이 될 수 있다. 그러나 국가적 지불유예인 모라토리엄(Moratorium)은 빈국에서만 발생되는 것이 아니다. 오히려 선진국에서 국가의 정책이나 운영 미숙으로 인해 자주 발생된다.

최근의 유럽국가들이 국가적 지불유예인 모라토리엄 상태까지 가곤 했는데 이들 국가는 주로 선진국 대열에 있는 국가이다. 다시 말해서 모라토리엄은 빈국의 위치에 있는 나라에서 발생하는 것이 아니고 적자재정을 통한 포퓰리즘을 시행하는 국가에서 주로 발생되었다는 것이다.

이러한 국가들은 포퓰리즘으로 국민들에게 선심성 정책을 펴서 그로 인한 거품경기로 국민의 씀씀이는 크게 키웠다. 그러나 국가경제는 따라오지 못하고 그 때문에 결국에는 국가 채무에 대한 지불유예까지 선언하게 된 것이다. 그런 후에 스스로 해결 못하고 IMF에 손을 벌려 도움을 요청하는 국가가 된 것이다.

국가채무가 아무리 많아도 경제가 원활하면 무리 없이 해결된다. 하지만 국가경제가 불균형하거나 과도한 재정지출로 경제적 어려움이 발생하면 국제적 신인도가 떨어지면서 일어난다. 이때 채권국이 해당국가에 대한 채무추심을 진행할 경우 국내 기업들은 도산으로 걷잡을 수 없는 상황에 빠지게 된다. 그래서 국가는 일시적으로 안정을 취하기 위해 긴급조치를 발동하게 되면서 모라토리엄 상태로 가는 것이다.

이러한 모라토리엄은 전형적인 경제의 불안정이다. 그래서 국가경제가 일시적으로 어렵다고 해서 성급히 시행하는 경우 국제적 신용평가 등급이 떨어져 경제상황을 쉽게 호전시키기 어려워진다. 그리고 모라토리엄 선언 이후에는 정상상태로 복귀가 지연될 우려가 있으므로 가능한 실시하지 않는 것이 좋다.

지금 유럽의 그리스나 스페인 등과 같은 재정위기에 처한 국가의 경우는 긴축재정을 통해 국가채무를 갚고 모라토리엄 상태로 가는 것을 막으려고 하지 않는다. 왜냐하면 당장 시행해야 할 긴축정책으로 인해 국민들의 생활이 더욱 궁핍해지기 때문이다. 그래서 이제까지의 받아온 포퓰리즘으로 인한 혜택을 포기할 수 없다는 의도에서이다. 그러나 이것은 미래 더 큰 위기를 자초하게 되는 경솔한 처사로 외적 몰락의 요인이 된다.

## (6) 곡물, 에너지, 자원 메이어의 전횡

국제적 현물시장에는 미국의 유태인 소유 자본을 중심으로 하는 곡물, 석유 및 광물 자원 메이어들이 있다. 이들은 현물시장에서 국내법으로는 제도적으로 금지가 되어 있는 매점매석(買占賣惜)을 통해 부의 축적을 하고 있다. 그러나 매점매석의 불법적인 행위가 국가 간 혹은 국제적으로는 통제가 되지 않고 있으며 이들이 조성한 선진 거대자본은 가격조작 등의 방법으로 국제 물가를 조작하여 치부를 하고 있는 것이다.

특히 석유의 경우는 제한된 에너지 자원으로서 전 세계적으로 점차 고갈되어 가고 있어 국제적으로 미치는 영향이 더욱 크다. 더욱이 아직까지 뚜렷한 대체에너지가 개발이 된 것도 아니며 그렇다고 해서 에너지의 축적이 충분한 것도 아니기 때문에 결국에는 에너지 자원의 고갈에 대한 위기는 반드시 오고야 말 것이다. 그래서 석유에너지의 장악은 세계를 위협하는 가장 좋은 수단이 된다.

또한 지금과 같이 예측이 어려운 지구환경 변화로 인해 식량부족 현상이 생길 때는 곡물은 절대적인 무기가 된다. 그리고 지구환경이 급격하게 변화가 생긴다면 국가 간의 식량 확보를 위한 전쟁이 일어날 확률이 높다. 그런 경우 곡물 부족이 전 세계에 주는 파장은 엄청나게 크게 나타날 수 있다. 그렇기 때문에 그때가 되면 식량 자급자족을 등한시하는 국가 들은 큰 어려움에 처할 수 있다. 그때는 부족한 만큼의 더 비싼 구입자금이 요구되므로 곡물 메이어들은 쉽게 치부할 수 있는 여건을 만들 수 있다.

이러한 이유 때문에 돈을 이용하여 각종 자원을 장악한 메이어들의 황포에 의해 전 세계가 큰 곤란을 겪을 수 있다. 이럴 경우 각종자원 메이어들의 횡포로 피해를 받은 세계인에게 저항의식을 불러와 금융자본주의의 외적 몰락 요인으로 작용될 것이다.


## 4. 금전만능주의의 위기

현대 (금융)자본주의의 몰락의 징후는 각종 위기에서 나타나고 있으며 이에 따른 미래 예측을 할 수 있다. 현대에 와서 다발적으로 발생되는 경제·사회적 위기는 계속되고 그 정도 또한 심각해가고 있다. 이는 위기의 원인이 근본적으로 치유되지 않고 임기응변적인 미봉책으로 해결하려고 한 결과이다. 몰락을 막으려면 보다 정확한 진단으로 적절한 처방을 하여야 한다. 그렇지 않으면 결국에는 사회 총체적 혼란 경제의 암흑현상(Black Out)10)이 일어나고 자본주의의 몰락은 막을 수 없다. 이러한 금융자본주의의 몰락은 금전만능주의의 위기로 다가와 역사적 변화에 의해 금전만능주의의 종말로 갈 수밖에 없다.

## 1) 경제 위기

경제위기는 경제체계의 각 부분에서 불균형을 일으켜 나타난다. 실물경제인 생산과 고용 그리고 소비 부분에서 나타나고 이러한 위기가 국가 차원을 벗어나 범세계적인 유동성 위기로 전환되면 더 이상 어떻게 해결할 수 없는 지경에 이르게 된다. 그래서 우리는 지금까지 다가왔던 위기의 진행과정과 그 결과를 잘 살펴서 미래에 다가올 위기를 잘 해결할 수 있도록 대비해야 한다. 그래야 더 이상의 경제적 위기를 겪지 않고 현대 자본주의의 몰락을 막을 수 있다.

---

10) 암흑현상(Black Out): 전력에 과부하가 걸려 정전이나 일시적으로 전기가 나가는 현상이며 브라운관에 전파가 사라지면서 화면이 꺼지는 것을 뜻한다.

## (1) 경제체계의 불균형

### ① 생산의 불균형

생산의 불균형은 산업혁명 이후에 기계화로 인한 대량생산체제를 갖춘 후부터 시작된다. 대량생산으로 생긴 생산품이 소비가 되지 않음으로 인해 재고품으로 누적되어 더 이상의 생산은 효용성이 없어졌다. 그로 인해 생산이 위축되어 생산에 필요한 인적 고용이 필요 없어져 대량실업을 유발하게 된다. 그리고 그 결과가 경제적 공황을 일으켜 사회적 문제로 나타난다. 이것이 바로 과잉생산으로 인한 생산의 불균형이다.

### ② 소비의 불균형

산업화가 진행되면서 생산의 균형을 맞추기 위해 소비 진작이 추진되었다. 그리고 그로 인해 낭비가 일상화되면서 사회적 거품이 일어났다. 그에 따라 과잉소비가 만연되고 그 결과 생산과 소비 간의 불균형이 생겼으며 이러한 일련의 과정에서 과잉소비는 원자재의 품귀 등으로 이어져 급속한 물가 상승을 키웠다. 그리고 이렇게 해서 생긴 소비의 불균형은 에너지 위기와 같이 자원 위기를 유발하였으며 경기침체를 가속시켰다. 그래서 과소비로 인한 소비의 불균형은 앞으로 우리가 아껴 써야 할 자원과 에너지의 고갈과 연계되어 경제적 문제를 일으키는 원인이 된다.

### ③ 고용의 불균형

산업혁명 이후에 우리 사회의 대부분 산업은 과학화와 기계화를 통해 대량생산이 가능하게 되었다. 그 때문에 각종 산업에 인력 노동의 소요가 점차 줄어들게 되어 대량실업이 발생되었다. 더욱이 기존 산업경제 체계에서 금융이 분화하면서 생산, 고용과는 전혀 관계없이 독자적으로 운용되기 시작했다. 즉, 금융산업이라는 미명아래 자본주의의 자본이라는 개념을 뒤바꾸어 놓았던 것이다. 그리고 지금은 고용 없이 자금만의 소비경제를 구축하여 경제 체계를 변형시켰으며 그것이 더욱 큰 고용 불안정을 가져왔다. 이러한 고용 불안정은 소득의 원천을 없애 버리는 결과를 만들어 소득부재의 서민경제를 형성시켰다. 그래서 결국에는 중산층과 서민들이 자신의 생활에 필요한 소비욕구를 충족하기 위해 금융대출에 의존하도록 길들여진 것이다.

특히 기업의 구조조정은 임금 삭감과 근로시간 증가로 나타나고 과로사와 산업재해를 양산하여 근로자의 삶의 질을 저하시켰다. 더불어 대량실업에 따른 고용불안은 소득분배 구조를 양극화하여 경제민주화의 가장 큰 걸림돌인 빈부격차를 심화시킨다.

### ④ 유동성의 불균형

현재의 경제체계에서는 금융이 실물경제에서 벗어나 별개의 독립된 산업으로 분리되었다. 그리고 이러한 금융산업은 여러 가지로 파생, 분할되면서 돈으로 모든 일을 해결하려 하고 있다. 그렇기 때문에 자금을 이용한 금융산업이나 금전 거래관계가 근원적으로 잘못되는 경우 전체 경제 및 유동성에 치명적인 영향을 준다.

이러한 경우 국가는 부실화된 금융기관을 되살리려고 공적자금을 퍼부어 회생을 시키려고 한다. 그렇지만 이런 방법 때문에 금융 분야는 자신의 잘못에 대한 책임을 지지 않는 도덕적 해이가 생기고 그 결과 모든 빚은 국민이 떠맡는 꼴이 된다. 그래서 유동성을 조작하는 금융기관의 잘못을 국민이 책임지는 터무니없는 일이 벌어지고 있는 것이다. 이것은 국가의 명백한 잘못이다.

금융산업의 파생적 현상은 불로소득의 전형적인 예이다. 그럼에도 불구하고 금융규제 완화라는 명목으로 국가가 그것을 바로잡지 않고 방치하고 있다. 그렇기 때문에 "악화가 양화를 구축하듯" 헛된 부가가치가 진실인 것처럼 호도되고 있다. 이러한 금융산업에 대한 국가의 방조로 인한 피해는 국민이 모두 떠맡게 되는 상황으로 이어진다. 그래서 유동성의 남발과 금융거래의 불균형은 반드시 고쳐져야 한다.

## (2) 경제체계의 위기

자유방임적 자본주의가 발전되면서 우리 사회는 경제체계의 각 단계마다 위기를 겪어 왔다. 20세기 초에 들어와서 고도의 산업화가 진행되면서 생산과잉으로 인해 생산위기를 맞이하였다. 그래서 1930년대의 대공황이 일어났다. 그 결과 재고의 누적으로 인해 공장가동이 중지되고 대량실업이 발생되었다. 그에 따라 전 세계로 생산 위기가 퍼져 경제적으로 심각한 위기에 봉착했었다. 그러나 이것에 대한 절대적 해결법은 없었다. 다만 역사적으로는 루스벨트의 뉴딜 정책이 효과가 있었다고 한다. 그렇지만 실제적으로는 제2차 세계대전으로 인한 대량소비가 그 해결법이었다. 전쟁을 통한 대량생산과 대량소비가 저절로 균형이 맞추어져서 자연스럽게 해결된 것이다.

우리는 대공황의 약 40년 후인 1970년대에 또다시 소비위기인 에너지 위기를 겪었다. 이것을 오일쇼크 혹은 석유파동이라 하며 산유

국의 횡포에 의해 일어났다고 한다. 그러나 주원인은 에너지의 과소
비이다. 다시 말해서 지구상에 한정되어 있는 화석연료인 석유를 과
잉소비한 것에서 일어난 일이다. 즉, 석유를 모든 산업과 에너지의 주
원료로 사용하여 결과적으로 고갈의 위기를 자초한 것이며 이러한
에너지 고갈의 위기감이 오일쇼크를 유발한 것이다. 그 후 세계 각국
은 대체에너지 개발과 에너지 효율적 사용 등으로 소비를 조절함으
로써 비로소 위기를 넘기게 되었다.

그러나 경제위기는 반복적으로 찾아왔다. 소비위기 이후 약 40년
만인 2008년에는 미국발 유동성(금융) 위기가 찾아와 전 세계를 위기
속에 몰아넣었다. 지금 일부는 해결되었다지만 금융위기는 아직도 진
행형이다. 왜냐하면 그 해결법이라는 것이 미국이 공적자금을 이용한
땜질식 처방이기 때문이다. 그리고 그것으로 부족하여 또다시 대량으
로 달러를 발행하여 통화의 양적 팽창을 통해 해결하려고 하고 있다.

지금의 금융위기는 유동성이 독자적 경제체계를 가지고 금융산업
화되면서 생긴 현상이다. 즉, 유동성이 금융산업화되는 과정에서 화
폐가 자본으로서의 자기 역할을 다하지 않았기 때문이다. 또한 자기
역할을 무시하고 돈의 효용성만을 키웠으며 고용을 극대화할 수 있
는 생산 산업의 활성화는 뒷전으로 하였다. 그래서 유동성은 투기의
주체가 되어 고용 없는 소득을 추구하고 건전한 고용을 감소시킨 것
에서 나타난 현상이다.

이렇듯 경제체계의 변화는 각 단계에서 혁명적인 발전과 과잉화로
인한 위기가 반복되어 왔으며 지금은 또 다른 위기의 시대가 진행되
고 있다.

① 생산 위기

생산위기는 대공황의 경우와 같이 과잉생산으로 인한 재고누적이 주요인이다. 재고의 누적으로 인해 유동성이 약화되는 과정에서 신용경색으로 인한 투자여건이 불량해진다. 그리고 고용과 소비가 위축되어 결국 생산 분야의 위기가 된 것이다.

생산성 위기는 초기 선박이나 항공기처럼 규모가 크고 고가인 생산품에서 점차 크기가 작고 저가인 상품으로 전환된다. 이것은 고용과 소비와 연결되어 전 방위적으로 확산된다.

또한 위기의 여파는 수출입 분야에서 더욱 심각하게 나타날 우려가 있다. 그래서 우리와 같이 수출 주도형 국가는 타격을 입을 수 있다. 더불어 대외 수출길이 막히면 국내적으로 생산이 위축되고 재고누적이 커지며 외화 유입이 줄어든다. 외화 유입이 줄어들면 재생산을 위한 원자재나 에너지 자원의 수입이 어려워지므로 경제침체는 더욱 심해질 수밖에 없다.

더욱이 각 국가 간의 교역이 줄어들면 무역 교역량이 감소되어져 수출 주도형 국가는 상대적 무역적자가 커진다. 그래서 자연스럽게 선진국은 보호무역주의로 전환되고 이 때문에 국가 간 무역마찰이 심화된다.

결국 생산성 악화는 소비와 고용이 위축되어 경기침체로 진행된다. 그러나 생산위기는 앞서의 생산성 악화와는 달리 과잉생산에서 비롯되었다. 과거 1929년에 겪은 대공황은 말 그대로 과잉생산의 여파이다. 다시 말해서 대량생산과 재고누적에 소비가 못 따라가 생긴 경제구조의 불균형이 대공황의 원인이다. 그래서 결국에는 2차 세계대전이라는 인적, 물적의 대량 소모전에 의해 힘들게 해결된 것이다.

## ② 소비위기

소비위기인 오일쇼크는 아랍석유수출국기구(OAPEC)와 석유수출기구(OPEC)가 원유의 가격을 인상하고 생산량을 제한함으로써 유발된 경제적 혼란이다. 이것을 우리는 석유파동이라고도 한다. 대공황 이후 약 40년 만인 1973년에 제1차 석유파동이 일어났고 1978년에 제2차 석유파동이 일어났다.

물론 원인은 석유수출기구의 더 큰 이익을 위해 일어난 사건이다. 그러나 또 다른 이유로는 그동안의 과잉생산에 따른 에너지 과소비에 그 원인이 있음을 부인할 수 없다.

앞으로 나타날 소비위기는 생산품에 대한 과소비가 문제이지만 원자재와 에너지의 대량소비가 더 큰 문제가 될 것이다. 그리고 그것으로 인해 장차 나타날 자원고갈이 가장 두려운 일이다. 물론 우리가 쓰는 원자재의 상당수는 재생이 가능하다. 그렇지만 가장 중요한 에너지인 화석연료는 앞으로 40년 후에는 고갈될 가능성이 크기 때문에 미래사회를 위하여 대체에너지에 대한 해결이 절대적으로 필요하다.

특히 우리와 같이 석유 부존자원이 없는 나라는 에너지의 장기적 확보가 급선무이다. 점차 세계는 에너지를 무기화해 가고 있다. 그래서 지금과 같은 에너지 수급체계로는 미래가 보장되지 않는다. 그러나 대체에너지만으로는 지금과 같은 산업체계를 유지하기가 쉽지 않다. 앞으로 다가올 소비위기의 가장 큰 문제는 에너지 위기이다.


## ③ 고용위기

우리의 경제체계는 생산, 고용, 소비 그리고 유동성으로 이루어져 있다. 이러한 요소들 중에 우리는 생산에 대한 혁명을 산업혁명이라는 과정을 통해 과학기술화를 이룩하면서 경험했다. 그리고 소비혁명은 2차 세계대전 후 매스미디어의 발달과 스포츠, 영화 등의 향락산업의 발달과 함께 경험해 왔다. 또한 1980년대 이후에는 금융산업의 급격한 분화를 통해 유동성 혁명을 겪고 있는 중이다.

이렇듯 경제체계의 여러 분야는 모두 혁신과 혁명적 변환을 통해 발전되고 일반화되어 왔다. 그러나 그에 반해 고용 분야는 오히려 축소되고 위축되어 왔다. 이러한 고용의 축소가 경제의 불균형을 초래하여 지금은 실업이 일반화되고 무기력한 비생산 인구의 증대를 계속하고 있다. 그래서 이렇게 증대된 실업이 고용을 불안정하게 만들어 자본주의와 민주주의의 대원칙이 무시되고 우리 사회를 또 다른 과격한 변화의 장으로 몰아가고 있다.

고용은 경제체계의 근본이다. 고용이 없이는 소비가 없기 때문에 고용 없는 생산은 무의미하다. 더욱이 생산과 고용에서 벗어난 유동성은 무절제한 낭비만을 조장할 뿐이다. 이렇게 조장된 낭비로 인해 생긴 거품 속에서 국민들은 금융기관의 대책 없는 채무자로 몰락해가고 있는 것이다.

지금 국가가 정책적으로 생산을 촉진하기 위해 과소비를 조장하고 있으나 이러한 과소비는 고용이 전재되지 않아 소득 부제의 서민들에게는 공염불일 뿐이다. 그리고 대책 없는 과소비는 자원고갈과 급격한 물가상승을 유발한다. 또한 물가상승은 상대적으로 소비를 감소시키고 그 결과 생산이 위축되는 악순환을 하게 된다. 이 과정을 통해 또다시 고용은 위축되어 이것이 반복되면 심각한 고용위기가 생길 수밖에 없다. 다시 말해서 실물경제의 불균형은 고용에 직접적인 영향을 주어 고용을 위축시키고 자의 반 타의 반에 의한 실업을 증가시킨다.

이제까지의 이기적이고 불합리한 자유방임적 자본주의는 우리 사회에 가장 중요한 고용을 등한시해왔다. 국가는 고용이 어떻게 되든 관계없이 기업의 이익을 위해서라면 경제체계의 불균형에도 불구하고 방치해두고 있다. 그러나 이제는 더 이상 실업의 책임을 국가가 모두 떠맡아서는 안 된다. 기업이 고용에 대한 책임을 져야 한다.

다만 우리가 추구하는 미래의 자본주의는 생산, 소비, 유동성 그리고 고용이 상호 조화를 이루어 사회적으로 균형을 이루도록 하는 것이다. 그래서 고용이 우선시되는 발전적이고 더 나은 미래사회를 이룩하는 초석이 될 경제체계를 구성하여야 한다.

④ 금융위기

현재의 금융은 실물경제의 보조자로서 자기 역할을 벗어나 있으며 독자적으로 경제체계를 형성하고 있다. 그리고 금융산업으로 자리 잡아 수많은 금융 분야의 분할을 이루고 파생되어 나가기 때문에 지금은 금융 자체의 통제가 불가능해졌다. 이러한 통제 불능은 그대로 국민 경제에 반영되어 금융의 시장지배와 경제력 독점을 가져와 소득에 대한 분배를 불균형하게 만들고 있다. 그래서 지금과 같이 통제되지 않는 금융은 경제적 균형을 잃고 위기가 되는 것이다.

우리가 겪은 2008년의 금융위기는 금융기관에서 만든 파생상품이 통제불능 상태가 되어 일어난 것이다. 그 시작은 미국의 금융기관으로 미국발 위기가 되어 전 세계에 퍼졌다. 그러나 이렇게 일어난 금융위기는 아직까지도 해결이 되지 않은 상태이며 임기응변적으로 처리되어 아직도 진행 중에 있다. 이처럼 아직도 제대로 해결되지 않은 위기의 망령들은 언제라도 우리를 다시 고통의 나락으로 빠트릴 수가 있다.

지금 우리가 겪는 금융위기는 그 원인이 금융산업의 전횡에서 일어난 것이다. 그래서 금융위기를 일으킨 근본적 경제체계를 고치지 않는 이상 해결이 불가능하다. 이러한 금융위기를 사람으로 비교해보면 우선 유동성은 인간의 혈액과 같은 역할을 하고 있다. 그리고 인간의 혈액은 섭취된 각종 영양분을 온 몸에 골고루 보내 자신이 활동하고 생명을 유지하는 데 불편함이 없도록 하고 있다. 그러나 현재 우리 사회의 금융은 그 중요한 역할을 제대로 수행하고 있지 않다. 다시 말해서 금융이 경제의 혈액으로 사회 전체에 영양분을 골고루 퍼지게 해서 생명의 균형을 유지하도록 하여야 하는데 불구하고 그것을 무시하고 있으며 오히려 사회적 혈액인 자금을 상위계층에 집중시켜 경제적 균형을 깨고 있다. 이것을 인간으로 치면 뇌에 혈액과 영양분을 집중시키는 것과 같다. 그렇기 때문에 인간의 경우에 비교하면 뇌에 과다공급된 혈액이 뇌혈관을 파괴시켜 뇌졸중을 일으키는 것과 같은 상황이 된다. 더불어 하위계층이라고 할 수 있는 말초신경에는 혈액이 공급이 되지 않아 각종 혈액순환 질병이 생기는 것과 같다.

그래서 금융이 본연의 역할을 제대로 하지 않는 경우는 각종 사회적 병발 증상을 일으키는 원인이 되며 그 때문에 우리 사회는 위기가 반복될 수밖에 없다.

## 2) 자원 위기

1930년대 생산성 위기, 1970년대 소비성 위기, 2010년대 유동성 위기는 모두 약40년의 간격을 두고 일어난 경제위기이다. 그러나 앞으로 40년 후인 2050년에는 석유, 가스 등의 화석연료 고갈과 재생 불가능한 자원의 남발로 인한 자원고갈이 자원위기로 다가와 우리 인류문명의 과학적 진화에 최대 걸림돌이 될 것이다.

현재 우리가 처하고 있는 고령화 사회에 대한 대책으로 출생률을 증가시키는 정책을 펴고 있으나 이로 인한 인구의 급속한 증가는 미래 우리에게 또 다른 문제를 부여할 것이다. 그리고 이러한 인구증가와 더불어 지구온난화 및 자원과 에너지 등의 과소비로 인한 자원고갈은 우리에게 또 다른 위기를 예고하고 있다. 더욱이 에너지 고갈로 이제까지 편의성과 편리함을 주었던 전기 및 전자기기들이 사용 불가능하게 되면 우리가 이루었던 문명 자체가 2050년을 정점으로 다시 퇴화될지도 모른다.

우리가 지금 금융위기를 겪고 있는 것은 그동안 우리 경제가 보여주었던 여러 차례의 위기징후를 무시했기 때문이다. 그리고 우리가 좋을 대로 행동하고 교만에 차서 모든 행위를 하였기 때문에 위기를 피할 수가 없었다. 이것과 같이 앞으로 다가올 자원고갈 위기도 이미 우리에게 여러 차례 경고음을 보내고 있는데도 우리가 무시하고 있는 것인지 모른다.

지금의 추세로 보면 약 40년 후인 2050년쯤은 자원고갈 위기와 지구온난화로 인한 지구황폐화가 다가올 것으로 예측된다. 우선 자원에서는 화석연료인 석유가 경제성이 없는 부분을 제외하고는 고갈될 것이며 이로 인해 화석연료를 통해 이루어졌던 중화학공업 및 식량의 생산성이 현저하게 떨어질 것이며 첨단과학의 기반재료가 부족하여 새로운 과학기술의 개발 속도가 현저하게 저하될 것이다. 우리가 앞으로 40년 동안 화석연료의 대체에너지를 개발하고 상용화시키지 못하면 오히려 원시사회로 유턴하는 현상까지 생길지 모른다.

다음에 다가올 자원위기는 앞서의 대공황 때의 생산성 위기와 오일쇼크 때 소비성 위기 그리고 지금의 유동성 위기를 전부 합친 것보다 더 큰 위기일 것이다. 더욱이 우리가 이제까지 이룬 과학기술문명 전체를 퇴화시킬 수 있다는 점에서 더 큰 문제라고 할 수 있다. 이러한 위기는 어느 한 지역의 위기라기보다는 전 세계가 동시에 대처하고 공동으로 협력하여 헤쳐 나가야 할 위기이다. 또한 이러한 위기는 단지 현재와 같이 금전만능적 사고방식에 의해 돈만으로는 해결할 수 없다는 것을 유념해야 한다.

### (1) 자원고갈 위기

현재의 우리 사회는 화석연료에 의한 의존도가 거의 절대적이다. 만일 화석연료인 석유가 고갈되거나 없어진다면 우리는 다시 원시시대로 돌아가야 한다. 그 정도로 우리 주변의 모든 사물이 화석연료의 의존을 벗어나서는 존재할 수 없게 되어 있다. 심지어는 우리의 먹을거리 또한 화석연료에 의해 계절에 관계없이 양산할 수 있는 체계를 갖고 있기 때문에 화석연료의 고갈은 우리 인류의 생존조차 위협하는 중요한 요소이다.

우리에게 무한히 있을 것처럼 보이는 화석연료는 지금과 같은 추세로 사용한다면 2050년에는 바닥을 드러낸다고 한다. 다시 말하면 그때가 오면 더 이상 화석연료는 우리의 생활에 편의를 주거나 삶의 질을 향상시킬 수 있는 도움을 주지 못한다는 뜻이다.

이 시기가 오면 우리와 같이 석유가 한 방울도 나지 않는 비산유국은 더 큰 문제에 봉착한다. 이제까지는 산유국들이 비교적 후진적 국가들이기 때문에 자신의 부존자원인 석유를 팔아 생활을 영위해왔다. 그러나 그들도 차츰 과학화하고 공업화하여 더 이상 외국에 원자재로 석유를 팔지 않으려고 할 수 있다. 그리고 자국 내에서 소비하려고 들기 시작하면 우리와 같이 석유가 한 방울도 안 나는 나라는 더 이상 석유를 구할 방법이 없어진다.

이것은 앞서 이야기한 2050년이 아니라 그보다 훨씬 전인 2040년 경부터 시작될지도 모른다. 왜냐하면 산유국들도 자신의 석유자원이 머지않아 고갈될 것을 알기 때문에 자신들이 쓸 수 있는 석유자원을 확보하기 위해서 방어적으로 원유수출을 줄일 것이 명확하기 때문이다. 이러한 점을 감안하면 우리는 지금부터라도 화석에너지에 대한 보다 적극적이고 심도 깊은 대책을 세우고 하나하나 실천해 나가야 한다. 앞으로 쉽게 구하기 어려워질 원유에 대한 우리의 대책은 3가지가 될 수 있다.

첫째, 비축이다. 머지않은 미래를 위하여 원유의 공급이 끊길 때를 대비하여 다른 조치를 취할 수 있는 기간을 벌기 위해 10년 이상 사용할 원유를 비축해야 한다. 그렇지 않으면 우리에게 공급되는 원유가 어느 날 갑자기 중지될 경우 우리의 산업은 물론 국가의 모든 기능이 쉽게 마비되기 때문이다. 이는 지금의 에너지 수급 정책과 같이 단순히 원유 값을 적게 들이기 위한 구매 위주의 정책에서 공격적으로 원유 확보에 힘써야 한다는 뜻이다. 단지 공급을 원활히 받고 저렴하게 구입한다는 것으로는 부족하다. 그래서 수입선다변화 정도의 정책이나 해외유전 개발 정도의 정책만으로는 안 된다. 원유 자체를 우리가 언제든지 쓸 수 있도록 우리나라 안에 저장해야 한다.

둘째, 대체에너지 개발이다. 과거 1970년대 에너지 위기 때 우리는 석유의 부족이 무엇을 뜻하는지 충분히 경험하였다. 산유국의 태도에 따라 국가정책도 바꾸어야 한다. 그리고 석유수급 부족으로 상당기간 산업이 마비되어 국가경제도 휘청거리는 정도였다.

다행히 그 당시에는 중동 국가들이 자신의 오일달러를 다시 풀고 원유를 증산하는 과정에서 위기가 해소되었다. 그러나 이러한 에너지 위기는 상황에 따라 언제든지 재발될 수 있는 위기이기 때문에 석유 의존도를 일정수준까지 낮추어야 한다. 또한 더불어서 대체에너지로 쓸 수 있는 여러 가지 방안을 지속적으로 연구하고 투자하며 대비를 하여야 한다.

셋째는 재활용이다. 재활용은 지금도 자원 재활용 차원에서 여러 가지 정책과 방법이 연구되고, 실천되고 있다. 그러나 앞으로 자원고 갈 위기에서의 대책은 단순히 재활용 차원이 아니라 보다 과학적이 고 재생산적인 차원에서 연구되고 검토되어야 한다. 그래서 재활용 자체가 하나의 자원축적 차원에서 시행되어야 한다.

이상의 3가지 방책 외에 우리 국가 주변의 가까운 곳에 확실하게 우리 것이라고 할 수 있는 석유 및 기타 자원을 개발하여 확보하도록 노력해야 한다.

자원고갈과 다른 한편의 문제는 먹을거리 고갈이다. 지금과 같이 바다의 물고기를 마구 잡아들이면 앞으로 40년 정도 후면 어족자원 이 고갈된다고 한다. 지하자원과 수산자원 그리고 에너지자원이 고갈 되면 우리는 무엇을 먹고 무엇을 입고 무엇으로 지금과 같은 생활을 향유할 수 있는지 의문스럽다.

## (2) 에너지 위기

에너지 위기는 위기의 본질이 무엇인가에서 찾아야 한다. 다시 말해서 위기는 1차적으로 우리가 사용하는 화석연료를 비롯한 에너지자원의 점진적 고갈에서 시작된다. 그리고 현제의 사용량만큼의 대체에너지를 개발하지 못한 경우에 발생된다. 특히 최근의 지구환경변화에 대한 대비책이 없이 에너지자원의 고갈이 먼저 오면 더 큰 문제가 아닐 수 없다. 이에 따른 에너지 극복에 대한 여러 가지 대책이 마련되고 있다. 그러나 그 어떤 것도 지금까지 우리가 편하게 사용해온 화석연료를 대체하여 충분한 에너지원으로 자리매김한 것은 없다.

우선 원자력을 이용하여 전기적 에너지를 충족하는 것도 그에 따른 많은 위험성을 내포하고 있어 대체에너지로서 한계가 있다. 그 외에 재생 가능한 에너지원으로 태양에너지, 풍력, 지열, 조력, 수력 등의 자연에너지를 활용하려고 노력을 하고 있으나 이 또한 이제까지 화석연료가 해온 역할을 대신 할 수 있는지는 의문이다.

전 세계적으로 산업과 과학의 발달은 에너지의 수요를 계속 늘리고 있다. 그래서 미래에는 누가 산업화할 수 있는 에너지 자원을 많이 확보하는지 여부가 선진사회로 가는 지표가 될 것이다.

한때 우리는 전대미문의 전국적인 정전(black out) 현상을 경험했다. 이러한 사태의 원인은 관리부실과 허위보고 그리고 예비 전력에 대한 과신이지만 사실 가장 큰 원인은 우리가 확보한 에너지가 절약 없이 쓰기에는 부족하다는 것이다. 이것은 현재의 에너지 수급의 대다수가 화석연료에 의존한다는 것에 문제가 있는 것이다.

그리고 화석연료는 고갈의 위험성도 있지만 지속적 사용과정에서 온실가스를 다량 배출하여 지구의 기후변화를 일으키는 요인으로 지목되고 있다. 그래서 범세계적으로 협조하여 탄소 배출에 대한 감축을 요구하고 있는 것이다.

에너지 위기는 잘만 이용하면 우리가 에너지 선진국으로 나아가는 또 하나의 기회가 될 수 있다. 그러나 지금과 같이 방심하여 낭비를 일삼으면 다시는 수습할 수 없는 에너지 빈국으로 전락하게 될 것이다.

## (3) 대기와 환경위기

우리 시대에 닥친 환경위기는 환경오염에 의해 발생된다. 그리고 환경오염은 과학기술화와 더불어 산업화로 인한 수질, 대기, 토양 오염을 들 수 있으며 이로 인한 환경오염은 자연의 상태를 위기로 몰아가고 다시 원상회복시키기 위해서는 더욱 많은 노력과 자금이 필요하게 된다.

### ① 수질오염

산업단지의 공장폐수, 도시 속의 생활폐수, 차량의 세차폐수, 축산폐수 등이 복합된 폐수로 인한 오염으로 유기화합물과 질소 성분이 위주로 된 폐수로 인해 일어나는 것이 수질오염이다.

이것은 지하수나 강 또는 하천의 수질을 부영양화시키고 중금속으로 오염시켜 먹을 수 없도록 하거나 인체에 치명적인 해를 끼친다. 그리고 우리의 생활환경을 최악의 상태로 만든다. 더불어 수질오염에 대한 사후조치는 대단히 큰 사회적 비용을 지불해야 해결이 가능하다는 것이 문제점이다.

지금 우리 사회는 급속한 도시화로 산업구조가 다양화되고 있다. 그리고 생산과 소비도 대량화되었다. 그래서 산업폐기물의 종류와 질이 다양해지면서 배출량도 증가하고 있다. 이렇게 다양해지고 증가된 오염물질이 강이나 하천에 무단 방류되면서 수질오염은 더욱 심해지는 것이다. 더욱이 수질오염은 지속성이 있어 지난 세대에 배출한 오염물질의 지금 우리에게 피해를 주고 우리가 배출한 것은 다음 세대에 피해로 남는 것이 더 큰 문제이다.

② 대기오염

대기오염의 가장 큰 요인은 화석연료의 사용을 통해 나오는 아황산가스와 자동차 매연의 이산화질소 가스 그리고 광물 에너지에 의해 우리 인체에 해로운 오존가스가 생성된다. 이것은 산업자본의 이익극대화와 더불어 우리 사회에 직접적 피해를 주는 요소가 되고 있다.

더욱이 우리 일상생활 속에서 사용되는 스프레이용 프레온가스는 오존층을 크게 손상시킨다. 그래서 태양에서부터 오는 강력한 자외선을 차단하지 못해 지구상의 생물들에게 직접적인 해를 끼치게 한다.

산업단지 주변은 여러 가지 해로운 가스들이 직접 혹은 간접적으로 배출되어 인근 도시나 농작물에 직접적 피해를 주기도 하고 대기 중의 빗물에 흡수되어 산성비가 되어 이차적인 피해를 주기도 한다.

③ 토양오염

토양오염은 화학공장의 폐수와 광산의 침출수, 농약, 중금속 공자의 폐수, 자동차 폐기물에서 발생되는 각종 중금속 등에 의해 발생된다. 이 또한 산업 발전과 인간의 돈에 대한 과도한 욕망과 어울려져 건전한 대지와 지하수를 오염시켜서 인간의 삶을 어렵게 만들고 있다. 더불어 토양오염은 우리의 먹을거리에 직접적인 영향을 주어 인간의 삶에 질을 떨어뜨리는 역할도 한다. 그리고 이미 오염된 토양을 되돌리려면 많은 사회적 비용이 들어야 된다.

### ④ 방사능오염

에너지원으로서 원자력이 사용되면서 직접적으로 대면하게 된 오염이 방사능오염이다. 이것은 반감기가 긴 방사능 물질을 장기간 보관하기 위한 방사능 물질 폐기장 건립 등이 어려움을 겪는 것도 이에 대한 위험성을 모두가 알기 때문이며 사용과 처리과정에서 생기는 직접적 위험성에 대한 우려 때문이다. 또한 일본의 경우와 같이 자연재해로 인한 원전의 파괴 등은 우리 사회에 돌이킬 수 없는 피해를 줄 수 있기 때문에 그 위험성은 더욱 크다.

### (4) 기후변화 및 자연재해

지구의 온난화로 지구가 더워지고 있다. 극지방의 얼음이 녹아내리고 수만 년 동안 동토의 땅이 녹아 지반이 가라앉는 등 우리의 주변에서 지구온난화의 이상징후들이 자꾸 증가되고 있다.

우리나라는 온대 지방에 속하고 4계절도 뚜렷해 사람들이 살기에는 최적의 지역이다. 그래서 일찍부터 사람들이 정착하여 살아왔기 때문에 그에 걸맞게 오랜 역사를 가지고 있다.

이제부터는 우리도 온난화에 대비해야 한다. 날씨가 따뜻해지면 더욱 좋은 것이 아닌가 하고 반문할지 모른다. 그러나 우리에게 다가

오는 것은 더워지는 날씨뿐 아니라 날씨의 변화에 못지않게 뒤따른 환경의 변화가 더 큰 문제가 된다.

극지방의 기후변화로 지구상의 기존 기후체계가 변하여 이제까지 동토였던 시베리아가 살기 좋은 온난한 기후의 옥토로 변할지도 모른다. 더불어서 사막지대인 사하라나 고비 사막과 같은 지역이 비가 내려 사바나나 정글로 변할 수도 있다.

이렇게 된다면 오히려 우리와 같이 살기 좋았던 곳이 비가 오지 않아 황폐한 곳으로 변하여 살기 어려운 지역으로 변할 수도 있을 것이다. 바로 이것을 대비해야 한다. 이러한 생각이나 판단이 너무 앞서 갔거나 오류일 수도 있다. 그러나 대비를 못해 나중에 더 큰 위기를 겪는 것보다 지금부터라도 조금씩 대비하는 것이 막상 닥쳤을 때 우왕좌왕하는 것보다 훨씬 낫다는 것을 유념해야 한다. 지금 범세계적으로 진행하고 있는 이산화탄소를 감축하여 지구온난화를 막아 보자는 정도의 환경운동으로는 부족하다.

특히 우리에게 다가올 지구온난화에 따른 지구의 황폐화는 우리의 먹을거리와 그에 관련된 농수산식품의 조달 문제와 기아 문제 등에 연결되어 있어 지금부터라도 적절한 대비책이 필요하다. 덧붙여서 우리와 같이 물 부족 국가는 식수 및 농공용수의 수급에도 큰 차질을 가져올 수 있어 지금부터라도 대비해야 한다. 다시 말하면 "물을 물 쓰듯" 해서는 절대 안 된다. 우리는 지금부터라도 물이 미래의 생명 자원으로 인식하여 물의 저장, 재활용, 필요에 따라서는 해수를 담수로 대체할 수 있는 시설을 축조해 나갈 필요가 있다.

## 3) 사회적 위기

### (1) 사회적 계층 분화

금융자본주의의 극단적 발달로 인해 금전만능주의 사조가 우리 사회에 팽배해지고 그에 따라 사회초보자이며 경제적으로 무능한 상당수의 청년계층이 사회적응에서 소외되고 있다. 그리고 장기적으로 실업화가 진행되면 청년계층은 일차적으로 불안정한 사회적 지위를 갖게 되는 계층 분화가 이루어진다.

더불어 중장년의 조기퇴직으로 인해 더 이상의 안정적 소득원이 사라지면서 가계는 파탄이 나게 된다. 그래서 그들이 부양해야 할 가족들이 경제적 어려움에 처하게 된다. 그 때문에 국가는 중장년층의 직업 안정과 지속적 소득이 가능한 조치를 취하기 위해 많은 예산이 필요하게 된다. 또한 과학과 의술의 발달로 우리 사회의 고령화가 급속히 진행되면서 그들의 노동능력 저하가 정상적인 직업수행을 어렵게 한다. 이것이 노년층 소득을 감소시키고 무기력하게 하여 국가에 의존해 살 수밖에 없는 상황으로 내몬다. 이러한 사회적 계층 분화가 지속적으로 진행됨으로 인해 계층의 고착화가 이루어지고 상·하위 계층 간의 빈부격차와 하위계층의 빈곤이 세습되는 요인이 되고 있다. 이것이 계층 간의 분화와 사회적 위기로 나타나게 된다.

### (2) 빈부격차의 심화

빈부격차의 정도는 상대적이다. 이러한 빈부격차는 우리 사회의 구성원 사이에 항상 존재해왔다. 빈부의 정도를 가늠하는 것은 항상 상대적이다. 즉, 본인이 아무리 많이 가지고 있어도 주변의 모든 사람이 조금이라도 더 가지고 있으면 상대적으로 가장 가난한 것이다. 이렇듯 빈부격차의 정도는 자신이 얼마나 많이 가지고 있느냐가 아니고 남들에 비해 얼마를 가지고 있느냐에 의해 결정되는 것이다.

이러한 빈부격차가 발생된 원인을 살펴보면 첫째는 IMF에 의해 강요된 신자유주의 경제를 구축하는 과정에서 정부의 방임이 소득의 양극화로 진행된 것이다. 둘째는 고용부진과 기업의 양극화로 인한 일자리 양극화 현상에 의해 심화되었다. 셋째는 고령화의 급속한 진행과 실직으로 인한 노년층의 실제소득 감소가 그들을 빈곤층으로 전락하게 만들었다. 넷째는 교육을 통한 사회적 계층 상승 기회가 감소되어 가난의 대물이 일반화되었다. 다섯째는 물가의 급등과 부동산 가격의 급격한 변화로 인해 가계부채가 증가되었다. 여섯째는 국가부채의 증가로 인해 복지를 통한 소득 재분배 기능이 약화된 것이 원인이 되었다.

특히 정권이 바뀔 때마다 변하는 일관성 없는 정부정책이 빈부격차를 더욱 심화시켜 지금은 위험수준에 도달되게 만들었으며 이와 더불어 경기침체가 지속되면서 미래의 성장동력조차 저하시키고 있다.

이러한 빈부격차의 가장 큰 문제점은 말 그대로의 빈부격차로만 남는 것이 아니다. 어떠한 상황에서 이것이 증폭될 때는 사회적 격변을 일으키는 원인도 된다는 것이 문제점이다. 특히 일부 상위계층의 자본을 이용한 치부와 국민 대다수가 상대적으로 빈곤해질 때 그로 인해서 발생되는 빈부격차가 사회적 갈등의 주원인이라면 더욱 수습하기 어려운 사회적 격변으로 변하기 쉽다.

다시 말하면 빈부격차는 단순히 빈부격차로 끝나지 않는다는 것이다. 이러한 격차가 커지면 커질수록 국가와 사회는 위기로 다가간다. 이때의 위기는 사회적 혼란과 국민에게 또 다른 고통을 주기 때문에 반드시 사전 예방이 필요하다. 그것이 바로 빈부격차를 줄여야 할 가장 큰 이유이다.

빈부격차의 상대성은 이와 같다. 사회적 변화 여하에 따라 언제든지 격변할 수 있는 것이다. 지금 당장 가진 것이 많다고 그것에 집착하면 언젠가는 그 모든 것을 한꺼번에 잃고 오히려 반대의 경우가 될 수 있는 것이 빈부격차에서 오는 위기의 본질이다.

## (3) 서민의 경제적 종속

사회계층 간의 차이와 마찬가지로 금융대출도 격차가 있다. 상위계층은 돈의 집중으로 인해 대출에 의존하지 않아도 되거나 기타 사회적 혜택에 의해 쉽게 금융대출이 가능하다. 또한 자금의 융통도 수월하다. 그에 반해 일반시민은 금융대출도 쉽지 않다. 그리고 때에 따라서는 담보대출 등의 상대적으로 불공평한 대우를 받고 있다.

이러한 대출상의 차별은 계층 간의 격차를 키워 기업 차원에서도 유사한 현상이 일어난다. 그래서 대기업보다 중소기업의 자본 조달을 어렵게 한다. 더불어 금융규제 완화로 인한 각종 금융대출의 증가와 그에 따라 이루어지는 적자가계는 금융권에 종속화된 서민경제를 만들어 가고 있다. 그래서 지금은 금융기관의 의지대로 서민경제가 끌려가고 있으며 또한 그들의 뜻에 따라 결국에는 그들의 손에 좌우되는 경제적 종속 상태를 면할 수 없게 된다.

이것이 금융기관의 돈놀이에 의해 대다수의 서민들이 경제적 종속 상태에 놓이게 되고 더불어 금권에 의해 개인적 자유가 구속되는 상태로 가는 공식이다. 이렇듯 금융기관들이 돈놀이로 서민경제를 종속화시키면 상대적 박탈감을 갖는 서민들은 강한 반발을 갖게 되며 이것이 사회적 위기로 전개된다.

### (4) 무노동 향락주의

우리 사회에 팽배한 금전만능주의는 그 재산 형성 과정이 어떻든 무조건 남보다 잘살려고 하는 욕망에서 기인한 것이다. 이처럼 남보다 빠른 시간에 더 많은 것을 소유하려는 욕망은 사회가 요구하는 상생의 원칙을 무시하게 된다. 또한 건전한 수단과 방법을 통한 점진적 재산 형성보다는 일확천금의 요행수를 바라게 된다. 그래서 투기 등의 부정적인 방법을 선호하게 되고 불로소득을 추구하게 되면서 노력 없이 쉽게 사는 것이 행복의 척도인 것처럼 인식하게 된다.

이러한 불로소득에 의한 치부는 돈놀이나 부동산 투기 그리고 임대업 등의 사회적 가치가 낮은 방법에 의해 유지되는 것이 보통이다. 더불어 사유재산제의 법적 혜택에 의해 악용되기 때문에 정상적인 자본의 흐름을 막아 버린다.

또한 금전만능주의 사회의식은 개인적 치부의 방법에 대한 엄격한 정당성을 요구하지 않는다. 그렇기 때문에 돈을 버는 방법에 따라서 여러 가지 사회적 문제를 일으키고 있는 것이다. 그리고 드러나지 않는다면 어떠한 부정적인 방법에 의해 치부를 하여도 별로 문제가 되지 않는 이상한 사회로 만들어 가고 있다.

이러한 치부 방법에 대한 또 다른 문제점은 음성적 자금이 발생되어 돈의 흐름이 왜곡된다는 점이다. 이와 같이 돈의 흐름이 왜곡되면 비정상적으로 흐르기 때문에 문제가 된다. 이것은 일부 계층으로 자본의 집중을 가져와 빈부격차를 더욱 키우고 사회적 불평등을 심화시킨다. 그리고 비정상적인 흐름과 집중이 반복되는 과정에서 자본의 악순환을 일으킨다. 이러한 자본의 악순환은 서민경제를 더욱 어렵게 만들어 또 다른 사회적 위기로 발전이 되는 요인이 될 수 있다.

### (5) 문화적 불평등

과소비의 통제불능 상태인 스포츠 산업은 방송연예와 더불어 현대 오락산업에서 가장 큰 비중을 차지하는 소비산업의 하나이다. 운동에 대한 관람이 많은 사람을 끌어들이기 때문에 자연스럽게 광고와 함께 시너지 효과를 준다. 이러한 점에서 돈을 끌어들이기 쉬우며 이 이유 때문에 운동선수들이 천정부지의 연봉을 받게 되는 것이다.

그러나 이와 같은 스포츠 스타들의 엄청난 연봉은 사회적으로 위화감을 주고 빈부격차를 심화시키는 하나의 원인이 되고 있다. 더욱이 방송광고와 더불어 연예 분야도 일부 스타들의 과도한 개런티로 인해 같은 계통 내의 연예인 간에 격차가 생겨 상대적 박탈감을 주고 있다.

자본주의 사회에서는 자신의 능력껏 버는 것에는 잘못된 것이 없다. 그러나 그 벌어들이는 방법이나 과정에 자금의 강력한 흡인력을 가진 방송광고가 개입되어 있다면 문제는 다르다. 왜냐하면 방송광고는 그들의 행위 안에 중산층과 서민의 부담이 들어가 있기 때문이다. 다시 말해서 광고의 최종 소비자인 중산층과 서민이 자신의 뜻과는 상관없이 광고에 대한 비용을 지불하기 때문이다. 그래서 방송광고의 무분별한 행태는 국민의 자산을 간접적으로 착취하는 역할을 하고 있는 것이다.

방송광고를 통해서 끌어들인 돈은 스포츠연예 분야로 나누어진다. 그래서 스포츠방송 연예 분야는 소비자의 의사와는 관계없이 편의에 따라 나누어 먹기를 하고 있다. 그리고 그들에게 항의조차 못하고 잔인하게 착취당하는 것은 우리 중산층과 서민의 소비자들이다.

스크린 산업은 대중매체와 부합하여 군중 동원의 효과에 의해 자금의 폭발적 흡인력을 갖고 있다. 특히 스타에 대한 군중심리와 집단의식이 관광오락산업으로 가장 중요한 역할을 하고 있다. 그리고 스크린 산업 또한 스포츠 산업과 유사하게 몇몇 스타에게 모든 것이 집중되는 경향이 있다. 그렇기 때문에 자금의 불균형을 일으켜 심각한 빈부격차나 사회적 거품을 유발한다. 더욱이 이러한 스크린 산업은 많은 사람들에게 일확천금의 허황된 의식과 드라마틱한 허구적인 생활 방식을 동경하게 한다. 이러한 과장되고 허황된 문화적 과소비는 건전한 의식을 해치는 경우가 많아 또 다른 사회적 위기를 유발할 수 있다.

### (6) 가계부채의 급증

자본주의 사회에서 금융자본의 순환은 예금과 대출을 통해 이루어진다. 여기서 예금은 금융기관에게 돈을 저축하여 보관시키는 것이지만 대출은 필요한 돈을 금융기관에서 빌리는 행위이다. 이러한 예금과 대출은 금융산업의 근간을 이루고 있으며 예금과 대출 사이의 상계 마진에 의해 금융기관은 유지되고 있는 것이다. 그렇기 때문에 금융기관은 대출의 활성화로 자신의 이익을 극대화시키는 것이 나름대로 최선을 다하는 것이다. 그러나 지금과 같이 금융기관의 대출이 리스크가 큰 기업대출보다 안전한 주택담보형 가계대출로 변질된 후에는 금융자본의 순환에 큰 변화가 생겼다.

우리의 가계에도 대출은 필요하다. 그러나 무절제한 금융대출은 금융권의 돈이 불필요하게 서민의 주택시장으로 넘쳐나게 되었다. 그래서 이렇게 유입된 잉여자금이 부동산 거품을 일으켜 주택가격을 천정부지로 키워 놓았다. 그 과정에서 우리는 불로소득을 목적으로 부동산 가격을 상승시켰으며 그에 편승하기 위해 주택담보대출을 확대하고 가계부채를 키운 것이다. 더불어 금융대출을 통해 빌린 돈을 증권이나 펀드에 투기를 하고 그 과정에서 얻은 불로소득으로 허황된 과소비를 하고 있는 것이다. 특히 이러한 소매금융 위주의 대출은 원금상환 없이 이자만을 갚기 때문에 더욱 문제이다. 이 때문에 대출에 대한 부담이 일시적으로 적어져서 자신도 모르게 가계부채만을 키우는 결과를 만들어 놓았다. 이와 같이 은행대출에 대한 부담 감소는 불필요한 금융대출을 조장하여 거품경기를 유발하고 낭비를 통해 쉽게 소진되어 버린다. 그리고 그동안 과소비에 길들여진 사람들은 허영과 낭비에 취해서 부족한 자금을 다시 대출로 충당하게 되며 또한 그 과정에서 불필요한 가계부채는 자꾸 늘어나 금융기관에 경제적 종속화되는 과정을 밟게 된다.

이러한 가계부채 급증으로 인한 개인과 가계에 미치는 문제점은 다음과 같다.

첫째, 금융규제 완화로 과잉유동성과 부동산거품이 확대된다.

둘째, 저금리로 인한 과잉소비 및 경제 불안요인의 확대로 금융위기가 반복된다.

셋째, 대출부동산 가격하락으로 가계부채 상환 부담 증가와 소비 여건의 약화된다.

넷째, 경기둔화로 생계용 생활비와 대출이자에 대한 부담이 커진다.

다섯째, 저소득층 다중채무자의 부실화와 가계대출 원리금 상환의 어려움이 증대된다.

이러한 여러 가지 경제적인 문제가 서민의 가계에 치명적으로 작용하게 되면 우리사회는 위기에 처할 수밖에 없다.

## (7) 기득권층의 부의 세습

사회적 위기를 만드는 원인 중에 하나는 기득권층의 독점적 부의 세습이다. 그러나 그들이 축적한 재산 대부분은 기득권에 의해서 이루어진 것이다. 다시 말해서 기득권층은 법으로 보장받은 기득권을 이용해서 재산을 쉽게 축적할 수 있도록 되어 있어서 불공정한 사회를 만들고 있다. 이러한 경우에도 기득권층은 자신의 재산 형성이 정당하다고 생각하고 있다. 그래서 자신이 번 것이라면 아무 노력도 하지 않은 자식들에게 손쉽게 넘겨도 된다는 잘못된 의식을 가지고 있어 상속에 대한 사회적 의식이 고쳐져야 한다. 더불어 법의 맹점을 이용하여 부의 세습을 손쉽게 할 수 없도록 하여야 하며 기존 상속법 적용에 공정성이 강화되어야 한다.

우리 경제에서 재벌은 거대한 자본이 축적된 하나의 경제주체이다. 이러한 재벌이 각종 편법 탈법을 이용해서 자식들에게 부의 세습을 일상화하고 있다. 이 때문에 우리 사회의 계층 간 빈부격차가 더욱 심화되고 있으며 상속에 따른 신분의 고착화를 강화시켜 서민경제에 악영향을 주고 있다. 그래서 막대한 부의 편협된 세습을 막을 수 있도록 상속에 대한 재분배적 기능을 키울 수 있도록 조절이 필요하다. 즉, 우리 사회의 경제민주화를 위해 균형분배가 되도록 우선 재벌이 해체되어야 한다. 그리고 경제의 균형과 안정을 위해서 재벌을 다수의 중소기업으로 분해하여 부의 집중을 막고 상속 재산의 규모도 작게 하여 자산이 고르게 분배되도록 해야 한다.

특히 재벌기업의 폐해 중에 하나는 가족 중심의 족벌 경영이다. 이 또한 자본을 어느 몇몇 사람에게만 집중시켜 돈의 흐름을 왜곡되게 하는 역할을 한다. 그리고 이렇게 왜곡된 돈의 흐름이 서민경제에 빈익빈 부익부를 형성해 빈부격차를 키우고 있으며 금전만능주의로 이끌어 가고 있다.

이러한 족벌경영은 재산의 상속이라는 또 다른 경제논리를 만들어 놓고 민주주의의 기본원칙에도 맞지 않는 부의 세습을 유지시키고 있다. 다시 말해서 구시대의 봉건영주처럼 부자 부모를 둔 덕택으로 그 자식들은 큰 노력 없이 부를 세습할 수 있도록 되어 있다. 그리고 그러한 혜택 속에서 자식들은 부를 마음껏 향유하고 살고 있다. 그러나 이와는 반대로 가난한 가정에서 태어나면 가난이 세습되어 아무리 노력하여도 자신의 처지가 쉽게 변화하지 않는다. 그래서 이러한 부의 세습제로 인해 우리 사회는 신분 고정적인 봉건자본주의가 되어 가고 있는 것이다.

더불어 국영기업은 민간기업에 비해 국가차원의 지원받을 수 있으며 이용할 수 있는 자본과 기술을 독점하고 있다. 그러나 국영기업은 민간기업보다 자금운용도 비효율적이고 방만한 경영으로 인해 기업 성장도 더디다. 그리고 국가의 전폭적인 지지 아래 거대 국영기업은 불필요한 사업에 막대한 자금을 퍼붓고 있으며 때에 따라서 상당한 손실을 입고 있어 국가의 채무를 키우는 역할을 하고 있다.

이것은 국영기업의 특성상 무책임하고 집단이기적인 행태로 경영되기 때문이다. 그리고 방만한 경영이 추가되어 경제적으로 역효과를 주고 있어서 경영에 대한 대대적인 혁신이 필요하다. 더욱이 최근에 와서는 재벌의 부의 세습과 같이 공기업의 직장세습도 이루어지고 있어 또 다른 세습의 악순환 고리를 만들고 있다. 그래서 경제민주화를 통한 균형과 안정을 위해서는 재벌의 족벌경영과 부의 세습 그리고 의도적인 공기업의 직장세습은 반드시 고쳐야 한다. 그렇지 않으면 이러한 것들이 우리 사회를 위기로 몰아 갈 수 있는 요인이 된다.


## 5. 금전만능주의 종말과 사회적 현상

### 1) 금전만능주의 종말의 원인

금융자본주의의 변질로 인해 생긴 금전만능주의가 종말로 가는 데는 여러 가지 원인이 있다. 그중에서 가장 큰 요인은 현재 우리 사회가 추구하고 있는 인본주의와 민주주의의 사회원칙이 훼손되고 있는 것에서 찾을 수 있다. 그리고 많은 사람들이 지금도 금전만능주의에 빠져서 그에 대한 잘못을 의식하지 못하고 돈이 모든 것에 우선한다고 생각하는 것에 있다.

이것은 금전만능주의가 돈으로 안 되는 것이 없다는 이기적이고 배타적 사고에서 나온 것이기 때문에 생긴 현상이다. 그리고 이러한 이기적이고 배타적인 경제의식이 역사 이래로 인류의 생존에 절대적인 영향을 주었던 상생의 철학을 소홀하게 만들고 있다. 더불어 그 속에서 잉태되었던 절제와 근검의 미덕은 더 이상 설 자리를 잃고 방종 속에서 낭비와 과소비를 유발하여 인류를 자원고갈이라는 새로운 재앙으로 내몰고 있다. 특히 우리 사회가 정치민주화를 위해서 독재 권력에 의한 권력만능주의를 타도한 것과 마찬가지로 경제민주화를 이루려면 금전만능주의를 종식시켜야 한다. 그래서 지금은 당연시하고 있는 금전만능주의가 우리 사회에 끼치는 해악을 살펴보면 다음과 같다.

첫째, 개인적 이기심의 발현으로 상생의 사회의식을 흐리게 하고 있다.

둘째, 돈을 최우선시하면서 인본주의 의식이 퇴색화하고 배금주의 의식이 고취되어 있다.

셋째, 극소수만의 최대행복 추구로 인하여 민주주의 근본이념이 손상되어 있다.

넷째, 돈의 효용성에 대한 만능을 추구하여 방종한 경제활동으로 문화적 낭비와 과소비를 유발시키고 있다.

이러한 문제점들이 사회적으로 조절되지 않고 방치된 상태에서 경제적 위기와 맞물려지면 과격한 변혁이 일어나면서 종말은 다가온다.

## (1) 상생의 사회의식 망각

인간은 원시시대부터 공동체를 구성하여 자연환경이나 의식주 해결에 공동의 노력을 기울였으며 협업을 통해 서로 상조해왔다. 그러나 현대에 와서는 개인주의가 우리 사회를 지배하면서 배타적 이기심만 키워졌다. 그리고 배금주의가 만연하여 금전만능주의가 사회의식 속에 고착되면서 상생의 공동체의식을 흐리게 만들었다.

특히 개인적이고 이기적인 경제논리가 사회적으로 일반화되면서 건전한 근로의식은 사라지고 증권 투기나 부동산 투기 등의 불로소득을 당연시하게 되었다. 그리고 남들이야 어떻게 되든지 자신만 잘 먹고 잘살면 된다는 식의 이기적 논리가 우리 경제를 지배하게 된 것이다.

이러한 개인적 이기심과 더불어 집단이기심도 우리가 지향하는 상생의 사회를 해치는 중요한 요소의 하나이다. 그래서 우리 사회에 속하는 각각의 압력단체나 이익집단이 자신만의 이익을 위하여 최선을 다할 때가 오히려 문제가 된다. 그들이 자신만의 이익을 위해 투쟁하는 과정에서 우리 사회는 상호 간의 이익 보장과 그에 따른 사회적 중재에 소홀하게 된다. 그래서 서로 간의 타협이라든지 협상 등은 실효를 거두지 못하고 오히려 심각한 분쟁과 투쟁을 유발시킨다.

이러한 개인이나 집단의 이기심이 금전만능주의와 더불어 상생의 사회의식을 흐리게 하여 사회적 갈등을 증폭시키는 요인이 되는 것이다.


## (2) 인본주의 퇴색과 배금주의 만연

자본주의의 경제를 구성하는 요소는 생산과 고용 그리고 소비이다. 특히 그중에 생산은 자본, 노동, 토지의 3요소로 구성된다. 여기서 자본은 자금과 설비 등의 생산에 필요한 자산을 말한다. 그러나 현재에 와서는 자본의 일부 요소인 자금이 유동성을 강화하여 생산의 요소에서 이탈하였으며 산업의 하나로 자리 잡아 발전해 가고 있다. 다시 말해서 자금이 생산, 고용, 소비와는 아무 상관없이 독립적으로 운영되고 있는 것이다. 그렇기 때문에 지금은 유동성을 갖는 금융에 의한 돈놀이가 하나의 중요한 산업으로 합리화되었으며 그것으로 쉽게 치부할 수 있게 되어 빈익빈 부익부의 빈부격차만 더욱 커지게 만들고 있다.

또 자금의 극단적인 운용은 아무 노력 없이 치부할 수 있는 불로소득의 일반화를 가져왔다. 그래서 지금은 불로소득을 통해 건전한 사회철학이 훼손되고 수치심을 모르는 배금주의 사회로 나아가고 있다. 그리고 또다시 배금주의는 현대 자본주의 사회를 금전만능주의 사회로 변질시킨 것이다.

지금 우리 사회에서 이야기되는 "돈이면 안 되는 것이 없다"든지 유전무죄 무전유죄의 사회적 병리 현상은 모두 금전만능주의에서 나온 것이다. 그래서 금전만능주의를 뜯어 고치기 전에는 이러한 사회병리 현상을 고치기는 불가능하다. 그리고 금전만능주의가 확산되는 원천을 살펴보면 자유방임적 신자유주의 사조가 주요한 원인이다. 다시 말해서 신자유주의의 관점에서 금융규제를 혁파한 것이 극단적인 배금주의를 불러왔으며 이 때문에 돈이 최우선시되는 풍토 속에서 인본주의 의식이 퇴색화된 것이 문제이다. 그래서 모든 것을 돈의 가치로 평가하고 규정을 짓는 금전만능주의가 일반화되면서 인본주의는 퇴색하게 된 것이다. 그렇기 때문에 더 이상의 금전만능주의에 대한 해악을 막기 위해서는 현재의 자유방임적인 신자유주의 논리의 자본주의를 혁파하여야 한다.

### (3) 민주주의 근본원칙과 이념 손상

금전만능주의로 인한 극단적 경제이기주의는 극소수의 최대행복 추구로 인해 최대다수의 최대행복이라는 자유민주주의 이념이 손상되고 있다. 이러한 비정상적인 사회구조는 계층 간의 경제적 격차를 키워놓고 그로 인해 우리 사회의 빈부격차를 심화시켰다. 또한 그것으로 인한 계층 간의 사회분화를 일으켜 또 다른 사회적 문제를 키웠다.

지금 우리 사회를 지탱하고 있는 민주주의의 이념은 최대다수의 최대행복이다. 이러한 이념에 맞추어 최대행복을 추구하려면 사회구성원 모두가 상대적 박탈감이 없어야 한다. 그렇게 하려면 빈부격차가 최소화되어야 하며 부의 분배가 균형을 잡아야 한다.

개개인이 아무리 많이 가져도 주변의 모든 사람이 자신보다 많이 소유하고 있으면 자신이 가장 빈곤한 것이 빈부의 상대성이다. 이 때문에 우리 사회가 아무리 풍요로워져도 일부 계층이 많이 소유하면 대다수의 사람들이 상대적으로 빈곤함을 느낄 수밖에 없다. 그래서 빈부격차가 심해지면 민주주의의 목표인 최대다수의 행복이라는 것이 성립될 수 없다.

더불어 빈부격차가 커지면 서민계층은 빈곤에 대한 상대적 박탈감을 더욱 심하게 느낀다. 그리고 빈곤에 대한 구체적인 해결방법을 마련하지 못할 경우에는 손쉽게 금융대출로 해결하려 한다. 그로 인해 가계부채가 점차 증가되어 서민들은 금융기관에 돈으로 종속되는 상황으로 내몰린다. 이것이 우리 사회의 경제주체 간의 부조화를 가져와 경제민주화를 어렵게 하는 요소로 작용된다.

## (4) 방만한 경제가 낭비와 과소비를 유발

자본주의 사회에서는 경제주체인 국가는 예산으로 기업은 이윤으로 개인은 소득을 통해 각각의 경제활동을 하고 있다. 그러나 각 경제주체들의 방만한 경제활동은 포퓰리즘과 더불어 우리 사회를 위기로 내몰고 있으며 특히 정부와 지자체의 예산 남발과 공기업의 방만한 경영은 적자재정과 재정난을 일으켜 국가경제를 위태롭게 만들고 있다. 또한 경기침체 속에 개인과 기업은 소득이 줄어들고 금융부채 및 이자부담이 증가되어 금융기관에 경제적으로 예속되고 있지만 각 경제주체들은 아직도 방만한 지출을 계속하고 있다. 그리고 국가는 일관성 없이 경기부양책을 세우고 집행하여 부동산 가격을 급등시켰으며 국민들에게 불로소득의 욕망을 키웠다. 그리고 경기침체와 더불어 부동산 거품경기가 가라앉자 또다시 부동산 가격의 하락으로 인해 서민들은 경제적 타격을 받게 되었다. 이 과정에서 대다수의 서민들은 불필요한 주택담보대출로 채무가 증가하여 금융기관에 경제적으로 종속되기에 이르렀다.

더불어 경기부양책에 의한 부동산투기는 불로소득을 정당화시켜 사회적 낭비와 과소비를 조장하였으며 돈이 최고선이라는 사회적 의식을 고취시켜 우리 사회를 금전만능주의 사회로 만들었다. 이러한 잘못된 정책이 지속되면서 건성으로 일하고 놀고먹는 풍토를 조성하여 포퓰리즘과 복지혜택에 대한 요구만 더욱 키웠다. 그러나 포퓰리즘과 복지의 요구는 국가의 방만한 재정 운영과 부채 증가로 나타나 금융선도국의 경제종속국가로 전락하게 만든다. 더불어 여러 국가의 동시다발적인 부채증가는 세계경제를 침체 국면으로 몰고 가서 우리 사회를 뿌리째 흔들고 있다.

지금 우리 사회는 산업화와 과학기술의 발달로 인해 인간의 삶은 편리해지고 풍족해졌다. 그러나 상대적으로 방만해진 경제활동이 낭비와 과소비를 유발하여 우리 사회의 덕목인 근검과 절제의 미덕을 잃게 만들었다. 그리고 돈의 효용성만 키워서 금전만능만을 추구하고 배금주의 사고방식에 심취하여 무절제한 낭비와 문화적 과소비에 빠져 있다. 그래서 무조건적인 생산과 대량소비가 미덕인 것으로 포장하여 국가적 차원에서 소비를 독려하고 있다. 이 때문에 아껴 쓰고 나누어 써야 할 에너지인 화석연료와 기타의 부존자원까지 낭비하여 우리의 후손이 사용해야 할 각종 자원을 소진하고 있는 것이다. 이러한 낭비와 과소비로 인해 인류가 사용해야 할 자원들이 고갈되면 앞으로 무엇을 이용해서 현재와 같은 문명을 유지할 수 있는지에 대하여 이제라도 심각하게 고려해봐야 한다. 이렇듯 낭비와 과소비로 인해 발생되는 여러 가지 요인이 우리 사회를 정상적으로 유지하기 어려운 상태로 만들어 결국에는 종말로 이끌어 갈 것이다.

## 2) 금전만능주의 종말의 단계

금전만능주의의 종말 단계는 여러 가지로 나타난다. 이러한 금전만능주의의 종말은 현재와 같이 금융산업주의가 한계 상태에 도달하면서 자본주의가 변질되어 시작된다. 그리고 각 계층 간의 빈부격차가 심해지고 일부 계층으로 부가 집중되면서 갈등이 격화된다. 더불어 이 과정에서 일어나는 여러 가지 요인들이 반복되고 중첩되면서 확대된다. 이것이 사회적으로 충족되지 않았을 때 급격한 변혁이 요구되면서 우리는 과격한 혁신을 통해 금전만능주의의 종말을 맞이하게 된다. 이러한 종말의 단계에서는 여러 가지 변화되어 가는 현상이 나타나며 그것은 다음과 같이 8단계를 거친다.

제1단계, 자본주의의 변질과 금전만능주의의 전개
제2단계, 시장원리를 무시한 기득권층의 부의 집중
제3단계, 극심한 빈부격차와 금융에 종속된 시민경제
제4단계, 생존의 위협과 분노의 표출
제5단계, 시민의식의 변화와 계층 간 갈등 확대
제6단계, 정권의 기득권 비호와 시민 탄압과 저항
제7단계, 시민 혁명과 사회혼란
제8단계, 미래형 자본주의 탄생

### (1) 1단계: 자본주의의 변질과 금전만능주의의 전개

현재 우리 사회는 기존의 수정자본주의와 국가의 자유방임적 경제논리가 결합하여 금융규제완화를 전제한 신자유주의 경제사조 속에 살고 있다. 그리고 이러한 신자유주의 경제논리는 금융산업 우선의 경제체계를 가지고 금전만능주의로 전환되어 있으며 이렇게 만들어진 금전만능주의는 서민의 손에서 경제적 주권을 빼앗아 종속화시킴으로써 우리 사회가 경제민주화로 가는 길을 막아 버렸다. 즉, 경제의 지배력을 일부 상위계층에게 넘겨주고 그들에 의해 주도되는 금융자본주의 사회체제로 변형시켜 버린 것이다. 그렇기 때문에 금융자본에 의해 주도되는 지금의 자유방임적인 자본주의는 경제민주주의 체제를 부정하게 되는 것이다.

이러한 자유방임적 자본주의는 일부 상위계층에게 부를 집중케 하는 경향을 가지고 있다. 그래서 국가가 수출이나 과학기술의 발전 등으로 부를 축적해도 상위계층으로 그 부가 집중되어 대다수의 국민들은 상하계층 간의 빈부격차로 상대적 박탈감만 커진다. 그래서 국민들은 경제의 주체로서 능력을 상실하게 되어 결국에는 종속적 위치로 전락할 수밖에 없다. 다시 말해서 다수의 국민들이 경제주권이라는 경제권을 갖지 못하고 경제의 주체가 아닌 보조자로 전락되는 것을 말한다. 이러한 이유 때문에 자유방임적 금융자본주의는 경제민주화를 저해하는 자본주의가 되어 균형성장과 적정한 분배를 어렵게 만든다. 더불어 금융자본은 자신들만이 지닌 강력한 경제력을 이용하여 시장을 교란시키고 뒤흔들기 때문에 그 피해는 그대로 국민 각자의 몫으로 돌아온다. 그리고 기득권을 가지고 있는 일부 상위계층은 그들이 가진 경제력을 남용하여 배금주의 사조를 키우고 돈이면 안 되는 것이 없는 사회로 만들어 가고 있다.

현재의 금전만능주의는 경제적 포퓰리즘과 맞물려 있다. 노력 없이 혜택만 받으려는 복지만능이 거품경기를 부축이고 낭비와 과소비에 물든 국민들은 남의 돈 무서운 줄 모르고 외채를 끌어다 쓰며 당장의 향락에 취해 있다. 이것이 세계 각국에서 일어나고 있는 재정위기의 실체이다. 다시 말해서 현재 우리가 신봉하고 있는 금전만능주의는 우리 사회를 망치는 가장 큰 요인으로 작용하고 있다는 것이다.

## (2) 2단계: 시장원리를 무시한 기득권층의 부의 집중

부의 집중은 과도한 소유와 잘못된 세금정책에 있다. 부의 집중을 통제하지 못하고 세금마저 불공평하다면 결국에는 부익부 빈익빈으로 모든 경제가 움직여 갈 수밖에 없다. 더욱이 부를 소유한 상위계층은 더욱 경제적 지배력을 키우기 위해서 자신들에게 유리하도록 법을 만들려고 노력한다. 즉, 자신들의 이익을 지키기 위해 금력을 이용하며 정치적인 로비를 통하여 정경유착에 의한 법의 지배를 획책한다. 그렇기 때문에 자신들에게 유리한 법적 조건을 이용하여 국가에 대한 재정적 부담을 줄이고 혜택은 늘리려고 하기 때문에 결과적으로 더 나쁜 세금 체계가 형성된다. 다시 말하면 부의 집중이 되면 될수록 자신의 부를 지키기 위해 권력기관과 결탁하고 국가에 대한 각종 부담을 적게 하도록 노력하기 때문에 정경유착은 필연적으로 생겨 날 수밖에 없다.

　금융자본주의에서는 자본시장을 시장원리에 의한 수요 공급에 맡기라고 한다. 그러나 자본의 특성상 보이지 않는 손인 시장원리는 존재하지 않는다. 왜냐하면 시장의 원리라는 것이 수요와 공급의 원칙 아래에서 움직이는 것이기 때문에 반드시 수요와 공급에 따른 균형이 기준이 되어야 한다. 그러나 금융산업은 여타의 산업과는 다른 경제체계를 가지고 있다. 즉, 수요와 공급의 논리가 맞지 않다는 것이다. 이것은 자금을 공급하는 금융기관이 자금이 필요한 서민보다 강력한 힘을 가지고 있기 때문에 대출에 대한 선택권은 금융기관이 가지고 있어서 그들 마음대로 자금에 대한 수요와 공급을 조절할 수 있다는 것이다. 그래서 금융산업 분야는 자본주의의 시장논리에 맞는 수요와 공급이 이루어지지 못하고 있는 것이다. 더욱이 금융자본은 그 어떠한 조건에서도 자금을 가진 자(공급)가 빌리는 자(수요)보다 힘이 강하기 때문에 동등한 거래가 이루어질 수 없다. 다시 말해서 수요와 공급이 동등해질 수 없다는 것이며 단지 수요, 공급 간에 종속적인 거래관계만이 성립된다는 의미이다. 이 때문에 금융기관은 자본시장의 보이지 않는 손을 마음대로 조절하는 자본 우월자로 남는다.

지금 우리 사회는 침체된 경기를 단순히 내수와 소비를 활성화하여 되살리려 하고 있다. 그러나 그렇게 하기에는 너무 늦었으며 국민 각자는 거품경기에 심하게 물들어 있다. 이미 대다수의 국민들은 각종 금융기관의 채무자로 변하여 더 이상의 소비 여력이 없어졌다. 특히 개인자산에 대한 거품이 사라지면서 다소의 부동산을 소유한 중산층조차도 점점 자산가치의 폭락으로 계층하락이 이루어지고 있다. 이와는 반대로 일부의 사회적 혜택을 받고 있는 재벌이나 상위 기득권 소유자들이 주변의 가치가 하락된 자산을 흡수하고 집중화시키고 있다.

이것은 과거 봉건주의사회에서 귀족들의 농간에 의해 몰락해가는 자작농과 유사하다. 즉, 가뭄과 홍수로 인한 기근 때 고리채를 이용하여 대부를 해주고 매점매석을 통해 자작농에게 채무를 지게 만들어 경제적 종속을 시켰다. 그리고 천재지변으로 인해 농지의 자산가치가 하락하면 사들여서 자작농들을 귀족의 농노로 전락하게 만드는 것과 대동소이하다. 이 때문에 금융산업의 전황과 보이지 않는 손에 의한 허황된 시장논리를 바로잡아야 한다. 그래서 국가의 부가 일부 상위계층으로 집중되는 것을 막아야 한다.

## (3) 3단계: 극심한 빈부격차와 금융에 종속된 시민경제

국가의 총자산을 고려할 때 각 국가마다 자산의 한계가 있는데 그것이 총액자산의 한계상태이다. 이것은 국가와 국민이 보유한 총자산으로 전체를 한 개의 떡으로 비교해서 살펴볼 수 있다. 이러한 떡의 대부분을 어느 일부 계층이 차지하면 대다수의 사람은 나머지 떡으로 나누어야 하므로 각자는 아주 소량을 차지할 수밖에 없다.

이와 같은 원리로 한정된 국가의 총 자산도 어느 일부 계층이 많이 소유하면 기타 계층이 나머지로 나누어야 하므로 기타 계층은 적게 소유할 수밖에 없다. 이것 때문에 소유가 한 곳으로 집중되면 계층 간의 격차가 커질 수밖에 없다. 이것이 결국 빈부격차를 만드는 것이다.

이렇게 경제적 소유의 차이로 발생된 빈부격차는 사회적 갈등의 원인이 된다. 그래서 이러한 빈부격차를 감소시키는 방법은 국가가 총자산에 대한 균형 있는 분배를 통해서만 이룰 수 있다.

우리 사회의 소득에 대한 불균형은 외환위기 이후에 현저해졌으며 기업의 구조조정 등의 긴축정책과 맞물려 심각한 사회적 어려움을 가져왔다. 이때의 구조조정은 주로 중하위권에서 이루어졌다. 즉, 고급 인력의 소요는 증가한 반면에 교육수준이 낮은 인력에 대한 소요가 현저히 감소하여 대량실직에 따른 빈부격차를 더욱 심화시킨 것이다.

비정규직 근로자의 양적 팽창은 많은 근로자를 불안정한 고용상태에 놓이게 하여 하위계층의 생활안전성은 더욱 취약하게 되었다. 이것은 역으로 상위계층의 부를 축적하게 하는 요인이 되기도 한다. 이 때문에 사회적 양극화 현상은 더욱 커졌다. 그리고 신분을 고착화시키는 과정에서 사회적 불만이 누적되었다.

이러한 것이 신분의 이동을 막고 사회적 계층을 고착화시켜 신분 상승이 불가능한 사회를 만들었다. 그리고 상·하위 계층 간의 소득 격차는 갈수록 심해지고 금융대출로 인한 가계부채는 증가하여 서민의 생활은 점차 더 어려워졌다.

지금 선진자본국가들이 국제적으로 저금리를 추진하여 전 세계를 돈놀이와 투기판으로 변화시키고 있다. 이러한 금융대출과 각종 투기 등으로 불로소득에 대한 기대가 커져서 노력 없이 부를 축적하려는 것이 일반화되었다. 그리고 국가의 포퓰리즘적 경기활성화 정책과 맞물려 금융대출이 급증하여 국민들이 점차 금융노예화되고 있다.

이제까지 우리는 정치적 차원에서 민주화가 이루어지면 모든 것이 완료되는 것으로 알고 있었다. 그러나 정치적 민주화 이후에도 경제적 민주화가 필요하다는 것을 이제는 인식해야 한다.

우리 사회가 추구하는 경제민주화라는 것은 누구에게도 경제적인 종속이 되지 않고 돈의 노예가 되지 않는 것을 의미한다. 즉, 어느 누구에게도 부가 집중되지 않는 공정한 사회가 되어야 경제민주화가 이루어진다는 의미이다. 그러나 지금 우리 사회는 금전만능의 극단적 불공정 논리에 젖어서 독점 자본의 금전 권력에 의해 또 다른 경제독재 체제 속에 휘말려 있는 것이다. 이것이 경제독재이며 우리가 지향하는 경제민주화에 역행하는 가장 큰 걸림돌이다.

## (4) 4단계: 생존의 위협과 분노의 표출

지금 미국은 유태계 자본을 중심으로 거대자본의 국제화를 획책하고 있으며 이렇게 조성된 거대금융자본이 재정적으로 취약한 국가를 대상으로 거품경기와 포퓰리즘을 조장하여 국제적 돈놀이를 하고 있다. 그리고 우리나라와 같이 억지로 경기부양책을 쓰는 국가를 대상으로 불필요한 적자재정을 유발시켜 국가채무를 크게 키워놓았다. 또한 미국은 자신들의 유동성 위기를 해결하기 위해 의도적으로 양적 완화를 시켜 달러의 통화량을 크게 증가시켰으며 이렇게 양적 완화 시킨 자금은 저금리로 금융기관에 빌려주어 전 세계를 대상으로 돈놀이를 하도록 하고 있는 중이다. 더불어 금융기관들은 이러한 자금을 이용하여 중·하위권의 개별국가에 빌려주어 해당국의 금융기관을 장악하였다. 그리고 해당국의 금융기관들은 자국민들을 상대로 소매대출을 통해 금융노예화시키고 있다. 그 결과 우리와 같이 자본력이 약한 중·하위권 국가들은 정부의 무책임한 정책에 의해 그들의 의도대로 전 국민이 금융노예화되고 있는 중이다.

이러한 부채의 증가는 개인의 소득감소를 가져왔고 소득 감소는 소비를 억제시켜 내수와 생산의 위축을 가져왔다. 생산의 위축은 또다시 소득 감소와 실업률 증가 그리고 경기침체를 가져왔다. 이러한 현상이 사회적으로 확산될수록 하위계층의 사람들은 실업으로 내몰리며 그로 인해 생존권의 위협을 받게 된다. 이것이 반복되면 국민은 중대한 위기로 여기며 정도가 심화될수록 반사회적인 경향을 띨 수밖에 없다. 이러한 것은 계층 간의 빈부격차에 대한 원인에서 시작되었으며 기득권층과의 상대적 격차가 클수록 반사회적인 경향의 정도가 커진다. 더욱이 지금과 같이 금융자본의 전횡이 계속되는 경우는 국가적 포퓰리즘과 맞물려 범세계적인 경제위기가 발생될 수 있다. 또한 방만한 국가운영은 국가재정을 위기로 몰아 더 이상의 물러설 곳도 없는 상태로 만들고 있으며 결국에는 긴축재정으로밖에는 해결을 할 수 없게 된다. 그리고 이러한 긴축재정은 대량실업을 유발하여 더욱 큰 경제적 위기로 변화하여 사회적 불안을 가중시킬 수밖에 없다.

우리 사회의 금전만능주의가 심화될수록 금융산업의 황포가 더 극심해지며 서민의 경제종속도 가속화된다. 그리고 금융대출로 인해 가계부채가 증가되면 그로 인해 서민들은 생존권에 위협을 받게 되고 이렇게 만들어진 경제 종속이 금융자본에 대한 분노로 표출된다. 이러한 분노의 표출은 시위를 유발하여 점차 확산되지만 초기단계에서는 사회적 호응과 명분의 부족으로 인해 한계에 부딪힌다. 더불어 사회적 혼란을 우려한 정권의 탄압으로 금융산업에 대한 시위는 일시적으로 잠복하게 된다.

## (5) 5단계: 시민의식의 변화와 계층 간 갈등 확대

국가의 무책임한 정책으로 야기된 복지 포퓰리즘이 국가와 국민 모두를 빚더미에 올려놓고 거품경기를 유발한다. 이렇게 만들어진 포퓰리즘에 의한 거품경기는 그 피해가 결국에는 국민에게 돌아온다. 이 과정에서 생긴 경제적인 어려움이 금융자본에 대한 분노로 표출되며 점차 의식 있는 계층에서 시민의식의 변화가 일어난다.

특히 이러한 시민의식은 우리 사회의 현재와 미래를 위해서는 무엇이 변화되어야 하는지에 대한 것을 인식하고 실제적인 변화를 요구한다. 그리고 지금 우리 사회를 주도하고 있는 금융자본주의가 모든 것의 대안이 아니라는 점과 금융자본주의가 만들어 놓은 금전만능주의를 더 이상 방관할 수 없다는 점이 사회의식으로 발전된다.

더불어 계속적으로 심화되고 있는 계층 간의 빈부격차가 인간 본연의 가치를 해친다는 의식이 키워진다. 그래서 금융에 의한 경제 종속이 인간을 돈의 노예화하고 모든 것을 구속하여 인간의 삶을 망친다는 것을 인식하게 된다. 그리고 점차 하위계층의 의식변화로 인해 상하계층 간의 소통부재가 계층 간의 갈등을 확대시킨다. 그래서 사회양극화에 대한 상위계층의 책임이 이슈화된다. 이때의 양극화란 사회의 상하계층 간에 부의 분할에 대한 빈부격차가 심화되는 것을 말한다. 현재와 같은 금전만능주의 논리를 가진 사회에서는 돈이 돈을 벌어들이는 경제구조가 지속되어 가진 자는 더 많이 갖고 없는 자는 더 부족하게 되는 상황이 계속 이어진다. 이것이 계층 간의 양극화로 나타나며 이러한 사회적 양극화를 감소시키기 위해서 국가는 복지를 통해 하위계층을 지원해야 하나 국가차원의 복지정책은 세금을 기반으로 실시되기 때문에 상위계층에게 세금부담을 크게 해야 효과가 있다는 점이 문제가 된다. 다만 이러한 계층 간의 세금부담 차이가 조세 저항의 원인이 되어 법적 합의가 필요하다. 그러나 상위계층의 담세비율이 커질수록 그에 대한 반발이 커서 국가가 복지에 대한 재원을 마련하기 쉽지 않다. 이 때문에 국가는 복지에 대한 재원을 마련하기 위해 외국으로부터 빚을 얻어 쓰는 적자재정에 의존하게 되고 결국에는 그 빚을 후손들에게 부담을 지우는 방법으로 정책이 만들어지는 것이다.

이것이 계층 간의 갈등 확대와 상위계층의 이기심이 상생을 위한 소통부재를 만들어 상호 간의 적대감을 키우는 원인이 되고 사회적 갈등을 증폭시킨다.

더불어 우리 사회에 발생되는 국민적 갈등의 대표적인 것은 지역적인 갈등과 이념적인 갈등 그리고 빈부격차에 의한 계층 간의 갈등으로 나누어진다. 이 중에서 지역적인 갈등은 영호남 간의 지역적 격차가 주원인이다. 이것은 박 대통령시절에 영남지역의 산업화와 호남지역의 영농화로 인한 지역발전의 차이에서 발생되었다. 그리고 산업화가 진행되면서 지역적으로 고착화되었다.

또한 이념적인 갈등은 해방 후 좌우세력 간의 극심한 갈등으로 시작되고 6·25 사변을 통해 더욱 심화되었다. 그리고 군사독재정권에 대항하여 일어난 민주화 학생 운동이 북한의 주체사상을 도입하면서부터 좌경화 색채를 띠었던 것이다. 그래서 지금도 북한 동조의 사상을 가지고 있는 정당이나 단체에 의해 이념적 갈등은 존속되고 있다. 특히 이념적 갈등은 갈등 차원을 넘어 장차 통일된 미래국가를 건설하는 데 큰 걸림돌이 될 수 있다.

더불어 빈부격차에 의한 계층 간의 갈등은 금전만능주의가 태생적으로 가지고 있는 사회악 현상의 하나이다. 이것은 돈에 대한 가치를 크게 부여한 일부의 사람들이 더욱 많이 가지려고 하는 것에서 기인한 것이다.

우리 사회가 가지고 있는 자본의 총량은 정해져 있다. 그 속에서 어느 일부계층이 많이 소유하면 나머지 사람들이 적게 소유할 수밖에 없다. 이 때문에 많이 소유한 일부계층과 적게 나누어진 대다수의 사람들 사이에는 현격한 빈부의 격차가 발생되고 그로 인한 갈등이 심해지는 것이다.

지금 미국 사회는 통화의 양적 완화를 통해 유동성 위기를 해결하려고 하고 있다. 이것은 더 많은 돈을 찍어내 기존 부자들의 자산을 유지시켜 주고 소득이 적은 하위계층의 불만을 해소하기 위해 다량의 통화를 발행하는 가장 졸렬한 방법이다. 왜냐하면 자본은 크면 클수록 주변의 적은 자본을 쉽게 끌어들여 더욱 커지는 집중력을 가지고 있어서 기존 부자들만 더욱 치부하게 되는 상황이 벌어지기 때문이다. 그래서 결국 양적 완화에 의해 나누어진 돈 또한 오래지 않아 일부의 부자들 손으로 넘어가기 때문에 결국에는 부익부 빈익빈이 더욱 심해질 수밖에 없다. 그리고 계속 찍어낸 돈으로 인해 인플레이션이 극대화되면서 서민들의 생활만 어렵게 될 것이다. 이렇게 심화된 인플레이션은 적게 소유한 서민계층의 생활을 더욱 궁핍하게 만들어 사회적 불만과 갈등을 더욱 증폭시키게 된다. 그리고 이것이 계층 간의 갈등을 더욱 키워 결국에는 누구도 손을 쓸 수 없는 상황으로 몰고 가서 종국에는 시민들을 시위현장으로 내몰아 사회적 혼란을 가져올 것이다.

### (6) 6단계: 정권의 기득권 비호와 탄압 그리고 시민저항

정권의 기득권 비호는 부정부패와 권력유지 차원에서의 생기는 이기적 반응이다. 여기서 부정부패는 해당 계층 간의 경제적 이권에 의해 발생된다. 이것은 권한을 가진 자가 그에 의해 이권이 결정되는 유착된 계층과의 사이에서 일어나기 때문에 일방적이 되기 쉽다.

이러한 기득권 비호는 권한을 가진 자의 부에 대한 욕망이 클 때 이루어지며 또한 권한을 가진 자가 로비를 통해 금전적인 혜택을 받을 수 있다고 판단할 때 더욱 심해진다. 그리고 그것에 의해 그들 간에 불공정한 관계가 형성되어 일방적으로 기득권층을 비호하게 된다.

특히 부정부패는 정경유착에서 생겨나며 이렇게 생긴 부정적인 현상은 사회적 신뢰도를 망친다. 그리고 부정부패는 금전만능주의와 함께 보수계층의 기득권 보호에 앞장을 서서 비호하기 때문에 더 큰 문제를 일으킨다. 이것은 우리 사회에 나타나는 서민계층의 경제적 어려움을 무시하고 일방적 약자에 대한 탄압으로 나타나 그동안 잠복되어 있던 시민의 저항을 촉발시킨다.

지금 현재까지 자본주의가 가장 발달하였다는 미국의 경우를 보면 금융자본가 대부분이 유태계 사람이다. 그래서 어떻게 보면 마치 미국이 이스라엘의 경제식민지인 것처럼 느껴진다. 왜냐하면 모든 정책이 금융 위주로 흘러가고 금융을 주도하는 사람들이 유태계 사람이기 때문이다. 그들의 국적은 미국이나 그 사회 속에서도 그들은 별개의 집단처럼 움직이고 있다. 그리고 여타의 미국인들을 조정하고 경제적으로 관리하고 있다. 1990년대를 기준으로 보면 FRB의 의장이 그린스펀일 때 같은 유태계의 루빈이 재무장관을 맡아 경제를 운용했었다. 그리고 지금은 같은 유태계의 버냉키가 의장이고 가이트너가 재무장관을 맡고 있어 유태인식의 돈놀이 경제체계를 계속 유지하고 있는 것이다. 이것은 지금의 미국이 유태인에 의해 관리운용이 되고 있다는 반증인 것이다. 다시 말해서 미국은 이스라엘의 경제적 조정을 받고 있는 종속국가로 볼 수 있다. 이것은 외연적으로 미국이 미국인에 의해 통치되고 운용되는 자주 독립국가인 것처럼 하고 있으나 실제로는 금전만능주의 속에 유태인에 의해 통치되고 있는 것이다. 다시 말해서 지금의 미국은 금전만능주의에 휘말려 유태인 경제에 종속된 식민국가인 것이다.

이러한 것과 유사한 경우를 우리는 고대 역사에서도 찾아볼 수 있다. 고대사회에서 크게 번영하던 이집트의 중왕국이 쇠퇴하면서 기원전 18세기 중엽 팔레스타인에서 힉소스(Hyksos: 이국의 통치자)라는 서부 셈족(히브리족 포함)이 침범해와 이집트를 점령하고 약 150년간 (B.C. 1720~B.C. 1570)을 통치했다고 한다. 이때 성서의 내용과 같이 유태인 요셉이 재정장관이 되어 힉소스의 파라오와 함께 이집트를 통치했으며 그 후 신왕국을 일으킨 아흐모세 1세(Ahmose 1)에 의해 추출되었다.

이러한 역사적 사실에서 비추어 보면 유태인들은 지금으로부터 무려 3,700년 전에도 그 당시의 최고 문명국인 이집트를 경제적으로 장악하고 있었다는 것이 된다. 이것은 지금의 미국을 경제적으로 장악한 것과 매우 유사하다.

미국계 유태인은 말이 미국인이지 그들의 의식은 탈무드에 심취한 이스라엘 사람들이다. 그렇기 때문에 유태계에 의해 지배, 관리되고 있는 미국은 고대 이집트와 같이 이스라엘의 일개 식민지라고도 할 수 있다.

지금 상당수의 미국 시민들은 빈부격차나 생활고에 대하여 월가 점령시위를 하고 있다. 그러나 이러한 경제적 문제를 바로 잡고자하는 사람들의 시위를 정권차원에서 강력하게 막고 있다. 이것은 지금 정권이 금전만능주의와 유태인 경제체계를 비호하는 것이 아니라고 말할 수 없다. 어떻게 보면 지금 미국은 또다시 유태인들로부터 경제 독립운동을 하고 있는 것인지도 모른다. 즉, 거대한 유태자본에 의한 금전만능주의로부터 독립을 하려는 시도가 월가 점령시위인 것이다.

우리 사회 또한 미국의 경우와 크게 다르지 않다. 국법을 준수하고 적은 소득에도 자신에게 만족하여 사는 대다수의 선량한 시민들에게 금융기관들은 가지가지의 방법으로 돈놀이를 하고 있다. 그리고 우리도 미국과 같이 일부 상위계층과 재벌에 의해 착취당하고 있으며 그들의 경제종속으로부터 경제민주화를 이루려고 노력하고 있다. 그러나 이들과 같은 부류의 고액 수수료를 챙기는 은행과 영세 상인에게 수수료를 챙기는 카드회사, 폭리의 이동통신, 농민을 기만하고 등골을 빼먹는 농협, 독과점에 의해 물가를 천정부지로 올리는 대기업과 재벌 그리고 권력의 비호 아래 우리 사회의 부를 대부분 차지하고 있는 1%의 기득권자들의 발호가 우리 사회를 양극화로 몰고 가고 있다. 특히 일부 특권층이 법 수호를 빙자하여 공권력을 시민 탄압에 이용하기 때문에 공분을 일으키게 되고 이것이 시민저항의 단초가 된다. 그리고 잘못된 공권력 남용이 반복되는 경우 서민 삶의 질 저하를 가져오고 그로 인해 경제적 고통이 커지면 정권에 대한 저항 의식을 확산시키게 된다.

과거 우리는 잘못된 독재정권과 싸워 정치적 민주화를 이루어 냈다. 그 당시 독재정권에 맞서서 싸우지 않았다면 지금의 우리 사회는 아직도 권력의 폭거 아래 놓여 있을 것이다. 그리고 북한사람들과 같이 독재정권의 마수 아래 꼭두각시처럼 살고 있을 것이다. 이러한 정치민주화는 수많은 사람의 희생 위에서 이루어진 민주화이다. 그러나 지금은 또 다른 권력을 쥔 자들이 우리 서민을 짓누르고 있다. 그것은 금력이라는 돈에 의한 권력으로 보다 교활한 술책에 의해 우리를 돈의 노예로 몰아넣는 것이다. 그리고 우리 자신의 경제적 신념과 민주화로 이룩한 자유를 짓밟고 있는 것이다.

국가의 선진화는 경제적 발달을 전재로 하여 이루어진다. 그러나 선진화가 될수록 금권의 영향력은 커져 간다. 그리고 이제까지의 독재정권이 민주화를 억압했던 것과는 전혀 다른 독점금권에 의해 또다시 우리의 자유가 구속되어 가고 있는 것이다. 다시 말해서 돈의 힘에 의해 색다른 지배구조를 형성하고 그것을 이용하여 선량한 시민을 경제적으로 구속하는 것이다.

그래서 경제선진화는 금전만능주의와 독점금권에 짓눌린 서민들에게 또다시 저항을 요구한다. 그것은 단순한 경제선진화가 경제민주화를 이루어 주는 필요충분조건이 아니기 때문이다. 그래서 시민의 저항은 선진화된 집중 독점자본의 노예가 되기보다는 경제민주화를 이루려 하기 때문에 이제까지의 시위와는 다른 새로운 국면으로 전개가 될 것이다.

이때의 권력은 정경유착에 의해 시민의 저항을 탄압하는 수순을 밟게 된다. 그리고 그에 따른 국민적 동의를 구하기 위해 국가질서 확립이라는 명분을 앞세우고 실행에 옮긴다. 그러나 그 이면에는 권력유지의 바탕이 되는 금력과의 연합이 주목적이다. 그래서 경제민주화에 대한 저항은 정경유착에 의한 서민탄압을 불러온다. 그리고 이러한 점을 시민들이 인식하였을 때 비로소 시민저항이 본궤도에 오르게 된다.

과거부터 시민들은 정권의 부조리에 맞서서 자유, 평등, 정의와 같은 사회적 권익을 위해 싸워 왔다. 그리고 여러 가지 어려움은 있었지만 끝내 그것을 달성했다. 그래서 이번의 시민저항 운동도 결국에는 이루어질 것이다. 단, 지금과 같은 금전만능주의에서의 저항대상은 정권이 아니라 금권이다. 그러나 이 경우에도 정권은 정경유착의 달콤함에 젖어 금권을 보호하려 하기 때문에 시민탄압으로 비화되어 결과적으로는 동시대의 정권 타도가 병행될 수밖에 없다. 이것은 정권이 금권 위에 세워지고 유지되어 가기 때문이다.

시민의 저항은 자신의 터전 위에서 처해진 상황에 따라 자발적으로 다양한 방식으로 진행한다. 그렇지만 다양한 목표에 의한 경우는 지리멸렬하기 쉽다. 그러나 단일 목표에 의한 경우는 그 위력이 정권을 흔드는 정도로 커진다. 이와는 다른 경우지만 우리의 역사 속에서 각종 민란이나 동학혁명, 3·1운동, 4·19 등의 시민저항은 그 위력이나 파급효과가 대단히 큰 것을 우리는 알고 있다. 이는 권력의 비리나 억압이 있는 경우에는 언제 어디서나 생겨났고 확대되어 사회적 혼란의 원인이 된 것이다.

앞서의 시민의 저항은 대의정치에서 소외된 시민들이 자신들의 권리를 지키려는 운동이다. 이것은 독선적 재벌 혹은 이기적 대기업의 횡포를 반대하는 불매운동이나 저항운동, 다국적기업의 노동착취와 경제수탈에 저항하는 노동운동과도 연계될 수 있다. 그리고 국제적으로는 세계은행과 같은 국제기구의 지원을 받는 국가 및 단체의 환경파괴를 반대하는 저항운동, FTA협정을 반대하는 시민운동, 세계무역기구(WTO)와 국제통화기금(IMF)의 간섭을 반대하는 국민운동과 신자유주의에 반대하는 시민사회의 저항운동 등 다양한 형태로 경제민주화를 실천하려는 저항운동들이 전개되고 있다.

그러나 시민저항은 경제적 억압이나 계층 간의 상대적 격차 등이 심화되어 더 이상의 인내가 어려울 때에도 그 흐름을 형성할 뿐이다. 그리고 초기에는 그 힘을 결집시키지 못한다. 그러나 권력에 의해 탄압을 받고 있다는 동병상련의 의식이 형성되면 상황은 달라진다. 더불어 조직화된 사회단체들이 스스로를 의식화하고 시민들의 힘을 결집시켜 그 힘에 일정한 방향으로 이끈다면 상황은 증폭된다. 하지만 그런 경우에도 사회단체들이 저항하는 시민들을 소외시키지 말아야 한다. 그리고 시민저항에 따른 변화의 성과를 시민들의 것으로 돌릴 때에는 그 효과가 폭발적으로 커진다. 왜냐하면 시민의 저항을 탄압하는 권력은 결코 저항에 승복하지 않기 때문이며 탄압의 명분도 결코 진실하지 않기 때문이다.

## (7) 7단계: 시민혁명과 혼란한 사회

정권이 일방적으로 기득권을 비호하기 위해 경제적 고통으로 어려움을 겪고 있는 시민들을 탄압한다면 잠자고 있는 시민의 저항의식을 확산시켜 혁명과 혼란한 사회로 변화될 수 있다.

20세기에서 경제적 변화 중에 가장 큰 특징은 금융산업의 독자적 행보에 있다. 즉, 실물경제와 고용에 관계없이 돈을 벌 수 있도록 된 것이다. 다시 말해서 부동산, 증권, 펀드 등 기타의 투기적 행위만으로도 아무것을 하지 않고도 잘 먹고 잘살 수 있게 만들고 때에 따라서는 더욱 호사스럽게 살 수 있게 만든 것이다.

그러나 이것은 명백히 잘못된 사회의식과 경제철학 부재에서 빚어진 오류이다. 지금과 같이 돈을 가지고 그것으로 노력 없이 잘살 수 있다면 정당한 경제철학과 올바른 시민의식은 살아날 수 없을 것이다. 그래서 우리 사회는 물질적 풍요로움에도 불구하고 배금주의에 의해 점차 삭막해져 가고 있으며 금전만능주의의 향락에 빠져 몰락해 가고 있는 것이다.

지난 세기 초의 금융산업은 실물경제의 보조자로서 자신의 중계역할에 충실하였다. 그래서 우리 사회는 경제적으로 많은 성공사례를 만들었고 자수성가의 의식을 고취시켜 누구라도 하면 된다는 것이 일반화되었다. 그러나 20세기 후반에 들면서부터 성실한 경제운영을 벗어나 돈놀이를 통해 쉽게 노력 없이 살아갈 수 있도록 길을 열어놓고는 걷잡을 수 없을 정도로 금융산업의 탈선이 이루어졌다. 이러한 금융산업의 탈선은 지금에 와서는 가히 혁명적이라고 할 정도로 큰 변화를 만들었다. 그래서 지금은 수많은 종류의 금융파생상품을 만들어 놓고 돈놀이의 극치를 달리고 있다.

많은 사람들이 이렇듯 노력 없이 잘 먹고 잘살려고 하기 때문에 결국 우리 사회에는 불로소득이 만연될 수밖에 없다. 그래서 국민은 국민대로 어설픈 돈놀이에 손해가 누적되어 개인 부채가 늘어나고 국가는 국가대로 포퓰리즘으로 적자재정이 일반화되는 것이다.

이러한 국가마다의 적자재정은 결국에 가서는 국가들의 파산을 초래하게 한다. 그리고 국가의 잘못된 정책으로 금융위기를 초래해서 국민들은 혹독한 시련을 겪을 수밖에 없다. 그러나 이러한 금융위기가 다가와도 이제까지 포퓰리즘으로 편안하게 먹고 잘살아오던 국민들이 과연 마음을 고쳐 근면해질 수 있는지는 의문이다. 그래서 우리들이 겪어야 할 미래의 경제적 곤란은 불 보듯 뻔하다.

경제위기는 빈부격차가 극단적으로 심하게 될 때 생기는 것이다. 그리고 위기가 진행되면서 계층 간에 갈등은 더욱 증폭되고 이것이 시민 봉기의 계기가 되어 사회적 혼란을 가져온다. 이 때문에 공권력이 개입이 되며 공권력은 기존 체제를 유지하고자 하는 목적으로 기득권 보호를 우선으로 한다. 그리고 기득권 보호를 위해 가진 자에게 유리하도록 비호를 한다. 이러한 정권의 일방적 비호는 사회적으로 대의명분을 상실하면서 사회적 갈등은 시민혁명으로 발전된다. 이때의 시민혁명은 기존 체제를 전복하고 새로운 체제를 만들려고 하기 때문에 과격하게 될 수밖에 없다. 그러나 시민혁명의 결과는 항상 바람직하게 종결이 되지는 않는다.

역사를 통해 우리 사회의 시민혁명이 지속적으로 일어났던 것을 알 수 있다. 즉, 역사 속에서 살펴보면 시민혁명은 여러 가지 형태로 상존해 왔다. 특히 프랑스 대혁명의 경우는 왕권에 저항하는 시민세력이 시민혁명을 주도하고 성공을 이루었다. 그러나 시민의 힘이 원만한 권력이양을 못하고 결국에는 실패하였다. 즉, 시민혁명 주도세력인 로베스피에르, 당통, 마라에 이르는 혁명세력은 자기들끼리 싸우다가 결국에는 혁명세력이 주도를 못하고 군인 출신인 나폴레옹에게 권력을 빼앗기는 상황으로 마무리되었다.

우리나라의 경우도 동일하다. 이승만 정권의 부패와 부정에 항거하여 4·19 의거의 시민혁명이 일어났다. 그러나 시민혁명세력 끼리의 다툼으로 5·16 군자혁명에 의해 군인들에게 정권을 탈취당했다. 그리고 결국에는 군사독재의 길로 들어서게 되었던 것이다.

시민혁명의 특징은 구심점이 없고 명분이 뚜렷한 주도자가 없다. 그렇기 때문에 혁명이 이루어져도 그 결과가 새로운 시민지배 체계를 이루기에는 무리가 있다. 그래서 혁명이 완수되어도 시민세력으로는 새로운 사회가 이루어지지 않는다. 오히려 너무 많은 의견과 주장에 의해 지리멸렬하거나 더욱 심한 갈등으로 인해 사회가 혼란해질 뿐이다. 이러한 것이 무정부주의를 만들거나 혼란한 사회가 지속되어 더욱 어려운 상황이 전개 된다. 이 때문에 권력의 공백을 메우려는 노력에서 또 다른 혁명을 불러오게 된다.

이것으로 인해 강력한 통제력을 지닌 군인 집단이 나서게 되며 새로운 독재주의 체제가 형성될 수밖에 없다. 그래서 이러한 독재주의 체제를 막기 위해 경제에 대한 시민혁명이 시작될 때에는 미리 미래형 새로운 자본주의를 제시하고 그것을 향해 나아가야 한다. 그렇게 하기 위해서는 미래형 자본주의 논리를 세우고 사회철학을 정립하여 그것을 대의명분으로 내세워야 한다.

## (8) 8단계: 미래형 자본주의 탄생

우리 사회가 겪는 자본주의의 위기는 현대의 자본주의가 금전만능주의로 변화한 것에서 시작되었다. 그리고 이러한 금전만능주의가 일부계층에게 시장지배와 경제력 집중을 키워 개개인의 경제적 자유를 구속하고 종속시켜 국민경제를 위기로 몰고 간다. 그렇기 때문에 위기에 대한 반발로 시민의 저항과 혁명이 일어나게 되면서 새로운 혁신에 대한 요구로 금전만능주의가 종말을 맞게 된다. 그래서 금전만능주의의 종말에 따른 미래형 자본주의 탄생이 불가피해질 수밖에 없다.

미래형 자본주의로의 변화 요구는 1980년대의 자유시장주의를 내세운 레이건과 대처 시대에서 시작되었다. 그들은 레이거노믹스라는 명칭으로 국영기업을 민영화하고 복지를 축소하는 등의 자유자본주의적 정책을 시행하였다. 그래서 시작된 것이 현재의 신자유주의이다. 그러나 이러한 사조는 금융규제 완화를 전제하고 있어 일부계층의 경제력 집중과 독점을 방임하여 반부격차가 극심해지는 폐해를 낳았다. 이 때문에 새롭게 국가 주도의 국가자본주의가 부각하게 된 것이다.

지금 유럽은 재정위기 등으로 자본주의의 새로운 도전을 받고 있다. 그래서 서구자본주의의 위기를 겪는 국가들은 국가자본주의라는 새로운 자본주의를 모색하고 있다. 그러나 국가자본주의는 본래의 취지와는 다르게 국가의 주요기업들이 국가의 지원을 받으며 민간 기업처럼 운영하는 국영기업의 형태로 존재하게 되는 것이 문제이다. 그래서 국영기업은 국가적 독과점의 혜택을 받으며 방만한 경영과 낙하산식의 인사 난맥상으로 인해 또 다른 폐해를 준다.

중국의 경우는 지금까지 국영기업을 통해 자유자본주의로 접근하는 정책을 세워 효과를 보고 있으며 기타의 여러 국가들도 이러한 체제에 동조하여 국가자본주의를 지지하고 있다. 이러한 제도는 경제성장과 안정을 도모하여 성장과 안정의 두 마리 토끼를 한 번에 잡을 수 있다는 장점이 있다. 그리고 천방지축의 금전만능주의 규제에도 효과가 있는 것으로 보고 있다. 그래서 우리나라도 앞으로는 경제민주화와 국가사회의 공동발전 및 상생을 위해서 국가자본주의나 균형자본주의 등의 새로운 자본주의를 모색해야 한다.

## 3) 금전만능주의 사회의 종말적 현상

금전만능주의 사회의 종말적 현상은 경제적 혼란에서 시작된다. 현재의 대다수의 국가들은 경제적인 발전에 힘입어 삶의 질 향상을 추구하고 있다. 그러나 상당수의 국가들은 국민복지와 포퓰리즘에 휘말려서 거품경기를 일으키고 적자재정의 함정에 빠져서 경제적인 위기에 처해 있다.

그리고 포퓰리즘으로 인해 생긴 거품경기는 금전만능주의와 더불어 불로소득과 과소비의 사회의식을 키운다. 그래서 국가적 차원에서 일어나는 경제위기에는 무기력하게 만든다.

지금 유럽의 여러 국가에서 연속적으로 일어나고 있는 재정위기는 이제까지 유럽에서 지속해온 포퓰리즘의 결과이다. 그리고 그들 국가들이 아직도 정치적 목적으로 포퓰리즘을 선택하여 국민들의 환심을 사려 하기 때문에 경제위기는 해결이 어려운 것이다. 또한 이렇게 발생된 유럽의 여러 국가의 연속적인 재정위기는 각 국가에 철저한 긴축정책을 요구한다. 그러나 해당된 국가들은 긴축으로 인한 내적 고통을 감당하기 어려워 격렬하게 반발하고 있다. 그리고 긴축으로 인한 내수 부진과 소비감소는 기반 산업을 더욱 위축시켜 고용불안을 증폭시키기 때문에 진퇴유곡(進退維谷)의 상황에 몰리게 된다. 이에 반해서 미국은 경기부양을 시키고 통화의 양적 완화를 채택하고 있다. 그러나 이러한 정책은 지금 당장 위기를 모면하고 경제위기를 해결한 것처럼 보이지만 또다시 반복되는 경제침체로 새로운 위기를 맞게 될 수밖에 없다.

미국이 경제위기를 쉽게 해결하기 위해 선택한 통화의 양적 완화는 미국을 극단적 인플레이션으로 이끌어 갈 것이다. 그래서 이러한 인플레이션은 일시적으로 고용이 증가되는 것처럼 나타나지만 결국 미국 사회의 하위계층에게 더 심한 빈곤과 경제적 어려움을 주기 때문에 상·하 계층 간의 심각한 갈등으로 비화된다. 그리고 계층 간의 갈등 증폭은 사회적 저항과 혁명을 유도한다. 이러한 일련의 진행은 그 시대의 사회적 종말 현상으로 나타나게 되며 많은 사람들에게 혹독한 시련을 요구하게 된다.

## (1) 경제적 어려움

금전만능주의의 특징은 금융산업의 극단적 발달로 인해 생긴다. 그리고 금융산업은 돈놀이가 주된 업무이다. 그래서 금융산업이 발달하면 할수록 손쉬운 돈벌이와 불로소득 의식이 키워져 생산과 고용 소비를 통한 실물경제는 위축될 수밖에 없다.

여기서 실물경제의 위축은 생산과 고용의 감소를 가져와 돈의 정상적인 흐름을 약화시킨다. 더불어 고용감소로 인한 내수침체로 개개인의 삶의 질이 저하되며 서민의 생활에 필요한 자금을 근로를 통해 벌어들이지 못하게 된다. 그렇기 때문에 부족한 생활비를 은행권의 대출에 의존하게 되며 이것이 가계부채를 증가시키고 상대적으로 소득이 감소되는 악순환의 고리가 만들어진다. 이러한 소득의 악순환 속에서 서민들은 소비에 필요 불급한 자금을 벌어들이기 더욱 어렵게 된다. 그리고 실물경제의 위축은 경기침체와 실업증가로 발전되어 실질소득이 감소되는 많은 사람들이 반사회적으로 변한다. 또한 경기침체는 빈부격차의 심화와 맞물려 우리 사회의 분배구조에 대한 회의를 갖게 하고 더불어 상대적 박탈감을 갖게 하는 요인으로 작용된다.

그래서 금전만능주의의 극단화는 실물경제를 위축시키고 경기침체와 실업증가 등의 경제적 어려움을 유발시키는 근본적인 요인으로 작용하여 우리 사회의 경제민주화를 저해하고 있는 것이다.

## (2) 사회계층 간 갈등

경제침체와 빈부격차의 심화는 사회계층 간 갈등의 주요인이다. 그리고 미국에서와 같이 경제적으로 불안한 상태에 처하면 지속적으로 통화의 양적 완화를 통해 해결하려는 것은 양호유환(養虎遺患)의 어리석음을 범할 수 있다. 특히 이러한 경제정책은 일부 부유층에게 더 큰 혜택을 주어서 부의 축적을 쉽게 하는 데 반하여 서민들에게는 인플레이션과 같은 경제적 고통을 키워 준다. 그리고 이 때문에 생긴 인플레이션은 급격하게 물가를 상승시켜 소득이 적은 서민의 생활을 더욱 어렵게 한다.

또한 정치적으로 급조된 포퓰리즘은 국민의 생활을 일시적으로 나아진 것처럼 보이게 하나 결과적으로는 국가재정의 파탄을 가져와 국민의 생활을 더욱 어렵게 만든다. 그러나 어느 시대 어떤 경우에도 정치지도자는 포퓰리즘의 유혹을 이겨내지 못한다. 그렇기 때문에 자신의 재임기간 동안이라도 무사히 넘기기를 바라며 정책을 펴나간다. 이것이 정치지도자의 딜레마이다. 더불어 기득권층에게 유리하도록 만들어진 법과 그것으로 보장된 경제 및 사회구조는 하위계층과 서민생활에는 상대적 박탈감을 주며 하위계층이 느끼는 박탈감은 계층 간의 상생 노력을 어렵게 한다. 또한 부의 대물림이 가난의 대물림과 연결되어 사회적 계급의 고착화를 가져오고 그 때문에 신분상승의 길이 막힌 하위계층의 반발이 계층 간 갈등을 증폭시킨다. 이러한 여러 가지 요인들이 금전만능주의로 인해 생긴 사회적 폐해 현상이다.

## (3) 일자리 부족과 실업

금융산업의 극단적인 발달이 금전만능주의와 함께 불로소득을 취하려는 사회의식을 고취시켜 성실하고 근면을 요구하는 생산과 절약이 필요한 소비의 실물경제를 훼손하고 있다. 이러한 실물경제의 훼손이 경제의 불균형을 유발한다. 특히 자본이 집중되거나 자금의 여력을 가진 대기업이 이익을 극대화하려고 구조조정을 하는 것도 경제의 불균형을 더욱 키우는 것이다. 그리고 이렇게 슬림화한 대기업은 고용을 감소시켜 우리 사회가 요구하고 기업이 분담해야 할 고용을 축소시키고 있는 것이다. 이것이 금전만능주의의 사회의식과 함께 더 높은 급료와 쉽고 편안한 일자리를 선호하게 하며 청년실업을 부추기면서 전체적인 실업률을 크게 증가시키고 있다. 더욱이 대기업 위주의 직업선택은 우리 사회의 고용의 대다수를 분담하는 중소기업을 등한시하게 되어 국가 백년대계에도 크나큰 손실을 주고 있다.

지금 우리 사회 속에서 대기업이 고용해야 할 일자리는 정해져 있다. 그래서 대기업 취업에만 집착하면 사회 전체적인 일자리는 부족해질 수밖에 없다. 그리고 대기업은 자신들의 이익을 극대화하기 위해 불필요한 고용분담은 꺼려하게 되어 기업의 채용기피 현상을 일으키게 된다. 그 때문에 사회적 일자리는 더욱 적어질 수밖에 없다. 또한 대기업은 이익을 키우기 위해 비정상적인 고용을 선호하게 되어 잉여인원에 대하여 비정규직화를 획책하게 된다.

우리에게는 일자리 부족도 문제지만 실업이 더 큰 문제이다. 청년, 중장년, 노년 실업은 경제성장과 단순히 일자리 확보만으로 해결이 안 된다.

## (4) 인플레이션과 빈곤의 만연

지금 미국은 자신들이 만들어 놓은 유동성 위기를 해결하기 위해 공적자금과 통화의 양적 완화라는 정책을 펴고 있다. 양적 완화라는 것은 돈을 계속 찍어내어 자신들의 경제적 어려움을 해결하겠다는 행위이다. 이렇게 양적 완화시킨 돈을 저리로 금융 분야에 나누어 주어 전 세계를 상대로 돈놀이하는 정책을 펴고 있기 때문에 금융기관에는 돈이 넘쳐나서 전 세계 사람들을 대상으로 빚쟁이로 만들고 있는 것이다. 그래서 우리나라도 그에 대한 영향으로 개인과 국가부채가 급격히 증가되고 있으며 미국 자본에 의해 경제종속이 진행되고 있다. 그리고 현재 각 국가가 국제적인 자원투기 세력을 통제하지 못하고 방임함으로써 원자재 값이 폭등하여 물가상승이 걷잡을 수 없는 상태가 되고 있다. 그래서 미국을 등에 업은 자원투기세력이 원자재 값을 마음대로 조절할 수 없도록 국제적 동조가 필요하다. 그렇지 않으면 미국이 양적 완화시킨 투기자금으로 인해 머지않아 우리도 극심한 인플레이션의 혹독한 어려움을 당할 것이다.

이러한 인플레이션은 초기에는 고용을 증대시키는 효과가 있으나 결국 물가상승으로 인해 소비를 극단적으로 위축시키고 소비위축은 재고를 누적시키며 결국 재고누적으로 생산을 감소시킬 수밖에 없어진다. 그리고 생산감소는 고용악화로 이어지고 그로 인해 개개인의 임금 및 실질소득은 감소를 가져오고 우리 사회를 극심한 경기침체로 이끈다. 더불어 극심한 경기침체는 계층 간 소비의 불평등을 유발한다. 그래서 생존에 어려움을 겪게 될 사회적 극빈자의 생활보조 및 복지비에 대한 국가부담이 상승되게 된다. 이 때문에 재정 확보와 외채 증가로 인해 국가의 재정지원이 한계에 도달하면 긴축 정책으로 전환될 수밖에 없다. 그래서 경제는 극단적으로 위축이 된다.

### (5) 국가 및 개인채무의 급증

포퓰리즘으로 인한 거품경기는 적자재정을 통해 해결이 가능하므로 국가부채가 급등하게 된다. 더불어 방만한 재정의 혜택을 받아 온 국민들은 생활비에서 부족한 소득의 필요자금을 손쉽게 금융기관의 대출을 이용해 해결하기 때문에 가계 및 개인채무가 급증한다. 그래서 방치된 포퓰리즘과 거품경기는 심각한 사회문제를 일으킨다.

지금 국가 및 공공기관의 부채는 각종의 불필요한 예산 낭비와 복지 정책으로 기하급수적 증가를 하고 있다. 그리고 이러한 외채의 급등은 국가에 대한 국제적 신인도를 저하시키고 어느 한계를 넘어서면 추가적인 외채를 구하기 어렵게 한다. 이러한 과정을 거친 것이 유럽의 여러 나라가 겪고 있는 경제위기의 실태이다. 또한 국가가 적자 재정을 운영하며 빌려 쓴 외채는 결국 국민의 세금으로 해결하여야 한다.

더불어 국민 개개인이 별도로 금융기관에서 빌려 쓴 돈은 개인이 갚아야 한다. 그래서 국민 각각은 국가의 부채와 개인의 부채를 동시에 책임을 져야 하기 때문에 국민들은 자기도 모르게 이중의 엄청난 빚을 지고 채무의 나락으로 떨어지고 있는 것이다.

청년에게 있어서 부채 급등은 금전만능주의의 팽배로 인한 과소비가 원인이며 이는 스크린(Screen) 방송연예 등의 향락 분야에 쓰인 무분별한 카드 사용이 주류를 이루고 있다. 그리고 중장년의 스포츠(Sports)와 도박 및 성(Sex) 분야에 많은 돈을 쓰게 된다. 더불어 노년층은 노후의 안정을 위하여 증권 투기나 투기성 펀드에 치중하여 자금을 증식시키려고 하다가 더 큰 빚에 휘말리게 된다. 이러한 것들이 개인부채의 급격한 증가를 만들어 결국에는 누구도 해결할 수 없는 상황으로 이끌어 간다. 더불어 청년실업, 중장년 퇴직, 노년은퇴와 맞물려 고용 없이 돌아가는 산업 자체가 우리 사회를 소득부재로 몰아가서 더욱 심각한 부채의 늪으로 이끈다. 이것이 국가의 정책에 대한 불신을 주면 기존 정치체제의 변화를 요구하게 되며 이 때문에 과격한 사회적 변혁이 발생될 수도 있다.

## (6) 무정부주의와 독재의 발호

기존 정치체제의 변화를 요구하는 시민혁명이 대안이 없을 경우는 무정부주의로 흐르기 쉽다. 이러한 무정부주의는 우리 사회를 더욱 혼란스럽게 만들어 새로운 정치체제를 요구하게 된다. 그리고 사회가 안정되기를 바라기 때문에 강력한 사회의 통제가 요망된다. 그래서 강력하고 일사분란한 집단인 군대에 의해 장악되고 또다시 군대조직에 의한 독재체제로 전환되기 쉽다.

우리들이 잘 알고 있는 노스트라다무스의 지구 종말 예언에서 살펴보자.

> "1999년 7번째의 달에
> 하늘에서 공포의 대왕이 내려오리라.
> 앙골마가 부활하리라.
> 마르스를 전후로 행복하게 지배하리라."

이것은 유태인인 노스트라다무스의 입장에서 예언되었을 것으로 생각된다. 다시 말해서 공포의 대왕이나 앙골마 모두 유태인 입장에서 큰 해가 되고 공포스러운 인물이라는 의미일 것이다.

여기서 1999년 7번째 달에 하늘에서 내려온다는 의미는 공포의 대왕이 탄생한다는 뜻으로 보인다. 그리고 그의 출신이 몽골(앙골마)계의 인물일 것이라 짐작이 된다. 또한 그가 성장하여 무엇인가를 이용해서 금전만능주의를 향유하며 살고 있는 유태인들을 제압하고 마르스(군대)를 통해 지배하여 행복한 사회를 구축했다는 의미일 것으로 짐작된다.

이것이 2000년대를 기점으로 극단적으로 변해가는 유태인 중심의 금전만능주의를 종말시킨다는 예언일 것이라고 생각되는 점이다. 특히 미국을 등에 업은 유태인의 돈놀이에 휘말려 전 세계가 피폐해 가고 있는 이 시점에서는 그들의 횡포를 막을 수 있는 유일한 대안으로 군대가 지명될 수 있다는 것으로 볼 수 있다.

# Part 03

# 미래 자본주의를 위하여

미래의 자본주의는 저절로 이루어지는 것이 아니다. 온고이지신(溫故而知新)과 같이 지나온 자본주의의 역사 속에서 우리가 경험하고 터득한 모든 것을 이용해 보다 나은 미래형 자본주의를 만들어야 한다. 지금의 금융자본주의는 우리가 겪고 있는 범세계적인 경제위기의 주원인이며 우리 사회에 만연된 금전 만능주의와 더불어 더 이상의 위기에 대한 대처 능력을 기대하기 어렵다. 그래서 우리에게는 새로운 자본주의의 출현이 절실한 것이다.

우리가 추구하는 미래형 자본주의는 기존 자본주의가 가지고 있는 장점들을 되살려야 한다. 그리고 지금까지 우리에게 각종의 해를 끼쳐온 금전만능주의의 폐해를 없애도록 경제원칙을 바로 세워야 한다. 특히 현재 우리 사회가 요구하는 경제민주화를 위해서 계층 간의 빈부격차를 줄이고 균형성장에 따른 적정한 소득 분배가 이루어지도록 하는 새로운 자본주의를 찾는 것이 가장 중요한 선결과제이다.

# 1. 미래자본주의를 위하여

## 1) 미래의 자본주의 제안

### (1) 새로운 자본주의의 필요성

#### ① 금전만능주의의 경제위기 대처능력 부족

유동성 위기는 그 자체로 끝나는 것이 아니다. 위기가 시작되면 투자 감소로 인한 생산성이 위축되고 생산성 저하가 고용을 축소시키며 고용이 감소되면 소비가 어려워져 소비를 줄어들게 하여 경제 전체에 위기로 전개된다.

이러한 유동성 위기는 유동성을 주도하는 금융 분야의 신뢰성 상실에서 출발한다. 더불어 금융 분야의 신뢰성 상실은 부동산, 증권, 펀드 등의 불로소득이 가능한 분야가 더 이상 부가가치 창출에 실패한 데서 기인한다. 또한 금융산업이 부의 증진을 위한 새로운 생산성을 창출해내지 못하는 것도 하나의 요인이며 파생상품이라는 다단계의 트릭에 빠져 모든 유동성을 망치기 때문에 증폭된다. 그래서 유동성 위기를 해결하기 위해 단순히 공적자금을 투입하는 것으로는 부족하다. 다시 말해서 이것은 일시적 미봉책에 불과하다. 만일 투입된 공적자금이 다시 금융트릭에 빠져 버리면 밑 빠진 독에 물 붓기 식이 된다.

그렇기 때문에 공적자금 투입이 최선의 해결책인 양 조급하게 시행해선 안 된다. 왜냐하면 공적자금 투입으로 인한 약효가 다한 다음에도 원초적인 해결이 안 된 경우에는 그때 가서 쓸 카드가 없어서 더욱 큰 위기에 빠질 수 있다. 그래서 유동성 위기도 그 원인 제공자인 부동산, 증권, 펀드 등의 금융산업 자체에 책임을 물어야 하며 대폭적인 구조조정이 필요하다. 그리고 금융산업의 철저한 규제를 전제로 하여 다시 시작되어야 한다. 더불어 유동성 위기를 미연에 방지하려면 사회 전체적인 경제적 눈높이를 낮추고 금융산업 분야의 고용을 활성화시켜야 한다.

우리가 갖는 사회적 불만은 자신과 같이 사회를 구성하고 있는 다른 구성원과 비교하여 갖게 되는 것이다. 구성원 서로가 가지고 있는 정도를 비교하여 행불행을 따지기 때문에 사회적 불만을 없애려면 공정해져야 한다. 특히 금전만능주의가 편하고 쉽게 살려는 집단의식에서 나왔고 방송언론에 의해 사회적으로 세뇌시켜 왔기 때문에 그들의 책임이 크다. 그리고 이렇게 심어진 집단의식은 자신이나 자신이 속한 집단의 기득권과 이익을 위해서라면 공정성도 무시하는 것이 문제이다. 그래서 집단의식에 의해 호도된 공정성을 되찾으려면 우선 사회적 혜택과 기득권을 가진 사람들의 사회적 위상과 소득을 낮추어야 한다. 그라고 대기업의 직원은 그 수를 대폭 늘려서 일자리 나누기를 하여야 한다. 이때 일자리 나누기는 두 가지 방법이 있다. 첫째는 근무시간 나누기요, 둘째는 월급 나누기이다.

## (2) 자본주의 논리의 건전성 상실

지금 우리 사회의 자본주의 논리는 금융산업을 합법화하여 돈으로 돈을 버는 불로소득을 당연시하고 있다. 그래서 금융산업을 통해 자연스럽게 배금주의와 물질만능주의를 배우고 금전만능주의를 사회 이념화시켰다. 그 결과 금전만능주의로 인해 여러 가지 사회적 폐단을 겪고 있으며 지금은 극단적으로 발달된 금융산업으로 별 노력 없이 큰돈을 벌 수 있게 되어 건전한 사회의식을 손상시키고 있다. 이렇게 건전성을 상실한 자본주의 논리가 일반화되면서 나태하고 방만한 국가 재정과 더불어 범세계적인 경제위기를 초래했다. 그리고 금융산업이 만들어 준 불로소득으로 손쉽게 살아가는 계층들의 수가 늘어날수록 우리 사회는 상호 불신과 계층 간의 빈부격차로 갈등이 심화될 수밖에 없다.

이러한 것들이 자라나는 어린 청소년들을 아무 노력 없이 적당히 쉽게 살 방법만 모색하도록 만들었다. 또 부모님만 잘 만나면 일생을 편히 먹고살 수 있도록 하였으며 살아가는 동안에도 요행수에 의해 횡재도 할 수 있도록 했다. 그리고 일확천금에 의해 번 돈으로 떵떵거리며 살아도 되는 것처럼 사회구조를 만들어 놨다. 이러한 잘못된 사회의식과 경제철학이 편히 쉽게 살아가는 집단의식을 키워 연예계와 스포츠 등에 삶의 목표를 두도록 만들었다. 이 때문에 자라나는 세대가 불로소득으로도 살아갈 수 있다는 것을 인식하게 되었으며 결국에는 우리 후손들을 나태하고 적당히 살아 갈 수 있도록 만들었다. 그래서 그동안 우리의 선조들이 근면하고 성실하게 노력해서 이루어 놓은 모든 것을 훼손시키고 있다.

현대 자본주의의 잘못된 경제논리와 금전만능주의에 의한 사회의식이 우리 후손들에게 심어지고 이어지게 하였기 때문에 우리의 발전된 미래는 기대하기 어렵다. 그리고 이렇게 잘못 키워진 사회의식은 후손들에게 건전한 노동에 의해 부를 축적하려는 마음을 잃게 하고 노력 없이 쉽게 살려는 의식을 키워 장차 다가올 경제적인 시련을 견디어내기 어렵게 만들고 있다.

더욱이 독재정치가 사라지고 민주화되면서 국가의 지도자들은 의식적으로 국민들의 호감을 사기 위해 정책적 포퓰리즘을 남발하고 있다. 그리고 이러한 포퓰리즘이 국민들에게 별 노력 없이 적당히 쉽게 사는 행태의 생활방식을 키워 주고 있다. 그래서 국민들은 포퓰리즘의 혜택 속에 거품경기에 심취하였으며 매 순간순간을 자기 방종에 빠져 즉흥적이고 임기응변적으로 살아가게 만들었다. 그리고 "신선놀음에 도낏자루 썩는지 모르고" 지내고 있다. "썩어가는 도낏자루는 언젠가 자기 발등을 찍을 것"이라는 점을 잊지 말아야 하며 그것이 지금 우리에게 나타난 세계적인 경제위기이다.

또한 우리 사회를 주도하는 방송연예계나 스포츠 분야에는 포퓰리즘과 배금주의 금전만능주의 등의 온갖 사회악적인 요소들이 모여 있다. 그래서 자라나는 세대의 건실한 미래설계를 망치고, 노력 없이 쉽게 인기에 영합해 사회적 혜택을 받는 계층을 양산하고 있다. 그리고 이것을 추종하는 세대가 우리의 다음 세대를 이어서 성장하고 있으며 그들 누구도 힘든 일을 하려고 하지 않는다. 그렇기 때문에 우리가 미래에 희망하는 좋은 사회는 이루어지지 않을 수 있다. 그것이 우리가 기존의 자본주의 논리를 바꾸어 보다 건실한 경제논리를 찾아야 할 이유이다.

## (3) 잘못된 배금주의 경제논리

현대 사회의 가장 잘못된 사회현상 중 하나는 배금주의와 금전만능주의이다. 우리의 경제가 금융산업에 대한 맹신으로 인해 불로소득을 재테크라고 잘못 인식하고 있으며 불로소득이 마치 하나의 사회적 혜택과 덕목인 것으로 치부하고 있다. 그렇기 때문에 대다수의 사람들은 하기 힘든 노동보다는 그저 편안하게 살려고 하는 사회의식이 팽배해 있다. 그리고 이러한 사회의식은 돈으로 돈을 만드는 투기적 사고와 맞아떨어져 돈을 숭배하는 배금주의로 발전되었다. 이렇듯 배금주의는 우리의 잘못된 경제인식에서 나온 자본주의의 변종으로 지금 우리가 겪고 있는 범세계적인 금융위기의 중요한 원인이 되고 있다.

더불어 배금주의가 우리 사회에 악영향을 끼친 것은 돈이면 무엇이든 다 된다는 사고방식과 인간의 가치를 돈으로 평가하고 그것으로 사회가치의 척도로 삼는 의식을 키워 준 것이다. 이러한 배금주의가 "유전무죄 무전유죄"라는 자학적 속어를 만들고 경제불균형에 의한 빈부격차로 사회계층 간의 위화감을 키웠다. 이렇듯 배금주의는 우리 사회를 황폐하게 하는 잘못된 경제논리임에도 불구하고 오히려 돈이라는 매개체를 통하여 우월적 위치를 갖고 사회 전반에 큰 피해를 끼치고 있는 것이다.

배금주의의 또 다른 문제는 돈에 의한 사회지배이다. 즉, 돈을 어떻게 버느냐와 어떻게 쓰느냐에 대한 사회적 제약이나 절제가 없다는 점이다. 그래서 돈을 버는 방법에 대한 정당성도 정직성도 요구되지 않는다. 이것이 지금 우리 사회 속에서 서로를 신뢰하지 못하게 되는 원인이 되고 있다. 또한 돈을 쓰는 방법에 있어서도 절제와 적절성이 지켜지지 않아 흥청망청 쓰기 때문에 계층 간의 심각한 위화감을 주고 있다.

우리 사회 속에 존재하는 돈의 총량은 정해져 있다. 그 돈을 어느 누가 자신에게 부여된 기득권과 혜택을 통해 많이 차지하게 된다면 나머지 사람들이 적은 돈을 가지고 나누어야 한다. 그렇기 때문에 사회적 불공평이 생긴다. 이러한 불공평은 사회적 위화감과 더불어 우리 사회를 심각한 위기로 이끌어 간다.

만일 배금주의가 정당한 경제논리에서 나온 것이라면 누구라도 수긍할 수 있다. 그러나 배금주의는 불로소득과 연관되어 사회적 위화감을 주고 있으며 빈부격차를 만들어 사회적 불만을 증폭시킨다. 그리고 배금주의는 정당하지 못한 금전만능주의와 불로소득의 관점에서 출발한 경제논리이기 때문에 우리 사회의 발전적인 미래를 위하여 사회적 합의에 의해 소멸시켜야 할 잘못된 경제의식이다.

## (4) 자본주의 원칙 재정립

금융산업이 가지고 있는 경제재의 유동성은 시중에 통용되는 화폐의 유동성과 같이 인간의 사욕이 개입되면서 비정상적인 팽창을 해왔다. 그래서 금융산업은 경제체계 내에서 자신의 본분인 유동성을 활성화시키기보다는 개별적 부의 축재나 돈놀이의 비정상적 유동성만 키워 왔다.

토머스 그레셤(Thomas Gresham, 1519~1579)의 "악화가 양화를 구축한다"라는 말과 같이 건실한 노력과 근로 없이 쉽게 돈으로 돈을 벌수 있는 비정상적인 화폐의 유동성은 정상적인 돈의 역할을 경시하게 만들었다. 그래서 지금은 비정상적인 화폐의 역할이 오히려 본질이 된 것처럼 주객이 전도되는 상황에 이르렀다. 그리고 인간과 경제주체 간의 이기심이 키워온 비정상적인 화폐의 유동성은 악화가 양화를 몰아내듯 하여 이제는 우리 경제를 주도하고 있다.

최근 우리에게 닥쳐왔던 미국발 유동성 위기는 이제 더 이상 돈놀이에 치중하는 비정상적인 화폐의 유동성을 우리 사회가 용납하지 못한다는 뜻이다. 거짓과 허황됨이 오래 못 가듯 비정상적인 화폐의 유동성도 그 한계에 도달해 가고 있는 것이다.

과거 16세기 영국이 당시 경제를 어렵게 만들었던 악화를 몰아내고 새로운 양화의 시대를 열었듯 우리는 화폐의 유동성을 경제의 보조재로서 역할을 다할 수 있게 정상적으로 되돌려 놓아야 한다. 그 되돌아가는 방법은 악화를 통제하는 것에서 찾아야 한다. 즉, 악화가 원형의 금화 둘레를 깎고 절취하여 이득을 취하는 과정에서 발생되었기 때문에 더 이상 금화를 절취할 수 없도록 금화 둘레에 톱니를 두어 손상시키지 못하게 하듯이 금융산업에 한계를 부여하고 규제를 하여야 한다. 그래서 더 이상의 비정상 유동성으로 진행되지 않도록 조치하는 것이다. 다시 말하면 유동성이 자기 본분의 역할로 돌아가도록 해야 한다는 뜻이다.

자본주의 초기의 유동성은 실물경제를 통해 존재하고, 생산과 소비를 촉진하고, 고용을 원활하게 하여 개개인의 자산 축적과 증진을 보조하였다. 이것은 마치 조강지처가 내조하듯이 유동성은 자신을 겉으로 드러내지 않고 경제를 위해 기여하고 노력했던 것이다. 그러나 지금은 "안에서 깨진 쪽박 밖에선들 안 깨지냐"는 듯 자신이 겉으로 돌출되어 오히려 실물경제의 주인 행세를 하는 것이 문제인 것이다.

바로 이것이 현재의 유동성이며 금융산업이다. 그리고 우리가 경제의 기본원칙을 바로잡고 다시 세워야 할 이유이다. 그래서 이제까지 우리가 신봉해온 현대경제학을 재검토해봐야 하며 그에 따른 정당한 경제학이론을 다시 세워야 한다. 그리고 이것은 의식 있고 혁신적인 경제학자들의 몫이다.

## (5) 자본주의와 경제혁명

『과학혁명의 구조』에서 토머스 쿤(Thomas Kuhn)은 우리 사회에서 파생되는 여러 가지 문제를 기존의 정치제도가 해결할 수 없을 때 정치적인 혁명이 일어나듯 과학에서도 혁명은 일어난다고 했다. 이것은 기존의 과학자들이 기존 방식으로 자신들에게 당면한 문제의 패러다임을 해결하기 어려워질 때는 개혁적인 과학자들이 새로운 패러다임을 들고 나와 그에 대한 해결책을 제시한다고 하는 의미이다. 그런 후에 기존과 새로운 패러다임 상호 간에 경쟁을 통해서 새로운 패러다임이 기존의 것을 대체하게 되는 것을 과학혁명이라고 주장했다. 이러한 패러다임의 전개는 사회분야에서 이야기하는 정·반·합의 변증법적 진행 과정과 유사하다.

지금 우리는 유동성 위기라는 경제적 위기의 중심에 있다. 다시 말하면 이제까지 우리가 신봉해온 자본주의를 바탕으로 20세기에 형성된 경제논리에 문제점이 생겼다는 이야기이다. 이러한 문제점이 어디에서 나오든 그것은 경제의 낡은 패러다임에서 산출된 것은 틀림없는 사실이다.

애덤 스미스(Adam Smith)의 『국부론』에서 시작된 고전경제학의 원류에서 1770년대 사회적 생산에 대한 노동의 역할을 주장한 것이 하나의 패러다임이라면, 제2차 세계대전 이후의 경제논리인 노동이나 생산성 없이도 돈으로 돈의 부가가치 창출이 가능하다고 하는 새로운 경제체계를 만든 것이 또 다른 패러다임이다. 그러나 노동과 생산성 없이 불로소득으로 이루어지는 돈의 부가가치 창출은 결국 그 한계에 도달해 유동성 위기를 맞게 되었던 것이다.

이러한 유동성 위기는 이제까지의 경제적 문제와는 전혀 다른 형식으로 나타나 우리 사회에 지속적인 위기의식을 주고 있다. 그리고 새로운 가치체계를 요구하기 때문에 우리는 새로운 경제 패러다임이 필요한 것이다.

우리는 역사 속에서 다수의 중요한 혁명을 겪어 왔다. 그중 하나는 1789년 프랑스 대혁명이고 또 다른 하나는 1917년의 러시아 혁명이다. 이 두 가지 혁명의 공통점은 피압제하에 있던 시민들이 빈부격차와 경제적 어려움 때문에 그 당시 지배계급에 반발하여 일어난 일종의 경제혁명이다.

더욱이 이러한 혁명은 약 120년 간격으로 일어나는 경향을 가지고 있다. 그렇기 때문에 이번과 같은 유동성 위기는 그 시기를 놓치면 안 된다. 위기의 본질적인 해결에 대한 시기를 놓치면 과거의 혁명과 같이 경제혁명으로 전환될 위험이 크기 때문에 더욱 심각하다.

## (6) 새로운 패러다임이 필요

자본주의 경제논리는 중상주의 이후 지속적으로 발전해왔으며 현재는 미국 중심의 신자유주의 사조에 의한 금융자본주의 논리이다. 이것은 금융산업 위주로 교환가치를 가지고 있는 돈의 부가적 가치를 극대화시키는 관점에서 비롯했다. 그러나 어떠한 일이라도 그 한계가 있으며 정도가 지나치면 역작용과 부작용이 나타나게 마련이다. 그래서 올바른 경제논리가 되려면 적절한 범위 내에서 돈이 부가가치를 창출하고 그것을 통해 사회에 혜택이 부여되는 논리이어야 한다. 그런데 지금은 돈의 부가가치 창출 정도가 지나쳐서 불로소득의 논리로 빠진 것이 문제이다. 그래서 현재의 자본주의 경제논리는 우리 사회에 배금주의와 금전만능주의의 잘못된 사고방식을 심어 놓았으며 그로 인해 빈부격차 및 일확천금과 같은 사회악을 키워놓았다.

누구는 열심히 일해서 사회에 기여하며 간신히 입에 풀칠하며 살아가고 있는데 누구는 돈을 가지고 돈놀이, 부동산투기, 증권투기, 사채놀이, 펀드, 각종 금융운용 등의 방법으로 불로소득을 취해 떵떵거리며 살아가고 있다면 이것은 명백한 사회 불합리이며 불공평이고 이제는 고쳐져야 할 구시대의 악습이다.

유동성 위기는 잘못된 경제논리에 빠져 사는 우리의 현대사회에 주는 하나의 경종이다. "일하지 않고 노는 자는 먹지도 마라"라는 교훈이 무색해진 현대사회는 돈놀이와 투기가 판치는 경제악습이 일반화된 사회이다. 지금 누구도 노동과 고생을 통해 부를 취득하려고 않는다. 오히려 열심히 노력해서 돈을 버는 것을 비웃고 있다.

쉽게 돈을 벌고 노력 없이 이득을 취하며 편안하게 살려는 것은 인간의 본성이다. 그러나 자연에서 우리가 교훈을 얻듯이 노력 없이 공짜로 먹고살려는 사고방식은 재앙을 불러들인다. 그래서 지금 우리는 잘못된 경제논리에 의해 범세계적인 경제위기를 맞고 있는 것이다. 이제부터는 돈의 지배에 의한 배금주의와 금전만능의 불로소득 경제논리에서 벗어나야 한다. 그리고 보다 견실하게 서로가 노력하며 자수성가할 수 있도록 성실과 근면을 통해서만 부를 축적해야 한다. 더불어 그 혜택을 사회에 나누어야 하는 새로운 경제체계가 만들어져야 하며 과거와는 다른 새로운 경제 패러다임이 설정되어야 한다.

## 2) 미래의 자본주의

### (1) 균형자본주의

민주주의의 기본원칙은 최대다수의 최대행복이다. 이러한 최대다수의 행복 원칙이 이행되기 위해서는 사회적 빈부격차나 불평등 요소를 최소화하여야 한다. 또한 계층 간의 갈등과 반목을 줄여 사회발전에 더 큰 원동력을 얻도록 하여야 한다.

그러나 현재의 자본주의는 자유방임적 금융자본주의이다. 그래서 돈이 많을수록 부의 축적도 쉽게 할 수 있도록 되어 있다. 그 때문에 빈부격차와 자본의 양극화가 갈수록 심해져 사회적 부조화를 불러오고 있다. 이러한 원인 중의 하나는 경제학의 고전인 애덤 스미스의 『국부론』의 영향에 의한 것이다. 그리고 이 이론이 현대 경제논리로 계속 이어져 오면서 지속적인 영향을 끼치고 있다. 이것은 경제운영의 원칙을 "보이지 않는 손"인 시장경제의 자율에 맡겨야 한다는 방임적 논리에서 시작한 것이다. 그래서 국가는 자율과 방임으로 자본시장을 방치하고 있으며 이 때문에 현재의 자본주의는 사회적 불공정 및 부의 집중이 한쪽으로 편재되는 이상 현상이 발생되고 있는 것이다. 이러한 자유방임 논리의 시장자본주의가 민주주의 근본 원칙을 훼손시키고 사회적 부조화를 만들고 있는 것이다.

특히 자유방임적 금융자본주의는 국가의 조절기능을 약화시키고 독점적 자본논리가 우선되는 편협된 사회를 만들었다. 그리고 사회적 격차를 더욱 심하게 만들어 극소수의 부를 가진 자를 제외하고 대다수의 사람을 빈곤한 서민으로 전락시켰으며 대다수의 중산층도 빈부격차에 따른 상대적 박탈감을 갖게 하였다. 그래서 민주주의의 대원칙인 최대다수의 최대행복과는 거리가 먼 방향으로 우리 사회를 이끌어가고 있다. 이것이 새로운 자본주의를 만들어 경제민주화를 이루어야 하는 가장 큰 이유이다.

우리 사회는 자유방임적 자본주의 논리에서 벗어나야 한다. 그리고 민주주의의 목표인 최대다수의 최대행복으로 나아가려면 경제정의에 입각한 새로운 경제 패러다임이 만들어져야 한다. 그것이 바로 균형자본주의일 것이다.

균형자본주의란 말 그대로 균형이 잡힌 자본주의를 이르는 말이다. 다시 말해서 기존 자본주의에서 보여준 일방적 시장원리를 탈피하고 국가의 조절기능을 활성화시켜 경제적 균형을 이루는 사회를 만들자는 것이다. 그래서 자유방임적 자본주의 체제를 벗어나 빈부격차도 줄이고 사회적 소외자도 감소시킬 수 있도록 하자는 것이다. 그렇게 하려면 국가 조절 기능을 통해 경제체계의 순리를 되찾아야 한다.

우리 사회 속에서 자본주의 체제가 균형을 이루려면 경제적으로 공평해야 한다. 그리고 사회적으로 조화를 이루어야 한다. 더욱이 경제적으로 공평성을 갖추려면 소득과 분배 등의 경제행위에서 공정해야 한다. 또한 법적인 평등성이 보장되어야 한다. 더불어 사회적으로 조화가 이루어지려면 다양한 계층의 무분별한 요구사항이나 방임적 시장경제를 국가가 적절히 통제하고 조절해야 한다. 그리고 사회적으로 상생을 위해 화합이 되어야 한다. 그렇게 하기 위해서는 우선 공평의 원칙에 의한 공정과 평등 논리를 정확히 규명하고 그 원칙에 따라 사회적 가치 기준을 다시 재정립해야 한다. 그리고 조화의 원칙에 의해 조절과 화합의 논리를 바로 세워야 한다.

여기서 공평과 조화는 공정과 평등 그리고 조절과 화합을 의미한다. 공정은 공정한 경제운용 및 사회적 조건을 뜻하며 평등은 법의 적용에 있어서 모든 조건이 평등해야 한다는 의미이다. 또한 조절은 균형자본주의가 공평한 상태를 유지하도록 국가의 적절한 조정과 조절을 활성화하는 것이다. 그리고 그 결과가 상생을 위한 화합을 이루도록 하는 것이다.

우리는 균형자본주의를 통해서 금전만능주의의 폐단을 줄일 수 있다. 그리고 여러 분야의 사회적 이데아를 창출하고 존중하여 경제정의를 이루고 최대다수의 최대행복이라는 민주주의의 목표에 도달하는 새로운 사회를 만들 수 있을 것이다. 또한 이러한 과정을 거쳐 경제를 재정립시켜야 우리가 소망하는 경제민주화의 길로 나아갈 수 있다.

## (2) 중산(사회)자본주의

중산자본주의는 우리 사회의 중추적 역할을 하고 있는 중산층을 중심으로 균형 잡힌 부의 집중과 분배를 이루어 상위계층을 견제하고 하위계층을 받아들일 수 있도록 하는 계층 융화적인 자본주의를 만들자는 것이다. 그리고 이 경우의 중산층은 신분상승의 중개역할을 하며 상존해 있는 사회적 불평등 요소를 줄여주고 최대다수의 최대행복이라는 민주주의의 이념을 실천해주는 중요한 역할을 한다.

그래서 중산층이 주도하는 중산자본주의는 경제민주화의 목적인 균형분배와 적정한 소득을 보장하여 빈부격차에 대한 적극적 해결법이 되며 경제적 안정에 크게 기여할 수 있다. 특히 자본주의의 가장 큰 문제점인 상위계층의 부의 집중을 막고 부의 적절한 분산을 통해 하위계층의 불균형 분배를 줄일 수 있다는 점이 장점이다. 또한 중산자본주의는 계층 간의 부의 집중 혹은 분산에 중산층이 적극 개입하여 자본의 선순환을 유도하고 자본의 선순환을 통해 수출과 내수의 조화를 이룰 수 있는 경제구조를 이룩하는 자본주의의 한 형태이다.

이러한 중산자본주의를 통해 자본의 집중을 막고 금융산업의 전횡에 의한 빈부격차를 감소시킨다. 그리고 이것을 통해 금전만능주의의 폐해를 줄이고 불건전한 사회구조를 개선하여 미래 자본주의의 새로운 방향을 찾을 수 있다. 더불어 중산자본주의는 안정과 지속적인 발전을 목적으로 사회적 합의에 의해 자본의 역할을 재정립하는 역할도 한다. 여기서 안정은 사회적 계층의 분화가 확립되고 소득이나 분배에 있어서 빈부격차를 최소화시킬 때 나타난다. 계층 간의 불평등은 중산층을 위축시키고 상대적인 박탈감으로 반사회적으로 변할 수 있기 때문에 문제가 된다.

중산층의 지속적인 발전은 지금 당장의 불만을 잠재우고 미래 희망을 향해 계속 나아간다는 차원에서 절대 필요한 것이다. 그리고 많은 사람들에게 기존의 계층 간 격차를 좁히거나 신분상승의 기대감으로 다소의 희생을 감수할 수 있다는 점에서 절대적으로 필요하다.

### (3) 실용(국가)자본주의

실용자본주의란 자본주의가 실용주의의 원칙하에 자본주의의 이념을 살리는 좀 더 진보된 국가주의적 자본주의를 말한다. 특히 이것은 국가 주도형의 자본주의이다. 그리고 현재와 같이 극단적인 금융자본주의의 피해 대상자가 일반서민이라는 점에서 국가의 적극적 개입이 필요하다는 것이다. 그래서 금융자본으로부터 국민의 직접적인 피해를 줄일 수 있다는 점에서 유효하다.

자본주의 사회가 실용주의를 통해 발전하려고 한다면 국가 주도하에 적절한 실용주의 이념을 조성하고 바로 세워야 한다. 그리고 그 이념에 대한 범국민적 교육과 설득을 통한 이해를 키워 국민의 호응에 의해 진행되어야 한다.

앞으로 우리가 지향해야 할 실용주의 이념은 현재 우리가 처한 상황에 비추어 보았을 때 여러 가지의 선행 조건이 필요하다.

첫째는 효율성이다. 효율성을 보장하려면 합리성이 우선되어야 한다. 또한 이러한 합리성은 법과 원칙에서 나온다. 이렇듯 실용주의가 사회보편적인 철학이 되려면 사회가 요구하는 화합과 상생의 기본원칙이 정해지고 그 원칙에 따라 법이 뒷받침되는 사회가 만들어져야 한다. 그리고 합리적 사고와 조직운영 체계가 갖춰져야만 사회 각 분야의 효율성이 이루어질 수 있다.

둘째는 공리성이다. 우리가 공리성을 이루려면 사회 각 분야의 구성원 상호 양보를 통한 협력 체계가 이루어져야 하고 이를 위해서는 상호 설득이 전제되어야 한다. 즉, 사회구성원 간의 협의를 통해 설득하고 양보하게 하여 그 결과가 공공에 이익이 되어야 하며 공익 실현을 목표로 하여 모든 것이 진행되어야만 비로소 실용주의적이라고 하겠다.

셋째는 단순성이다. 단순성은 불필요한 요소가 적다는 것이며 이러한 불필요 요소를 줄이려면 필요 불가결한 부분을 제외하고 사회기구의 적절한 축소가 필요하다. 사회조직체가 형식주의와 편협된 이념에 치우쳐서 위인설관(爲人設官)하여 사회구조를 복잡하게 만들면 사회통제도 어렵기 때문에 불필요한 사회적 비용이 증가된다. 그래서 축소지향적 기구 조정을 통해 사회적 부담을 줄일 수 있으며 이는 역으로 사회구성원의 이득으로 전환될 수 있다. 다만 기구 축소의 시작은 사회적 요구가 전제되어야 하며 그 요구는 선진화의 목적에서 시작해야 한다.

넷째는 개혁성이다. 그러나 개혁은 보수를 아우르고 동참케 하여 혁신으로 유도해야 한다. 보수는 기득권층을 이루고 있어 단순한 보수적 이념만으로 그들이 자신의 기득권을 유지하고 확장하려 하기 때문에 사회적 갈등의 원인이 되어 실용주의가 이루어지기 어렵다. 그래서 고질적 보수주의는 실용주의가 되지 못한다. 이러한 보수주의의 문제점 때문에 점진적 개혁이 필요하다. 개혁의 시작은 나로부터 솔선수범하여 내 주변과 더 나아가 우리 사회 전반으로 확장시켜 나아가야만 비로소 실용주의가 자리 잡을 수 있다.

다섯째는 과학기술화이다. 현대와 미래의 인간 삶의 근간은 과학기술을 통해 발전되고 삶의 질이 향상되기 때문에 포퓰리즘으로 가는 경제논리나 문화사회적 욕구에만 충실하다 보면 과학기술은 소외될 수밖에 없다. 그리고 이러한 과학기술의 소외가 우리 사회를 후퇴시켜 미래선진화 사회에 대응할 수 없게 한다. 우리는 보다 많은 과학기술의 육성화를 통해 미래지향적 사회의 실용주의를 이룰 수 있다.

여섯째는 근검성이다. 근검성은 산업화 사회의 가장 큰 덕목이다. 그러나 선진화 사회에서도 사회를 구성하고 있는 개개인에게 요구되는 중요한 실용주의의 이념이다. 더욱이 우리의 현실과 같이 위기의 시대를 헤쳐 나가려면 방만한 삶의 향유보다는 근면검소를 통해 해결의 방법을 찾아야 한다.

이상에서와 같이 실용주의 이념을 통해 자본주의의 새로운 지평을 열려면 정부와 금융기관의 효율성을 높여 보다 합리적인 구조조정과 개혁이 선행되어야 한다. 그리고 공리성에 입각해 공공의 이익이 될 수 있도록 감세 정책을 세워 은행의 대출 부담을 감세로 해결해 주어야 한다. 또한 세계적인 추세인 금리를 낮추기보다 오히려 정반대로 인상시켜 저축을 증대하여야 하며 추후로 계속될 금융위기의 최종 카드로 남겨 놓아야 한다. 또한 복잡화한 금융파생상품 및 펀드 등의 투기성 자금의 흐름을 단순화시키고 통제를 하여야 한다. 덧붙여서 국민의식에는 근면성을 고취하여 과거 우리의 덕목이었던 자수성가와 같이 성실한 노력과 저축을 통해 부를 취득할 수 있는 길을 열어 줘야 하며 그것을 통해 명예로움을 갖도록 한다.

또한 실물경제와 고용을 중심으로 한 국가산업자본주의로 기존의 수정자본주의의 장점인 국가주도형의 자본의 분배와 복지의 합리적 집행에 절대 고용 완수라는 부차적 목적을 가지고 있다.

이는 현재의 과도하게 발달된 금융산업 주도의 자본주의를 억제하고 고용을 통해 생산과 소비의 자본 순환을 통한 돈의 회전을 원활히 하여 계층 간 부의 분배를 조절하고 빈부격차를 줄여야 한다.

국가자본주의의 목표는 국가가 방임적 자본주의 아래에서 마음껏 전횡하고 있는 금융자본을 견제하고 각 계층 간의 사회적 격차를 줄이기 위해 국가의 조절기능을 이용하여 분배 정의를 이루는 것이 최우선이 된다.

## 2. 미래 자본주의와 경제민주화

### 1) 생산, 산업

#### (1) 과학기술 중심의 산업구조

인간은 빈약한 도구를 사용했던 원시인에서 진화되어 21세기의 과학문명사회를 이루었다. 그러나 지금의 발전 속도로 보아서는 미래에 어느 정도까지 더 진화되어 어떠한 과학기술문명을 이룰 것인지 상상하기조차도 어려울 정도이다. 미래의 세계는 더 먼 우주로 나아가고 깊은 바다의 심연에까지 인간의 손이 안 미치는 곳이 없어질 것이다.

이러한 미래세계는 결국 과학기술의 발달에 의존할 수밖에는 없을 것이며 보다 나은 선진기술과 과학에 기초한 산업발달은 국가 간의 경쟁력에서 우리를 우월한 위치에 놓이게 할 것이다. 그리고 미래 국가의 부를 확보해주어 민족의 생존에 절대적 영향을 줄 것이다.

옛날에 아메리카에도 발달된 인디언 문명이 있었다. 그러나 그보다 과학기술이 발달한 유럽국가에 의해 유린되어 지금은 그 흔적조차 찾아보기 어렵다. 지금도 과학기술에 의한 혜택을 받지 못하는 인디오들은 그 사회에서도 하층계급을 형성하고 있다. 이렇듯 과학기술은 국가와 민족의 안위에 절대적인 영향을 미치고 있다. 그럼에도 불구하고 과학기술 분야가 금전만능주의에 소외되어 지금 누구도 과학기술 분야(이공계)로 진로를 선택하는 사람이 없다. 이것이 우리의 미래를 위해서는 큰 재앙이 될 수 있으며 이 때문에 정책 입안자들은 과학기술 분야의 육성에 대하여 많은 신경을 써야 한다. 그래서 지금도 특별한 예산을 배정하는 등의 여러 가지를 고려하여 정책을 세우고 있다. 그러나 이것은 현재 과학기술 분야가 어떠한 이유 때문에 소홀히 되고 있는지 모르면서 정책을 입안해서 추진하고 있는 것이며 정책적인 과학기술 육성은 일시적인 미봉책이 되어 예산만 낭비할 뿐이다.

그나마 이러한 예산도 없앨 경우에는 그다음의 과학기술 진흥이란 정책 자체도 무용지물이 된다. 그리고는 실효성 없는 정책이 되어 과학기술 분야의 상황만 더욱 나빠질 것이다.

왜 우리 사회가 이공계 분야를 경시하게 되었는지에 대한 원인을 정확하게 알아야 한다. 그리고 그에 대해 적절한 조치가 집행되어야 한다. 그럼에도 불구하고 지금까지 그 원인에 대한 분석은 전혀 이루어지지 않고 있다. 그래서 원인을 찾기 위해 외환위기 이전을 살펴보자. 그 당시 우리 사회에서의 이공계 대학진학률 및 우수학생의 지원율은 지금에 비해 월등하게 높았다. 그러나 외환위기 이후에 모 정권의 말기로 가면서 점점 이공계를 기피하는 현상이 나타났다. 그리고 지금까지도 그러한 현상이 더욱 심화되고 있는 것이다. 이것은 과거 정권에서 무엇인가의 잘못된 정책이 이공계 기피현상으로 나타났다는 것을 우리는 추론해 볼 수 있다. 그러면 이공계 기피현상의 가장 큰 원인은 무엇인가 살펴보자. 우리는 과거 모 정권 초기에 외환위기와 IMF의 지배를 벗어나려고 공적자금 투입이라는 미봉책을 썼다. 그래서 그 과정에서 외국돈을 200조 원 가까운 돈을 빌렸다. 그리고 그 대부분이 아직도 한국사회에 남아 경제, 사회, 문화 등 모든 면에 영향을 미치고 있다.

경제적인 측면에서 본다면 외국에서 빌려온 돈은 은행의 잉여자금으로 존재하며, 결국 부동산 및 증권 등의 투기 자금화하였다. 그리고 그 돈은 금융대출 등의 방법으로 국민들을 알게 모르게 채무자로 만들었으며 지금도 외국에서 싸게 빌린 돈을 이용하여 은행은 국민 개개인에게 소매대출을 통해 이익을 취하고 있다. 즉, 금융기관들은 예대상계의 마진을 취하기 위해 주택담보 대출 등으로 개개인의 월급을 착취하고 있는 것이다.

그래서 개인은 자신도 모르는 외국돈의 이자를 월급에서 착취당하게 된 것이다. 이러한 이유로 내수 소비에 쓸 돈들이 외국에 자동적으로 유출되기 때문에 내수산업이 피폐화될 수밖에 없다. 그리고 금융대출의 거품에 의해 집값이 급격히 상승하게 된 것이며 자금은 오히려 경기침체와 더불어 답보상태에 빠져 있다. 더욱이 이러한 악순환 과정에서 제조업은 자본이 취약해지고 기업자금을 구하기 어려워 도산이 되는 상황이 벌어졌다. 또한 부동산 투기에 의해 집값상승 혜택을 본 사람은 부동산의 실물가치가 하나도 늘지 않은 것은 무시해 버리고 마치 쉽게 돈을 벌 수 있다는 착각을 하게 되었다. 그래서 머리 쓰고 힘들여 연구하는 과학기술 분야가 3D업종으로 변화된 것이며 그에 따라 과학기술자들은 사회적 박탈감을 갖게 되어 전반적으로 이공계 기피현상이 일어난 것이다. 그러나 국가는 이러한 현상이 무슨 새로운 사회현상인 양 원인에 대한 분석 없이 적당히 얼렁뚱땅 정책을 세워 나가고 있다. 그렇기 때문에 아무리 좋은 정책을 세워도 효과가 없는 것은 당연하다. 원인에 대한 구체적 조치는 우선 국민경제 속에 숨어들어간 불필요한 외채를 빨리 제거하여야 한다. 그리고 노력 없이 쉽게 돈을 벌 수 있다는 사회적 의식을 뿌리 뽑아야 한다.

또한 한국은행을 통한 국가의 개입을 최소화하고 은행의 금리를 현실화하여야 한다. 그렇게 해서 떠도는 외채성 투기자금을 억제시키는 방법이 이공계 살리기의 최선의 정책임을 인식해야 할 것이다.

우리 산업경제의 중요한 특성은 국가적 자본의 부족과 자원의 부족이다. 다만, 과거 경제개발과정에서 보여 왔듯이 부족한 부분에 대하여는 외자(해외자본)와 외채를 통해 보충해왔다. 그리고 그것에 인적자원을 적절히 활용하여 사상 유례가 없는 경제성장을 해왔다. 그러나 경제성장은 스프링의 경우와 같다. 초기에는 적은 힘으로도 잘 수축하다가도 어떤 단계에 이르면 더 큰 힘으로 압력을 주어도 수축의 정도가 적어진다. 이렇듯이 경제선진화의 단계도 발전이 될수록 성장의 둔화로 인해 노력만큼의 성과가 나타나는 것이 아니다. 오히려 지수함수적으로 성과가 급속히 감소하여 저성장화된다. 그래서 후기로 갈수록 경제개발 초기와 동등한 성장을 이루려면 몇 배나 더 큰 노력이 필요하다. 그럼에도 불구하고 노력 없이 분배를 요구하는 계층 및 집단 이기심만 늘어나 더 적은 노력으로 더 많은 성과를 바라는 것은 잘못된 생각이다.

지금도 국가재정은 적자 기조를 유지하고 있으며 자원 및 자본 부족분에 대해서는 상당수 외부에 의존하고 있다. 그러나 실제적으로 중요한 장점인 인적자본에 대한 활용극대화에는 실패하고 있다. 더욱이 국가 최고지도자들이 과학기술에 대한 정확한 관념조차 없는 비전문가 출신들이 계속되고 있어 과학기술 진흥에 실제적으로 도움이 되는 정책이 나오지 못하고 있다. 또한 돈놀이(금융, 증권 등)와 부동산 투기 등에 대하여 미래 그 폐해가 어떻게 나타날지에 대한 판단을 정확하게 갖고 있지 않아 심히 우려가 된다.

더욱이 우리의 미래에 대한 유일한 희망인 두뇌 양성과 과학기술의 선진화에 대해서는 어떻게 하여야 하는지에 대한 대책이 전혀 없다. 과학기술의 발전을 위해서는 그 분야의 투자도 중요하다. 그렇지만 그들이 사회에 참여할 때 돈놀이하는 금융산업 분야들과의 비교에서 상대적 박탈감이 없도록 하는 것이 중요하다.

그래서 금융 등의 분야에 규제를 가하여 과학기술 분야의 종사자들이 명예롭게 살 수 있도록 하여야 한다. 단순히 투기 및 돈놀이에 의해서는 잘 먹고 잘살 수 없다는 것을 인식하게 하는 것만이 사회 전체의 균형발전에 필요불가결한 요소이다. 남의 나랏돈을 빌려다가 그 돈으로 국민 전체를 상대로 돈놀이를 하게 만들어 놓는 경제정책은 결국 카드 돌려막기를 하다가 자살에 이르는 서민들을 양산하게 된다. 금융기관의 돈놀이로 인해 일시적인 경기부양은 되나 국가 전체가 총체적으로 부실화되는 것을 막을 순 없다.

20세기가 산업화 시대라면 21세기는 과학화 사회이다. 과학화 사회는 인류가 이제까지 이루어 왔던 과학문명의 축적된 이론과 기계와 조직 및 정보 등을 체계화하여 더욱 고차원화한 인류 문명으로 나가는 것을 말한다.

인류에게 축적된 과학이론과 정보 등을 통해 새로운 발명이 진행되고, 그 결과 인류에게 더욱 편리하고 효율적이며 삶의 가치를 높일 수 있는 기회를 제공해준다. 그러나 이러한 것들도 효율성을 구체화시킨 기계 등이 없이는 불가능하다. 하늘과 우주로 나아가는 로켓 항공공학, 심해로 들어가는 해양공학, 에너지자원공학, 전자 메카트로닉스 공학, 정보체계 컴퓨터 공학, 생명 유전자공학 등, 이루 말할 수 없는 여러 가지 분야의 과학기술산업이 미래를 위하여 발전되어 가고 있다. 그러나 이와 같은 과학기술을 모두 인류가 편리하게 쓰려면 기계나 도구화되어야 한다. 그렇기 때문에 그에 접근하는 산업은 모두가 제조업일 수밖에 없다.

또한 제조업은 그 자체가 생산 산업이기 때문에 고용노동력이 필요하다. 그리고 그 노동력은 노동생산성에 따른 사회구성원 개개인의 재화취득의 근간이 된다. 이러한 산업구조의 연결 속에서 제조업은 우리 사회의 근육과 같은 역할을 하여 그 수준에 따라 사회의 건강척도가 되는 것이다.

제1차 산업적인 원료와 자원생산도 중요하고, 3차, 4차 산업의 사회서비스업도 중요하다. 그러나 그 사회의 건강을 유지하고 더욱 발전시킬 수 있는 것은 2차 산업인 제조업이다. 장차 과학 산업사회에서 제조업만이 그 역할을 다할 수 있기 때문에 기타 산업에 대한 육성보다 더욱 중요하다고 할 수 있다.

현재, 우리가 세계사회에서 차지하고 있는 위상은 과거 중화학공업 육성에 의해 얻은 국가발전의 결과이다. 우리가 개발도상국으로 시작하여 IT산업 및 전자, 기계 등의 첨단기술 산업이 중심이 되는 중진국형 과학기술국으로 자리매김한 것도 그 덕분이다.

그러나 지금에 와서는 인도, 중국 등에게 차츰 산업분야의 여러 부분이 잠식되어 가고 있는 상태이다. 특히, 인접국 중국은 우리보다 늦게 산업화에 착수하였다. 그런데도 우리가 쉽게 교만하여 안주하고 있을 때, 그들은 끈기 있는 근성으로 우리를 모든 분야에서 추월해 오고 있다.

자신의 기술로 유인 인공위성을 쏘아올리고 국가 전체를 이공계를 통한 과학기술 발전을 획책하고 있다. 그들은 외환위기 이후 남의 돈을 빌려 돈놀이와 금융서비스 산업에 치중하는 우리보다 훨씬 건전한 발전을 추구하고 있다. 그래서 앞으로 10년 후에는 우리를 추월하여 더욱 발전한 국가가 될 것으로 예측된다. 우리는 과학기술을 육성하는 척하는 형식적 정책으로 아직도 과학기술 지향적 국가인 것처럼 착각하고 있다. 그러나 이공계의 분야의 사회적 박탈감 때문에 점차 과학기술 분야는 퇴보하고 있는 것이 현실이다. 과학기술 분야는 원칙에 입각한 엄격한 분야이다. 그렇기 때문에 금융서비스와 같이 투기 등의 일확천금이 일반화된 사회에서는 뿌리 내리기 어렵다.

또한 과학기술 산업의 연장선상에 있는 제조업 또한 마찬가지이다. 자신의 이익만을 취하는 것에 혈안이 된 금융산업의 착취구조에 견딜 수 없는 제조업들은 점차 임금과 은행금리 세금 등이 싼 주변국으로 이전해 갈 수밖에 없다. 그래서 고용과 자본 등의 유출은 불가피해질 수밖에 없다. 제조업을 육성시키려면 외국돈을 빌려 국민을 상대로 돈놀이하여 쉽게 치부하는 금융산업을 억제하여야 한다. 그리고 과학기술 분야에 종사하는 사람들의 상대적 박탈감을 갖지 않도록 하여야 한다. 또한 국민을 담보로 돈을 빌리는 행위를 중지하고 우리 고유의 국민적 자본 확충에 필요한 정책적 전환이 필요하다.

그동안 우리는 오랜 왕권사회의 폐쇄성 때문에 뒤늦게 세계 경제의 흐름에 참여하게 되었다. 그리고 산업의 근간은 1차 산업인 농업에서 2차 산업인 제조업으로의 이양에 의해 이루어졌다. 그간 여러 차례의 경제 개발 5개년 계획 및 실천을 통해 수출산업의 입지를 갖추었으나 그것도 제조업의 바탕 위에 이루었으며, 그것을 육성하여 경제적 부를 축적하여 왔다. 그러나 최근에 들어와서는 그러한 근간이 무너지기 시작했다. 우리는 충분한 금융 자본도 없이 함부로 외채를 들여와 돈놀이에 치중하기 때문에 귀중한 국가의 부가 유출되고 있다. 더불어 국제적으로 투기화된 금융산업에 의존해 경제정책을 세웠기 때문에 국가의 채무만 양산했다. 그래서 이제까지 우리 산업의 중추적 역할을 해왔고 앞으로도 우리 삶의 기본이 될 제조산업의 기틀을 무너뜨리고 있다. 개인적으로 생활을 유지하고 지내기는 3D의 힘든 제조 산업보다는 돈을 가지고 돈놀이하는 금융산업이 훨씬 쉽고 일시적 경기활성화에도 유리하다. 그러나 우리나라와 같이 보유한 부존자원이 없는 국가에서 축적된 자본 없이 함부로 금융산업을 육성하는 것이 문제이다. 그리고 그것을 통해서 국민 및 국가경제를 이끌면, 그 빚더미에 깔려 자멸할 수밖에 없다는 것을 알아야 한다.

이러한 잘못된 정책을 통해 결국 국가는 기반 산업의 근간을 잃어버리고 과학기술 분야를 등한시하게 되면 우리의 장래가 암울해질 수밖에 없다. 섣부른 경제전문가들이 국가를 농단하고 있는 것을 방치하면 이들의 통치기간이 지난 후에는 더욱더 원상회복하기 어려운 상황으로 빠질 것이다. 그런데도 우리는 무엇 하나 해결할 수 있는 선택이 마련되지 못하고 있다. 산업의 근간인 제조업이 죽으면 무엇으로 우리의 국가적 소득을 얻을 수 있을 것인지 생각해 보아야 한다. 그리고 무엇을 통해 우리의 삶이 유지될 수 있을 것인지도 살펴야 한다. 지금 우리 사회는 기초가 무너져가는 건물과 같다. 헛된 욕망을 충족시키기 위해 이루어지는 과장된 포퓰리즘 정책은 결국 누구도 살아남지 못하게 된다. 그리고 노력 없이 단순한 투쟁을 통해 자신들만의 소득을 향상시키려고 하면 결국 공멸할 수밖에 없다.

## (2) 정부규제의 혁파

우리 사회의 가장 큰 경제적 병폐현상은 정치와 경제의 야합인 정경유착이다. 이것은 정치와 경제가 권력과 금력을 상호 보조하는 형태로 이루어진 부패 구조이다. 이러한 정경유착은 과거 군사정권에서부터 계속되어온 관행처럼 정치권에서 일반화되어 있는 현상이다.

경제를 이끌어가는 대기업들이 정치권력자들의 간섭과 행정적 규제 등에 의해 손해를 보지 않으려고 하는 것에서 기인한다. 이것은 기업이 보험성격의 돈을 권력기관 및 입·사법기관에 상납하는 것이다. 그리고 정치인들은 그 상납금으로 자신들의 정치자금으로 사용하는 일종의 공생관계이다. 특히, 대선 때에는 기업들이 차기 대통령에 의해 기업활동상 불이익을 당하지 않으려고 많은 자금을 제공해왔다. 만일 이것을 원만하게 처리하지 못하면 과거의 국제그룹처럼 보복차원에서 분해되거나 사라져 버릴 수도 있는 것이다.

이러한 정경유착은 반드시 없어져야 할 반부패의 대상이다. 그러나 정경유착의 근원이 정치권력에 있기 때문에 정치나 행정을 통한 기업의 규제가 없어지기 전에는 정경유착이 없어지는 것은 공염불에 가깝다. 과거 어떠한 시기에는 반부패 운동으로 일시적으로 없어지기도 했지만 실제로는 기업이 정치권에 보험료 성격으로 정치자금을 제공하지 않을 수 없게 되어 정경유착은 사라질 수 없는 것이다. 만일 기업이 비자금을 조성하여 정치자금을 제공하지 않으면 종국에는 불이익을 받게 된다. 이 때문에 정치행정적 보복 및 정부간섭이 배제된 자유로운 기업활동이 보장되어야 한다. 그렇지 않으면 형태는 바뀌어도 또 다른 방법으로의 정경유착이 생길 수밖에 없으며 기업의 자율성은 보장되지 못한다. 그러므로 반부패를 통해 정부규제를 혁파해서 정경유착의 고리를 끊을 수 있는 방법이 모색되어야 한다. 그래서 정부에서 임의로 기업활동을 규제하지 못하도록 하여야 한다. 또한 독점적 공기업은 모두 사기업으로 전환시켜야 한다. 그리고 자유로운 경쟁하에서 모든 기업이 활동할 수 있도록 보장해주는 방법 외에는 정치자금으로부터 기업의 자율성은 보장되기 어렵다.

기업 중심의 산업 체계에서 상호경쟁만큼은 시장경제에 맡겨두고 보이지 않는 손에 의해 기업이 자율조정이 되어야 기업의 경쟁력이 향상된다. 그래서 불요불급한 경우를 제외하고는 정부간섭이 배제되어야 기업이 살아날 수 있다. 정책적으로 기업에 혜택을 주면 그것으로 인해 기업의 자생능력이 상실되고 사회 전체에 짐이 된다. 그러므로 정책적 배려라는 것은 기업에게는 오히려 해가 된다.

외환위기 때 정부는 몇백 조나 되는 돈을 외채로 빌려다 금융 살리기와 벤처기업 육성이라는 명분하에 쏟아 부었다. 그러나 이러한 정책적 혜택을 받은 기업 중 과연 얼마나 살아남아 현재에도 운영되고 있는지 의문이다. 그리고 그러한 것에 타성이 붙은 기업들이 앞으로 얼마간 존속될 것인지는 심히 의심스럽다. 초기에 부여되었던 대출금도 모두 회수가 되지 못하였다. 그래서 결국에는 국민 전체에게 부담으로 떠넘겨져 우리 사회의 장래에 어두운 그림자를 드리우게 만들었다.

이러한 정부의 개입이 결국 국민적 부담으로만 남고 기업의 사회적 역할에 대하여 왜곡시켰다. 이 때문에 금융과 기업은 모럴해저드를 유발하게 되고 또 다른 부패구조를 형성하게 되어 더욱 치유하기 어려운 상황으로 나아가고 있다. 그래서 정부의 개입은 최소화되어야 한다.

또한 정부의 개입이 포퓰리즘을 유발시킬 우려가 있다는 점에서도 정부의 기업 간섭은 억제되어야 한다. 국가개입에 의한 인기영합을 위한 포퓰리즘은 그 대가를 우리 후손들이 치러야 한다. 그러므로 포퓰리즘이 정책을 주도하지 않도록 신중히 고려되어야 한다.

### (3) 고부가가치 산업 개발

우리의 미래산업을 육성할 중저가 제조업은 이미 중국에 의해 심각할 정도로 잠식되어 있다. 또한 장차 앞으로도 잠식의 정도는 더욱 심화될 것이다. 현재에도 우리는 생산재의 핵심부품을 일본으로부터 수입하는 상태이다. 그래서 우리가 대외적으로 내세울 상대적 고부가가치 산업은 적다. 그 때문에 오히려 중국을 대상으로 하여 보다 충실한 교역을 확보하여야 하며 고부가가치를 가진 산업의 교역망을 더욱 치밀하게 구성하여야 한다. 그리고 우리 산업의 고부가가치화는 우선 과학기술의 육성책이 실질적이어야 한다.

과거 외환위기 때 우리는 위기해결을 위해 실제로 소중한 과학기술의 육성을 포기하였다. 그리고 금융산업 살리기 등과 같은 돈놀이에 치중하였기 때문에 과학기술 분야는 상대적으로 침체되었다. 그 이후 지금까지 침체된 과학기술 분야를 육성하려고 하여도 활성화가 되지 않고 있다. 이는 잘못된 정책이 국가의 장래에 얼마나 나쁜 영향을 미치는지를 잘 보여 주는 선례이다. 기껏해야 추진된 정책은 장기적 기초과학기술 육성보다는 벤처라는 돈벌이에 치중하는 얕은 기술을 지원한 것이다. 그래서 실제적 정통 과학기술은 무시되었다. 더욱이 현시점에서도 다음 세대의 젊은이들은 어렵고 힘들며 소득이 별로 안 되는 과학기술 분야로 들어가길 꺼려하고 있는 상황이다. 이 때문에 과학기술의 발전이 보장되지 않는 우리의 미래가 우려된다.

고부가 가치산업은 기초 과학기술을 바탕으로 응용과학기술의 역량이 향상됨으로써 이루어지는 것이다. 그래서 앞으로 20년, 30년 후를 바라보고 장기적 재투자가 필요하다. 그리고 해당 분야의 전문가들이 사회적 박탈감이 생기지 않도록 국가정책을 세워야 한다.

우리는 고부가가치 산업의 수출대상으로 중국이라는 거대시장을 바로 옆에 두고 있다. 그러므로 고부가가치 산업의 육성은 무한한 가능성을 가지고 있다. 그리고 고부가가치 산업에서 수출이라는 것은 유통의 저렴성보다 신속성에 있다. 그렇기 때문에 일본과의 경쟁 상대로서 중국에 더욱 가까이 있는 우리가 유리한 입장에 있다. 그래서 중국에 고부가가치 산업의 제조물을 전달할 수 있는 해상 및 육상교통로 개척 등의 유통체제를 빨리 확보하는 것이 필요하다.

즉, 대중국 간의 교역에 필요한 기간산업의 절대적 확충이 되어야 한다. 대량수송의 경우 황해를 이용하여 교역이 진행되어야 한다. 그러므로 서해안 전역이 대 중국 고부가가치 산업의 수출 전진기지가 되어야 한다. 그리고 서해안의 특성상 조수간만이 크기 때문에 조수간만의 영향을 받지 않는 유통시스템이 필요하다. 그에 대한 최선책으로는 해상을 통한 직접교역에 필요한 대형전용화물선 개발이 시급하다.

중국은 앞으로 10~20년간 중저가의 제조산업을 기반으로 점차 고부가가치 산업으로 전환되어질 것으로 보여진다. 그렇기 때문에 우리의 산업은 이러한 틈새를 잘 이용하여야 한다. 그리고 우리 나름대로의 틈새 산업의 자리매김이 필요하다. 21세기의 중반에 가면 중국의 산업능력이나 경제능력이 우리를 훨씬 앞지를 것이다. 그래서 당장 핵심적 고부가가치 산업과 유통을 확보하지 않고는 우리의 살길이 막막해질 것이다. 그러므로 오히려 고부가가치 산업의 육성과 교통정보통신의 범세계화가 절실하다.

현재의 미국 시장은 앞으로 계속되는 자국 산업 보호 및 규제로 인해 점차 축소될 것이다. 또한 우리의 수출산업에 있어서 효자 지역으로서의 한계가 보이기 때문에 수출입 다변화가 필요하다. 그에 대한 대책으로 중국을 상대로 우리의 미래산업의 방향을 잡아야 할 것이다.

### (4) 산업정보의 국제화

국제산업 정보화라는 것은 국내의 정보 한계를 넘어 범세계적으로 통용되는 정보체계를 말한다. 다시 말해서 전 세계를 대상으로 시시각각 변하는 경제 및 산업 분야의 정보를 말한다. 현재 우리는 우리 사회가 정보화의 사회라고 한다. 그러나 우리가 알고 있는 것은 국내 정보가 대종을 이루고 있다. 이것은 세계화를 위해 모든 역량을 쏟아붓는 선진국의 정보체제에 비하면 아직도 걸음마 수준에 불과하다.

지금 우리는 조급한 마음에 정보산업을 육성한다는 취지에서 국내의 모든 정보를 세계에 노출시켜 왔다. 그리고 오히려 선진국의 폐쇄적인 정보유출 금지로 우리에게 절실하게 필요한 국제정보는 전혀 보유하고 있지 못하고 있는 것이 문제이다. 그렇기 때문에 우리는 아주 불리한 입장에서 정보선진국과 경쟁할 수밖에 없다.

이것은 손자병법의 "남을 알고 나를 알면 백전백승"이라는 전술의 근본적 원칙을 무시하는 것이다. 그리고 무모하게 "하룻강아지 범 무서운 줄 모르고 덤벼드는" 것과 같이 세계를 향해 넘나드는 상황을 만들고 있다.

앞으로의 세계는 산업전쟁의 시대이다. 머지않아 이제까지의 이데 올로기나 종교이념 또는 정권에 의한 투쟁 등의 대내적이고 소모적인 전쟁에서 벗어나게 된다. 그 후에는 국가 간의 경제적인 우위를 점하기 위해 치르는 경제전쟁의 시대가 도래할 것이며 그렇게 되면 각 국가들은 과학기술에 의한 산업경쟁에 몰입할 것이다. 그뿐만 아니고 에너지, 금융 그리고 곡물 및 광산자원 등 각각의 필요에 따라 국가의 경제를 타국에 비하여 유리한 고지에 점하려는 전면적인 경쟁시대에 돌입하게 된다.

이때에 가장 필요한 것이 우리 경쟁국의 산업 등의 국가정책이나 경향을 빨리 알아내는 것이다. 그리고 그에 대하여 적극적으로 대응할 수 있는 국제산업 정보체계를 구축할 필요가 있다.

지금과 같이 국내에서 자기 국민의 정보나 조사하고 그것에 안주하다가는 범세계적인 정보에 뒤떨어질 수밖에 없다. 그렇게 되면 우리의 주력 수출 산업이나 미래를 위해 키워야 할 미래산업의 효용성 문제가 생길 것이다. 또한 경쟁에서 유리한 고지를 선점할 수 없게 된다. 그래서 우리는 앞으로의 산업전쟁에서 우리와 경쟁상대가 될 선진제국을 정확히 알 수 있도록 정보체계를 갖추어야 한다. 그리고 지속적으로 자료를 수집하고 조사하여 전 세계를 대상으로 종합적 정보체계를 운영하여야 한다. 또한 직접 우리의 주력 산업에 이용할 수 있는 국가 차원의 산업정보 체계를 수립해야 한다.

### (5) 재벌해체와 족벌경영 규제

재벌기업은 그 집단의 크기에 비례하여 자본의 집중력이 생긴다.

그리고 기업들이 대집단을 형성하고 있는 경우 자본의 집중을 방치하면 점점 더 집단의 규모가 커진다. 그래서 기업집단인 재벌의 경제민주화를 위해서는 경제력 집중과 시장지배 능력을 줄여야 하고 재벌기업의 규모 확대를 규제해야 하며 기존의 문어발식으로 확장되어 있는 조직도 분산시켜야 한다.

우리 경제에서 보여지는 재벌 기업의 위상은 국력을 상징할 정도로 국가에 영향을 크게 끼치고 있는 대자본이다. 그래서 재벌의 자금에 대한 흡인력도 대단히 크다. 이러한 흡인력은 주변의 자금을 강력한 힘으로 끌어들여 거대화하면서 흐름에 대한 왜곡 현상을 일으킨다. 이것이 균형분배를 막아 계층 간의 빈부격차를 심화시키는 원인이 되고 있다. 그래서 경제민주화의 균형 분배를 이루기 위해서는 대자본의 분산이 필요하다. 즉, 재벌은 경제민주화의 주된 목표인 경제적 균형과 안정을 위해서는 반드시 해체가 되어야 한다. 그리고 더 많은 소기업으로 분해하여 고용을 확대시켜서 적정한 소득을 확보해주고 자본의 집중력도 약화시켜 균형분배가 이루어지도록 해야 한다.

특히 재벌기업이 사회에 주는 폐단 중에 하나는 가족 중심의 족벌경영이다. 이 또한 자금의 흐름을 어느 몇몇 사람에게만 집중시켜 왜곡되게 한다. 이것이 일부계층에게 시장지배력을 키워주고 더 나아가서 경제력을 남용하게 한다. 더욱이 일부계층에게 시장지배력이 커지면 커질수록 계층 간 빈부격차가 커지기 때문에 서민들의 경제적 어려움과 상대적 박탈감을 갖게 되며 이것이 심각한 사회를 문제를 일으킨다.

이러한 족벌경영은 부의 세습이라는 또 다른 경제논리를 만들어놓고 족벌 내의 경제력을 강화시키고 있다. 그리고 민주주의의 기본

원칙에도 맞지 않는 재벌 세습제를 유지시키고 있는 것이다. 다시 말해서 구시대의 봉건영주처럼 재벌가는 부를 후손에게 세습시킨다.

우리는 정치권력이 권력의 세습을 시도하면 독재라고 명명하며 정치적 민주화를 요구한다. 이와 같이 경제권력이라고 할 수 있는 부의 세습도 경제력의 독점으로 보고 경제민주화를 요구하여야 한다. 엄연한 민주자본주의 체제하에서 어떤 세습은 용인이 되고 어떤 세습은 용인이 안 된다는 것은 잘못된 것이다.

경제민주화의 균형분배와 경제적 안정을 위해서는 재벌의 족벌경영이나 부의 대물림은 반드시 고쳐져야 한다.

재벌의 족벌경영과 부의 세습은 일종의 기득권 유지와 경제력 집중이다. 이것은 재벌의 육성을 위해서는 좋을지 모르나 국가 차원에서는 빈부격차와 사회적 신분 고착과 같은 사회적 불평등을 만들어 경제민주화에 악영향을 준다.

## (6) 대기업 소유와 경영 분리

경제민주화와 자본의 분산에서 가장 중요한 것은 부의 적절한 균형분배이다. 이러한 부의 적절한 분배를 위해서는 대기업의 최대 주식 소유자가 무조건 경영권까지 동시에 가지게 해서는 안 된다. 그리고 지금과 같이 무소불위의 전권을 휘두르는 제왕처럼 소유와 경영 일치는 민주주의 논리에 맞지 않는다. 이러한 주식의 소유와 경영 일치의 잘못된 관행이 자본력의 집중을 일으켜 경제력의 남용과 경제적 불균형의 원인이 되고 있다. 이 때문에 주식의 다수 소유와 경영은 분리되어야 하며 대주주가 회사를 자기 마음대로 전횡할 수 없도록 해야 한다.

대기업 소유와 경영분리는 자본의 분산과 일맥상통한다. 기업 소유자가 경영을 양보함으로써 소유자가 직접 경영할 때의 독선적인 체제보다 합리적이고 효율적 경영이 가능해진다. 특히 대기업의 소유 주식에 대한 국민 연기금의 지분이 기업주보다 훨씬 많은데도 불구하고 경영을 기업주가 계속하고 있다. 이것은 자본주의의 기본논리와 맞지 않는다. 이에 대한 대책으로 국민연기금의 주주 지배권을 확립하여야 한다. 그리고 국민연기금은 엄연한 국민의 자산이므로 대기업의 경영에 국민이 직접 참여할 수 있는 대책을 수립할 필요가 있다.

국민이 국민연금의 운용에 관여할 수 있도록 연기금 관리공단의 직제를 국민이 선출하는 공단 이사장과 연기금관리위원회를 두고 운영이 될 수 있도록 전환되어야 한다. 그래서 대기업에 대한 지분도 국민이 선출한 사람이 운용할 수 있도록 해야 한다.

이렇게 함으로써 경영방식의 변화를 가져올 수 있으며 소유와 경영의 분리를 이룰 수 있다. 이것은 기업의 고용과 적정한 소득 재분배에도 영향을 미쳐 경제민주화에 따른 균형과 안정을 기할 수 있다.

## 2) 고용, 노동

### (1) 중산층 중심의 사회

우리 사회의 중산층은 어떤 의미에서 보통사람을 뜻한다. 우리는 자신과 유사하거나 같은 부류의 사람을 선택하여 호의를 보여 준다. 그리고 지원해주며 정치적으로 선택해주는 것은 그가 우리와 동류라는 점 때문이다. 그리고 장차 우리도 그렇게 될 수 있다는 희망을 가질 수 있기 때문이다. 서민 출신의 대통령을 뽑아준 많은 사람들의 마음도 그러한 점이 바탕이 되었을 것이다.

다시 말하면 우리가 평범한 사람을 대통령으로 선택할 수 있다는 것은 다수의 보통사람으로 구성된 계층인 중산층이 사회를 지배하고 있다는 의사 표현이다. 또 이것은 중산층이 사회지배의 일환으로 이루어진 하나의 성과라고 할 수 있다.

노동자 계층에서도 노동운동만을 전담하는 전임노동가들이 있다. 이들을 우리는 노동귀족이라 부른다. 형식은 노조라는 틀에서 시작된다. 그러나 그 결과는 그들이 절대 노동자 계층이 아니라는 것이다. 이것은 우리가 정치적으로 선택한 지도자가 우리와 비슷한 계층의 사람이라고 하더라도 당선 후부터는 절대 우리와 같은 계층의 사람이 될 수 없으며 되려고도 하지 않는 것과 같다.

어떻게 이룬 사회적 지위인데 다시 평범한 계층으로 내려갈 것인가. 그렇게 하려고도 하지 않을 뿐 아니라 사회적으로도 불가능하다. 그러기 때문에 노동귀족이 되듯이 중산귀족이 되는 것이다. 그래서 결국에는 중산계층에서 선출되어도 사회의 중산계층의 대변자가 되지 못한다. 그리고 자신과 같은 부류에 의한 새로운 그룹을 재형성하여 같은 부류 내에서 권력 유지에 전력을 다하게 되는 것이다. 사회의 진정한 중산층은 정치, 경제, 사회, 문화적으로 자기 영역을 갖고 있는 사람들이다. 그래서 각기 독립적인 특성을 통해 조직력을 형성할 수 있는 계층으로 과거의 부르주아와는 좀 다른 개념이다. 그리고 그들은 상·하위 계층의 연결고리 역할을 하는 중심 사회조직을 형성한다. 이렇듯이 중산층은 그 자체의 존재가 사회조직 체계의 중요한 구성원일 뿐만 아니라 전체 조직의 상호 연결고리로서의 역할을 한다. 그렇기 때문에 이러한 중산층이 약화된다는 것은 전체 사회체계의 결속력이 약화된다는 의미이다. 이 때문에 중산층의 약화는 사회조직 전체의 와해를 가져올 수 있다. 그래서 중산층의 안정이 더욱 중요한 것이다.

국가경제가 어느 정도 윤택해지면 실제적인 중산층 외에도 심리적 중산층이 생긴다. 이 때문에 중산층이 두터운 조직체계가 되어 사회 외적인 격변 및 위기에 대하여 조직체계가 비교적 흔들림이 없이 유지가 된다. 이러한 점에서 중산층의 안정적 유지가 우리 사회의 지속적인 발전을 해나갈 수 있는 초석이 된다.

상대적으로 중산층이 약화된다는 것은 국가경제가 흔들리고 있다는 것을 의미한다. 그리고 그로 인해 중산층이 더욱 적어지고 사회계층은 취약해진다는 것을 뜻한다. 지금 우리의 경우는 실제적 중산층은 별로 없고 심리적 중산층만이 높은 비율로 존재한다. 그래서 상황에 따라서는 쉽게 사회조직 체계가 불안정해질 수 있다. 그리고 중산층의 역할이 약해져 계층 상호 간의 원활한 관계가 유지되기 어렵게 되어 있다.

소위 상위계층인 정치인과 재벌의 유착관계를 견제하고 척결할 수 있는 중산층의 몰락은 반부패를 어렵게 한다. 그래서 중산층이 살아야만 사회개혁의 길인 반부패가 이루어질 수 있다. 중산층의 몰락은 그들이 하위계층으로 유입되어 사회를 더욱 불안정하게 만든다. 그로 인해 국가발전의 역량 또한 줄어들어 우리는 주변국가에 뒤처지는 후발국가로 몰락할 수도 있다. 우리 주변의 중국, 대만 등은 이미 성장정도나 성장속도에 있어서 우리를 추월했다. 그리고 더욱 발전해 가고 있는 상태이다. 그러므로 더 이상 사회체계 내에서의 중산층 지배를 늦추어서는 안 될 것이다. 중산층 지배란 중산층이 국가 통치에 관여하는 것이 아니라 중산층을 더욱 두텁게 하라는 의미이다. 그래서 국민 전체에서 차지하는 비율을 늘려서 하위계층에 들어가는 사회간접비용을 줄일 수 있도록 하는 것이다. 또한 결집된 중산층의 힘으로 상위계층의 독단적 사회지배를 견제할 수 있도록 한다는 것이다. 중산층은 경제발전의 수출과 내수의 두 축 중 하나인 내수의 중심에 있다. 그렇기 때문에 중산층의 몰락은 내수경기의 침체로 이어질 수밖에 없으며 이 때문에 우리 사회가 불황의 악순환으로 빠질 수 있다.

## (2) 고용기업의 육성

우리의 사양산업은 중국에서는 부양되는 산업일 경우가 많다. 왜 사양산업은 우리에게 기업으로서의 가치가 낮아지고 있는가. 이는 고용과 임금문제로 기업의 경쟁력을 상실했기 때문이다. 선진국의 사양산업 및 퇴출산업 중 일부산업은 우리에게 경쟁력이 있는 산업이 된다. 이렇듯이 각 국가 간의 경제적 수준 차에 의해 산업의 적부 문제가 결정된다. 그 때문에 우리는 어떠한 것이 미래지향적 산업인지 쉽게 파악해낼 수 있다.

즉, 우리는 고도 기술화된 선진국도 아니고 저임금의 노동집약적 산업국가도 아니다. 그래서 양측의 틈새에서 우리의 산업의 앞길을 선택해야 한다. 벤처 육성을 통한 고용확대는 구두선(口頭禪)이 될 수 있다. 왜냐하면 벤처의 특성상 일회성의 고용이 될 가능성이 크기 때문이다. 그리고 이러한 즉흥적 고용은 임금을 비정상적으로 증가시킨다. 그래서 전통적으로 오랜 고용을 유지하고 있는 여타 중소기업에게 임금 격차에 의한 고용문제를 야기시킬 수 있다.

중소기업이며 우리의 특성산업으로 자리매김해야 할 제조업의 대부분이 이러한 국가의 잘못된 판단과 정책으로 인해 사양산업화되고 있다. 그리고 3D업종이라는 명목 아래 고용이 쉽지 않으며 임금의 상승으로 경영이 어려워지고 있는 것이다. 항상 어떤 일에든 오랜 지속성이 있는 사람만이 신뢰를 바탕으로 모든 일을 해나갈 수 있다. 그럼에도 불구하고 국가정책은 즉흥적 벤처육성에 의해 "구관이 명관"이라는 말을 망각하고 전통적 산업을 궁지로 몰아놓는 잘못을 범하고 있다.

현재에도 중소기업에는 일자리가 남아돌고 있다. 그러나 지원자들이 없어 고용이 안 되고 있다. 외환위기 직후에 우리 국민은 구조조정 과정에서 어려운 일자리라도 서슴지 않고 할 마음의 준비가 되어 있었다. 그러나 외채를 빌려와 허리띠를 졸라맬 준비가 된 국민을 해이하게 만들었다. 그래서 또다시 고용이 어려워진 중소기업형 산업을 몰락시켰다. 더불어 앞으로 금융위기와 같은 경제적 어려움이 다시 생겼을 때에는 누구도 허리띠를 졸라매지 않을 것이다.

## (3) 건전한 사회 육성

건전한 사회는 상생의 바탕 위에 절제가 있는 사회를 말한다. 그리고 이러한 사회에서 문화는 건전한 사회를 유지시키는 촉매 역할을 한다. 여기서 문화란 의미에는 "보다 나은 지식화의 뜻"이 들어 있다. 그러나 지금에 우리 사회에서 사용되는 문화의 의미는 대중매체에서 주도하는 "어리석은 백성화(愚民化)"가 더 가깝다. 방송TV를 통한 연예인들의 무분별한 언어사용 및 행동과 그들을 부추기는 시청자의 사고방식이 합작으로 이루어지는 행위가 문화라고 포장되어 있다. 더불어 이러한 것에는 시청률에 연연하여 즉흥적인 프로그램을 운용하는 방송국이 앞장서 있다. 그리고 그들이 만들어 놓은 저질적인 행위가 문화라고 지칭되면서 문화에서 더욱 멀어지는 기현상이 일어나고 있어 보다 나은 사회를 구축하기 위해 문화민주화가 필요하다.

스타라고 하는 사람들의 인기 영합주의와 배금주의 사상에 의해 우리의 새로운 세대 새싹들이 망쳐지고 있다. 그들이 연예인을 선호하고 미래의 희망으로 생각한다는 것은 장차 사회가 불건전하고 즉흥적 사회가 될 우려를 보여 주는 것이다. 연예인은 사회의 조미료이다. 그들은 사회의 맛을 일궈주는 데에 기여하고 있다. 그러나 조미료가 과하면 오히려 음식의 맛을 해치고 또 몸을 상하게 한다.

현재의 우리 사회는 연예 분야의 과도한 발전, 즉 사회적 조미료가 지나치기 때문에 오히려 사회적인 맛을 살리기보다는 해치고 있는 상황이다. 더불어 요즈음에는 가정에서 음식을 하는 경우 음식 맛을 내주는 조미료가 몸에 해롭다고 적게 사용하고 있다. 이와 같이 본다면 과도한 연예 분야의 발전은 우리 사회에게 해를 끼치고 있는 것이다. 그래서 이제부터라도 우리는 문화적 과소비와 조미료를 줄여 사회의 건전성을 확보하여야 한다.

왜 우리 사회가 점점 더 사악하게 변해 가는가. 이는 아마 쉽게 돈 벌며 살아가는 연예인들의 생활이 일반인들을 허황되게 하고 경제적인 측면에서 상대적 박탈감을 심화시키는 것 때문일 것이다.

자기도 모르게 길들여진 조미료 맛에 다시 자신의 몸을 해치는 악순환이 되고 있는 점을 고려한다면 문화적 조미료에 대한 절제가 필요하다.

## (4) 적정임금의 보장

적정임금이란 국가 차원에서 해마다 결정고시하는 직종별 노임에 따라 적절하게 정해지는 임금을 뜻한다. 이때 직종별 노임 단가는 물가에 직접 영향을 주는 노무비이다. 이것이 생산원가에 반영되어 물가를 결정하게 된다. 더욱이 모든 국가 공사나 개별적인 기업 자체 공사의 원가계산에서 노임단가는 직접적으로 적용되고 계산되어 공사비를 결정한다. 그렇기 때문에 그 중요성이 크다. 그러나 관공사이든지 개인 공사이든지 공사원가에는 정확하게 산정하여 공사비를 결정해놓고 실시과정에서는 경우에 따라 적당히 임금을 삭감 조정하여 지불한다. 이러한 이유로 정당한 공사에서 밖으로 새는 비용이 발생된다. 그리고 이렇게 절취한 자금을 기업에 따라서는 비자금의 용도로 사용하는 경우가 많다.

특히 국민의 세금으로 집행하는 관청 공사에서도 마찬가지이다. 기업이 노임단가를 정확히 견적하여 공사비로 지불을 받으면서 정작 노임을 줄 때는 형편없이 낮은 가격으로 노무비를 책정하여 지불한다. 그리고 나머지를 기업의 이윤으로 돌리는 사례가 비일비재하다. 이것은 명백한 국가기만 행위이며 국민의 세금을 중간에서 착복하는 행위이다.

이러한 무책임한 기업의 이윤 남기기에서 공사비는 국가에서 결정하는 높은 노임 단가로 책정하여 받아낸다. 그리고 노무비는 저가의 외국근로자를 사용하여 적당히 지불하여 실제적인 폭리를 취하고 있다. 이것은 크게 잘못된 예산집행이다.

이렇게 중간에서 편취된 노임은 기업의 비자금으로 돌려진다. 그리고 정치인이나 관청상대의 뇌물 등으로 변질되거나 기업가의 투기자금으로 만들어진다. 그래서 건전한 사회를 해치는 사회부조리의 증가에 일조를 하고 있다. 이렇듯 부적절한 임금 지불 혹은 일방적 저임의 외국인 근로자 고용은 공사의 질적 수준을 떨어지게 한다. 그리고 그뿐만 아니라 국민의 혈세를 횡령하는 방편으로 이용되므로 바르게 고쳐져야 한다.

다시 말해서 국가가 설정한 노임단가를 기준으로 적정한 임금이 책정되고 지불이 보장되어야 한다. 그렇게 하여야 공사비를 편취하여 조성된 비자금이나 투기자금을 없앨 수 있다. 그리고 비자금으로 이루어진 정경유착 등의 사회부정적인 요소를 제거할 수 있다.

## (5) 임금상한제 실시

우리 사회에서는 개개인의 능력과 직책에 따라 임금이 천차만별이다. 높은 임금에서 낮은 임금까지 그 자신의 역량에 따라 임금이 결정되고 집행된다. 그러나 현재에 와서는 임금의 결정요인이 재능이나 능력보다도 기득권 및 법적 보장에 의해 영향을 받는다.

더욱이 높은 임금의 구성요건을 보면 금융이나 공기업의 임직원에서 많이 나타나는데 이것은 잘못 설정된 높은 임금이다. 왜냐하면 금융의 경우는 돈놀이에 의한 예대상계 마진이 임금을 결정한다. 그리고 공기업의 경우는 공공요금 혹은 외채에 의해 임금을 조성하기 때문에 결과적으로 그 부담이 결국에는 아무 힘이 없는 서민의 부담으로 남는다.

임금 그 자체가 정당한 노동의 대가라는 것이 자본주의의 원칙이다. 그러나 금융산업이나 공공기관의 턱없이 높은 임금은 자본주의의 원칙을 무시하는 행위이다. 다시 말해서 그들의 임금이 정당한 노동의 대가라기보다는 돈놀이와 이기적인 공공요금의 책정으로 결정되었기 때문이다. 이것은 자본주의 논리보다는 방임적 자금주의 논리에 가까운 것이다. 또한 대기업의 높은 임금도 마찬가지이다. 기업의 소득은 생산품의 판매가에 의해 결정된다. 그러나 대기업의 소득은 법의 맹점을 이용한 독과점과 과하게 책정된 생산원가에 기인하기 때문이다. 그리고 지금과 같이 터무니없는 고물가의 시대는 그 자체가 국민의 부담에 의해 높은 임금을 취하게 되는 것이므로 이 또한 임금상한제의 대상이다.

전문직종의 고소득 또한 마찬가지이다. 법적 보장에 의해 반독점적 배타적 권리에 의해 취해지는 소득으로 결과적으로 국민의 부담이다. 이렇듯 높은 임금이나 고소득의 틀 속에서 우리는 알게 모르게 착취당하고 있는 것이 현실이다. 그리고 민주주의와 자본주의를 빙자하여 독점주의와 자금주의의 기만적인 임금 구조에서 살아가고 있는 것이다.

진정한 경제민주화가 추구하는 자본주의가 되려면 공정한 제도 아래 소득의 형평성을 되찾아야 한다. 그것을 위해서는 임금의 격차를 줄여서 빈부격차를 감소시켜야 하는 것이다. 그렇기 때문에 저임금을 높여 줄 수 없으면 높은 임금을 제한하여야 한다. 그렇게 하기 위해서는 임금상한제를 실시하여 합리적으로 임금격차를 줄여 주어야 하며 높은 임금이나 소득에 대해서는 더 높은 최고율 세금 등의 법적 규제를 가해야 한다.

## (6) 일자리 나누기

일자리 나누기는 우리 사회의 건전한 고용과 직접 관련되어 있다. 특히 대기업 등의 고임금 직업의 경우는 더욱 그러하다.

일자리 나누기의 가장 좋은 방법의 첫째는 대규모 기업을 분산시키는 것이고, 둘째는 적정 근로시간의 준수이다. 여기서 대규모 기업의 분산은 기업의 수를 늘려서 고용을 확대하는 것이다. 그리고 적정 근로시간을 준수시키는 것은 기업의 잉여시간을 초과수당 등의 방법과 값싼 임금의 비정규직 고용으로 임금을 절약하거나 노동착취를 하지 못하게 하는 것이다.

대기업이나 재벌기업의 분화는 기업이 자신만의 이익을 극대화하기 위해 줄였던 고용을 늘릴 수 있다. 그리고 추가 고용된 사람들의 구매력을 키워주어 기업 자체의 생산을 증가시킬 수 있다. 더불어 생산 증가로 기업의 이익을 더욱 증대시키는 효과도 얻을 수 있다. 다시 말해서 지금과 같이 기업의 고용이 극도로 축소되고 일자리의 확보가 어려우면 돈이 돌지 않아 경기가 침체된다. 더불어 기업에 직접 이익이 되는 생산품의 소비가 감소하게 된다. 그래서 고용을 늘리고 실업을 줄이기 위해 기업을 분산시키면 초기에는 기업 자체에 손해가 되는 것처럼 보인다. 그러나 종당에는 생산품의 박리다매(薄利多賣)에서와 같이 고용에 따른 소비를 증가시켜 큰 이익으로 돌아오게 된다.

또한 주당근무시간의 준수를 통해 기타 잔업시간을 줄이면 새로운 인력을 고용하여 실업도 줄일 수 있다. 그리고 대기업으로 돈이 집중되는 것을 막아 자금의 순환을 원활히 할 수 있는 것이다.

특히 다수의 고용확대로 자금의 순환이 원활해지면 전체적인 소비가 활성화된다. 그리고 그로 인해 내수가 증가하여 또다시 생산을 자극하여 기업의 일거리도 늘어나며 이익도 보장이 된다. 또한 노동시간이 줄어들어 충분한 휴식시간이 조성되면 작업의 능률도 향상되어 생산성도 증가되므로 기업에는 더욱 큰 이익이 보장된다. 더불어서 지금의 불공평한 고용체계를 막고 양질의 일자리가 증가되어 우리 자본주의사회의 가장 큰 문제인 빈부격차도 줄일 수 있는 일거양득(一擧兩得)의 방법이다.

## (7) 일거리 나누기

일거리 나누기는 재벌과 대기업의 자본집중을 방지하고 중소기업을 활성화시킨다는 점에서 중요한 내용이다. 국책사업이나 규모가 크고 자금이 충분한 사업은 국가 정책상 재벌기업이나 대기업에 집중이 된다. 그래서 원청자인 대기업이나 재벌기업에 이익이 다 돌아갈 수밖에 없다. 그리고 재벌기업은 상호 출자 형식으로 만든 자신과 관련된 계열기업에게 하청을 주고 실제적인 일거리를 독식하고 있는 것이다. 이것은 자본의 순환이나 균형 분배에 악영향을 끼치고 있으며 사실상 기업 간의 격차를 키우고 더 나아가 빈부격차를 심화시키는 요인으로 작용된다. 그래서 기업의 계열사가 상위기업으로부터 혜택을 받으면 불공정한 일거리 분배가 될 수밖에 없다. 그리고 그로 인해 중소하청기업은 살아날 길이 없어진다.

일거리 나누기는 사회적 분배 정의에도 반드시 필요한 덕목이다. 우리가 바라는 상생의 원리에는 동반 성장이 필요하고 동반 상생에는 기업 간의 일거리 나누기가 일반화되어야 한다. 더불어 국가의 사업시행에 있어서도 대기업이나 재벌기업에 편중되는 대형 사업을 중소기업에게도 나누어질 수 있도록 제도적인 뒷받침이 이루어져야 한다.

공기업에 편중된 예산집행과 편중된 입찰방식이 문제이다. 다시 말해서 의도적으로 회사의 규모 및 자격요건을 강화하여 입찰을 제한하는 것 등이 중소기업의 설 자리를 없애고 고사시킨다. 우리 사회의 가장 큰 문제인 실업자 문제는 중소기업을 통해 고용을 확대하여야 해결이 되는 것이다. 그럼에도 불구하고 거꾸로 그들을 경원시하고 일부 대기업과 재벌의 주머니만 두둑해지도록 하는 정책이 문제가 된다. 그리고 대다수의 중소기업은 소외되어 고용은 축소되며 서민들은 쓸 돈이 마련되지 않는 불공정한 사회가 되고 있다.

더불어 기업집단화된 통합금융 또한 마찬가지이다. 여러 개의 은행을 통폐합하여 지점이나 본점의 수를 대폭 줄여서 많은 직원들을 거리로 내몰고 몇 개의 통합금융회사들만 이익을 극대화하고 있다. 그리고 이것이 고용을 극단적으로 축소하여 사회가 필요한 일자리를 빼앗아가고 있는 것이다. 그 때문에 축소된 직원들의 임금은 천정부지로 오르고 있어 사회적으로 불공정한 소득분배 구조를 만들고 있다.

과거 우리는 그들의 방만한 경영으로 인해 외환위기와 유동성 위기를 겪었다. 그리고 그들은 국민의 세금을 담보로 한 공적자금으로 되살아난 것을 잊어버린 것 같다.

일거리 나누기는 국책사업의 우선을 중소기업에 의해 주도되는 방향으로 전환이 이루어져야 한다. 그렇지 않으면 지속적인 시행이 되기 어렵다.

## (8) 노동생산성 향상

대기업이나 공기업의 경우는 노동쟁의가 있으면 쉽게 노조의 뜻에 따라 모든 것이 결정된다. 왜냐하면 그들은 거의 독과점화되다시피한 생산과 공공요금을 결정하는 주역이기 때문이다. 다시 말해서 그들은 임금을 아무리 많이 올려도 회사는 손해가 되지 않는다. 오히려 덩달아 더 큰 이익을 취할 수 있기 때문에 노동쟁의를 부추기지나 않는지 모르겠다. 임금 및 기타 인상비용은 바로 그들의 생산품을 소비해주는 국민에게 돌아간다. 또한 공공요금 인상도 공공요금을 내고 사용해야 하는 국민에게 전가된다. 그리고 어떠한 인상요인이 만들어지면 즉각적으로 가격인상이라는 방법으로 손실보전을 하기 때문에 자신들에게는 손해 볼 것이 없다. 더욱이 임금인상 정도는 대기업의 하청회사 직원이나 기타 중소기업의 직원들 월급에 비해 터무니없이 높게 결정되곤 한다. 그래서 대다수의 혜택을 받지 못하는 바깥의 근로자들에게는 상대적 박탈감을 느끼게 하여 근로의 의욕을 상실케 하고 있다.

지금 청년실업이 수백만을 넘어서고 있다. 그 안에는 직업선택의 능력이 없어서 실업상태에 있는 사람도 있다. 그렇지만 상당수의 사람이 회사 선택에 대한 눈높이 조정이 안 되어 잠재적 실업상태에 있는 경우가 대다수이다. 이것은 우리 사회가 조성해놓은 대기업과 중소기업 사이의 임금격차 등이 청년층의 노동력을 사장시켜 버리고 있다는 것이다. 그리고 더 나쁜 것은 그것을 통해 사회적 위화감을 조성해가고 있다는 점이다. 그런 상태인데 중소기업에 근무하고 있는 사람들이 무엇 때문에 자신들에게 위화감을 주는 대기업의 물건을 사서 이용해야 하는지 의문이 생긴다.

국내에 판매되는 내수용 자동차 값에는 우리가 외국에 판매하는 수출용 자동차의 가격 손실 부분까지 추가되어 있다고 들었다. 우리 국민들이 국가의 산업 발전을 위해 내수를 진작하고 생산품을 소비하여 기업을 도와주고 있는 것이다. 대기업과 관련된 산업이 국가경제에 기여하는 바가 크다. 그러나 기업을 발전시켜 줄 국민에게 상대적 박탈감이 생기게 해서는 안 된다.

양질의 노동력은 사회 일부에서의 잘나가는 산업 분야에서 나타나는 노동력을 대상으로 말하는 것이 아니다. 실업 상태에 있든지 소규모의 중소기업에 있든지 간에 어떤 분야에서든 열과 성의를 다해 일하는 것을 말한다. 그리고 자신의 노동행위가 국가경제에 기여할 수 있다면 그것이 양질의 노동력일 것이다. 또한 높은 생산성은 사회일부 분야에서만 따지는 것이 아니다. 전체 사회의 각 분야에서 상호 박탈감 없이 보람을 가지고 일해야 이루어지는 것이다. 그렇기 때문에 현재와 같이 대기업과 중소기업 간에 노동격차가 심한 사회에서는 부분적 높은 생산성을 얻을 수 있어도 오히려 전체 사회의 생산성은 낮아질 수밖에 없는 것이다. 국가 전체의 높은 생산성을 가지려면 노동자 간의 격차를 줄여야 한다. 그리고 대기업과 공기업 소속의 노동자들이 가지고 있는 이기심을 적절히 조절시켜야 한다.

## (9) 중소 제조업 육성

중소 제조업은 과거 낙후되었던 우리 사회를 지금과 같이 만들어 놓은 일등 공신이다. 그러나 기업의 과학기술력이 향상되고 더욱 조직화되면서 중소 제조업은 사양산업화하였다. 우리의 사양산업은 중국이나 동남아국가 등의 후발산업국에서는 부양되는 산업일 경우가 많다. 그래서 우리의 사양산업이 중국이나 동남아로 이전되어 후발국의 경제를 일으키는 중요한 역할을 하고 있다. 그리고 지금은 그들의 생산품을 우리에게 역으로 수출하는 상황에까지 이르렀다.

우리는 아직까지도 고도기술화된 선진국이 아니다. 그래서 미래를 위해 제조업에 대한 포기는 아직 이르다. 특히 중소 제조업은 산업의 특성상 고용을 확대시켜 줄 수 있는 대안으로 적정한 소득 분배를 가능하게 하기 때문에 더욱 소홀히 해서는 안 된다.

지금 우리는 청년실업 해결책의 일환으로 벤처 육성을 통한 고용 확대 정책을 쓰고 있다. 그러나 이러한 정책을 실효성이 적다. 왜냐하면 벤처는 일종의 모험 기업으로 언제든지 몰락하여 불안정한 고용이 될 가능성이 크다. 그리고 이러한 고용은 소득에 대한 분배를 비정상적으로 만들어 경제의 불안정한 요소를 증가시킨다. 그래서 전통적으로 오랜 고용을 유지하고 있는 중소제조업을 통해 고용문제를 해결하여야 보다 안정적인 고용을 유지시킬 수 있다.

현재 중소제조업으로 우리의 미래산업으로 자리매김해야 할 기업들이 국가의 잘못된 정책으로 몰락하고 있으며 대기업과의 임금 격차로 인해 고용도 쉽지 않다. 지금도 중소기업에는 일자리가 남아돌고 있다. 그러나 지원자들이 없어 고용이 안 되고 있는 실정이다. 이에 반해서 대기업은 너무 지원자가 많아 입사전쟁이 치러지고 있는 실정이다. 이것은 결과적으로 기업 간의 불균형 분배에서 나타난 사회적 격차이다. 이러한 기업 간의 격차가 경제력 집중과 독과점에 의해 발생된 것으로 중소제조업이 현재 겪고 있는 딜레마이다. 그러나 미래의 우리 사회를 위해서는 반드시 중소제조업의 육성이 필요하다. 특히 경제민주화의 목적인 다수의 행복을 위해서는 경제적 안정이 필요하다. 그래서 경제에 직접적 영향을 미치는 중소제조업의 고용이 안정되어야 하며 소득에 대한 적절한 분배가 되도록 정책적인 배려가 필요하다.

## 3) 소비, 문화

### (1) 과소비의 억제

우리의 미래는 우리 자신들이 만들어 가는 것이다. 요행을 통해서나 일확천금을 통해서 미래가 보장된다고 생각하는 것은 결국 개인만의 삶의 욕망일 뿐이다. 오히려 개개인 간의 경쟁에서는 치명적인 잘못이 될 수 있다. 이러한 요행수를 바라는 마음은 자신을 무기력하고 나태하게 만들어 남에게 종속되는 삶을 살 수밖에 없게 한다. 그래서 한두 번의 요행수로 미래의 희망을 바라는 것은 인생 전체에 오점으로 남을 수 있다.

우리의 미래는 과거와 현재를 통해서 비추어 보면 더욱 쉽게 알 수 있다. 과거 경제개발 5개년 계획이 지속될 때 우리 스스로가 잘 살아가고 있다고 생각했었다. 그리고 그때는 우리 국민 전체가 절약 및 근면 등을 사회적 이슈로 삼고 있을 때였다. 그러나 지금은 국민 누구도 우리 경제가 발전되고 있다고 느끼지 못하고 있다. 이는 사회 전체에 요행수 및 일확천금 등의 심리가 판을 치고 있기 때문이다. 그리고 그러한 삶의 방식 또한 자연스럽게 받아들여지는 사회적 풍토가 형성되어 더 이상의 발전이 불가능하게 된 것이다. 로또복권에 의한 대박, 경마장, 경륜장, 강원랜드에서의 일확천금을 얻고자 하는 요행수적인 사고방식이 금전만능주의와 결합하여 은행원의 모럴해 저드, 홈뱅킹사기 등을 만들었다. 그리고 이러한 모든 것은 어쩌면 서로 연결되어 이어진 단일한 행동의 귀결인지도 모른다.

과거에는 우리가 근면절약을 통해서 무언가를 이루었고 이러한 성취를 통해 만족할 수 있었다. 그리고 서로 상부상조에 의해 국가발전을 이루어 왔다. 그 결과 지속적 발전 속에서 미래 선진국으로의 자리매김까지 바랄 수 있었다. 그러나 지금 우리 사회에서는 한강의 기적을 이룬 정신은 어디론가 사라지고 없다. 그리고 우리 스스로도 남에게서도 미래의 발전가능성을 찾아볼 수 없게 되었다. 우리는 병역의 의무를 다하는 군인, 신부님, 수녀님 및 스님들에게 감사해야 한다. 군인의 경우, 약 60만에 달하는 젊은이가 최소의 소유와 최소의 비용만으로 국가를 위해 살고 있다. 신부님과 수녀님 또한 자신의 재산을 갖지 않고 성직을 천직으로 살고 있으며, 스님 또한 최소의 소유로 수양에 정진하고 있는 것은 우리 보통 사람들에게는 얼마나 많은 혜택을 주는 것인지도 모른다. 만약 그들이 지금 우리 개개인이 소유한 만큼을 사회 속에서 나누어 갖기를 원한다면 이 사회가 이렇게 유지될 수 있을지 의문이다. 우리 스스로가 소유욕에 대하여 자제하는 마음과 절약정신을 고양해야 하는 이유는 바로 여기에 있다.

사회 분배의 불균형과 요행심에 따른 일확천금을 바라는 사고는 동전의 양면과 같아서 항상 함께할 수밖에 없는 것이다. 인터넷 혹은 세계의 단일정보화 체계를 통해 우리는 보다 월등히 잘사는 나라의 삶의 방식을 모방하고 있다. 그리고 우리의 경우에 비추어 적용하려

하고 있으며 그것이 마치 당연하다고 생각하고 있다. 그러나 이것은 상당히 위험한 발상이다.

특히, 우리나라와 같이 점차 빈부의 격차가 커지는 국가의 상태에서 외국의 경우에 비추어 보는 것은 잘못이다. 국내적인 여건을 무시하고 일방적으로 비슷해지려는 것은 뱁새가 황새를 쫓아가는 것과 같다. 최근 우리 사회에서는 근면의 마음은 찾아볼 수 없다. 다만 절약이라도 잘 유지되어야 하는데 그것도 바라기가 어려워지고 있다. 더욱이 지금은 내수활성화라는 목표로 소비를 권하고 조장하고 있다. 이것은 우리 사회를 낭비와 과소비를 유발하여 소득도 별로 없는 청년세대를 영화나 유흥 등의 향락주의에 심취하게 만들어 빚더미에 올려놓고 신용불량의 덫에 걸리게 하고 있다.

더불어 국가의 금융정책도 저금리화해서 절약과 저축의 마음을 잃게 하고 있다. 마치 전 국민의 빚쟁이화가 우리 국가의 목표인 것처럼 하고 있는 것이다. 그래서 대부분의 국민이 금융기관에 빚을 얻어 개인과 가계부채가 기하급수적으로 증가하고 있다.

은행에서 대출받은 돈의 이자는 수입 증가 없이는 지속적 지불이 어렵다. 그 때문에 결국 월급생활자들은 월급에서 일정이자를 계속 물어야 한다. 이것은 지속적으로 월급이 깎여지는 효과를 가져와 가계에 큰 피해를 주고 있으며 월급만으로는 생활을 어렵게 하고 있다. 그래서 또다시 금융대출에 의존하게 되고 결국 영원한 빚쟁이의 처지를 벗어날 수 없게 만든다.

빚이란 처음 얻어 쓸 때는 쉽다. 그러나 꼭 갚아야 하며 갚지 못하는 경우에는 여러 가지 혹독한 시련을 받을 수 있다. 이렇듯 빚이란 개개인의 처지 여하에 따라 감당하기 어려운 상황까지도 갈 수 있다. 그런데도 불구하고 나중을 생각지 않고 무조건 얻어 쓰기 쉽다고 돈을 빌려 쓰는 것이 우리의 미래를 암담하게 하는 또 하나의 요소가 된다.

이러한 빚은 근검과 절약을 통해서만 해결이 가능하다. 그리고 과소비를 억제하여 균형 잡힌 소비로 유도해야 한다. 그래야 우리의 미래가 보장된다.

## (2) 소비물가의 통제

우리 사회에서 물가를 결정하는 요소는 여러 가지가 있다. 우선 생산원가를 결정하는 것에는 원자재비와 노무비가 있다. 그리고 원자재비는 재료비로 원료의 비용 변화에 직접 영향을 받으며 노무비는 고용임금에 따라 결정된다. 그래서 생산비는 재료비의 상승과 임금의 인상에 의해 증가될 수밖에 없다. 그리고 생산원가에 임대료 및 제반 경비에 속한 운영비와 기업이윤이 가해지고 세금이 부과되어 최종 물가가 결정된다.

여기서 생산원가는 원초적 상황에 따라 결정이 된다. 그러나 제반 운영경비 혹은 기업이윤은 고무줄 잣대와 같아서 기업의 의도에 따라 자의적으로 정해지기 때문에 물가상승에 직접적인 영향을 준다.

그래서 적절한 물가를 유지하려면 원자재의 수급에서부터 임금 및 기업의 이윤 등 제반 요소를 국가 차원에서 관리하고 통제하여야 한다.

이때 통제의 대상은 서민물가를 주도하는 생활 필수품목을 대상으로 하여야 한다. 그리고 국민경제에 직접적으로 영향을 주는 공공요금과 같은 특성 분야의 가격이 주요대상이 된다.

이와 같이 물가의 적절한 통제를 위해서는 조절이 가능한 부분의 가격을 국가가 관리하고 통제함으로써 서민물가의 급등을 막을 수 있다. 그리고 내수 감소로 인한 경기침체와 인플레이션을 미연에 방지할 수 있다.

더불어 생산원가에 직접 영향을 주는 근로자의 임금상승을 적절히 억제해서 소비물가의 급등을 조절할 필요가 있다. 특히 노임상승은 물가상승의 직접적 원인이 된다. 그렇기 때문에 수많은 근로자들이 노동쟁의를 통해 임금상승을 시켜도 결과적으로는 물가가 같이 올라 임금상승의 효과를 기대할 수 없는 것이다.

### (3) 도박 투기의 규제

우리 사회의 미래를 위한 가장 큰 걸림돌은 차기 세대가 두뇌와 육체를 사용하는 힘들고 어려운 직업을 기피하는 것이다. 즉, 남이 하지 않는 직업을 선택하여 국가산업 발전에 일익을 담당하려 하지 않고 노력 없이 쉽게 벌 수 있는 방법을 선호하는 것이 큰 문제이다. 경마장과 강원랜드가 연일 흥청거리고 로또복권으로 일확천금을 노리며 심지어는 은행에서 대출을 받아 투기와 도박으로 대박의 꿈을 키우는 등 점차 우리 사회가 건전성을 상실해 가고 있다.

사회란 하나의 유기적인 조직체이다. 그래서 상호 간에 협동체제가 유지되어야 서로의 상생이 이루어진다. 그럼에도 불구하고 남이야 어떻게 되든 자신만 벌어서 잘 먹고 잘살면 된다는 식의 이기적인 배금주의 관념이 팽배해 있으면 결국에는 모두 망한다. 그래서 투기나 도박을 방조하면 우리 사회는 상생에 의한 발전보다는 이기심에 의한 퇴보의 길로 갈 수밖에 없다.

로또 복권을 통해 일부 사람은 일확천금을 얻는 경우도 있다. 그러나 대다수의 국민은 허황된 기대와 상대적 실망감만 더해 갈 뿐이다. 또한 그것이 반복될수록 당첨되지 않은 개개인의 손실은 계속 증가하게 된다. 그리고 일확천금에 들뜬 국민정서는 열심히 노력하여 일을 성취하려는 마음을 잃어버릴 것이다.

지금 사회의 일각에서는 전문직에 있는 사람들이 다국적 기업의 다단계 판매조직의 일원으로 활동하고 있다. 그들은 판매활동에서 주변의 사람을 끌어들여 물건을 팔고 있다. 그리고 판매가 부실할 때는 자신의 돈으로 그 부족분을 채워 보상적 혜택을 받고 있다. 그러나 이것은 외국제품의 국내 점유율을 높여 줄 뿐이다. 더불어 다단계 조직체계를 통해서 미국 등의 다국적 기업의 국내 잠식을 영구화시킬 수 있게 하고 있다. 특히 국내에서 활동하는 다국적 기업의 다단계 판매 가입자들은 다단계의 계층적 구조에서 자신들끼리 하부구조를 만든다. 그리고 하부에서 만들어 준 보상비를 통해 상위계층이 금전적 혜택을 받고 있다. 그래서 금전적 보상은 자기들끼리의 주고받기에 불과한데도 그것이 마치 어떤 노력에 의해 벌어들이는 것처럼 오해하고 있다. 이러한 보상적 네트워크 판매를 유도하고 있는 외국의 매판 자본이 국내의 건전한 기업을 다치게 할 많은 소지를 가지고 있는 것이 문제이다. 우리가 쉽게 야합하여 돈을 벌 수 있다면 누가 열심히 일을 할 것이며 누가 어렵고 힘든 분야에 몸을 담아 자신의 생업으로 지켜나갈 것인지 생각해 보자.

현재의 우리의 경제사정은 서로의 상생 노력 없이는 경제적 여유를 찾을 수 없다. 그럼에도 불구하고 국민의 상당수는 횡재라는 허황된 사고에 빠져 있다. 더욱이 적당히 매사 일을 매듭지으며 노력 없이 많은 것을 요구하는 세태를 국가가 방조하고 있다.

"고통 없이는 얻는 것이 없다"는 것을 너무 쉽게 잊어버린 것 같다. 우리는 과거의 경제개발 단계에서 국민들 모두가 근면하고 사업에 있어서도 자수성가하는 것이 최상이었다. 그리고 경제발전과 더불어 생활이 윤택해지면서 누구도 사회에 대한 불만 없이 행복을 느꼈었다. 그 시절에 우리는 앞만 보고 달려왔다. 그리고 그 결과가 경이적인 경제성장을 이루었으며 미래에 대한 비전이 세워졌다. 그 때문에 국가적 위상이 올라가 올림픽이나 월드컵 등도 개최하는 영광을 누렸다. 그러나 언제부터인지 상당수의 우리 국민은 힘든 노력 없이 투기와 도박을 일삼고 사회 속에서 혜택만을 받으려 하고 있다. 그리고 정치지도자들은 이러한 점에 부응하여 포퓰리즘만 키우고 거품경기를 일으키고 있다. 그렇기 때문에 투기와 도박은 우리 사회의 미래지향적 국가발전을 위하여 규제되어야 한다.

### (4) 방송연예 스포츠의 절제

현재 우리 사회에서의 자본주의는 지속적인 변화를 하여 배금주의와 금전만능주의라는 새로운 경제체계를 만들었다. 이것은 사회의 일반적 원칙을 모두 돈에 기준하기 때문에 생긴 현상이다. 그래서 모든 사회적 가치 중에서 돈의 가치를 최우선으로 하고 있으며 돈의 소유를 목적으로 두고 기타의 사회적 덕목을 쉽게 무시하고 있는 것이다. 그중에서 스포츠 스타의 천정부지 몸값과 프로선수들의 상금 그리고 인기연예인의 광고 수입이 사회의 또 다른 잣대가 되어 분배정의 및 원칙을 손상시키고 있다.

연예인이나 스포츠 스타는 사회적으로 필요하다. 그것은 마치 우리가 밥을 맛있게 먹기 위해 반찬에 조미료를 치는 것과 같다. 즉, 그러한 부류의 사람들은 쌀과 같은 양식이 아니고 조미료에 속하는 부류이다.

연예인이나 스포츠 스타와 같은 사회적 조미료가 없으면 삶의 여흥에 적어진다. 그렇기 때문에 생활의 재미가 없어질 수 있다. 그러나 조미료는 양식이 아니기 때문에 그것이 지나치면 오히려 맛과 건강을 해친다. 이렇듯 사회적 조미료가 과하면 생활의 건전성 또한 상실할 수 있다. 그리고 계속적인 조미료 투입은 미각을 무디게 하여 더 큰 자극을 요구하게 된다. 그래서 결국에는 조미료가 양식보다 더 큰 비중을 차지하게 되어 양식이 없는 조미료만의 사회가 되는 폐해가 발생될 수가 있다.

요즘 의식 있는 사람들은 조미료 사용을 자제하고 있다. 이는 건전한 맛과 건강을 위해서 조미료가 몸에 해롭다는 것을 인식해서이다. 연예인 및 여흥에 관련된 산업 모두 사회적 조미료이다. 그러나 지금처럼 계속 그러한 분야가 증가 추세로 가다가는 사람들이 과도한 조미료 사용으로 맛을 잃듯이 사회 또한 건전성을 잃게 될 것이다. 영화의 한 장면처럼 극적으로 행동하기를 원하고 그와 유사한 행태로 사람들의 생활을 영위해 간다면 영화의 허구성에 빠질 수밖에 없다. 그리고 허황된 공상에 빠져 생활하게 되므로 서로에 대한 인간적인 신뢰성을 잃게 된다. 그것이 결국에는 사회 전체의 불신으로 확산될 수밖에 없다. 우리의 양식은 묵묵히 적은 보수에도 자신의 본분을 지키며 열심히 일하고 살아가는 대다수의 사람이다. 그런데도 금전만능주의의 사고 속에서 조미료 부분에 과도한 금전적 혜택을 부여하기 때문에 그것을 통해 쉽게 살려는 사람들이 몰려들고 있다. 이러한 과정을 거쳐서 우리 사회는 너무 많은 조미료를 양산하고 있다. 그 결과 조미료가 양식의 양을 능가하는 상황이 되고 있다. 이에 따라 건전한 사회의 양식들은 상대적 소외감을 갖게 되었고 돈을 위해서 무슨 짓이라도 할 수 있는 사회가 되어가고 있다. 연예인적 사고방식이나 극적이고 허황된 생각만으로 생활을 영위하려는 왜곡된 사회적의식이 사회의 원칙을 손상시키고 있다. 그래서 누구도 어렵게 열심히 일하려는 자세를 잃어버리게 된 것이다. 이렇듯 허황된 의식이 사회적으로 팽배해지면 모두가 노력을 통해 지속적으로 발전할 수 있는 사회를 이루어 내기는 어려울 것이다.

TV나 언론매체를 통해 이루어지는 즉흥적이고 오락적인 분야는 건전한 사회의 유지를 위해 자제되어야 한다. 자신들이 양산하는 조미료가 과해지면 사회에 독이 되기 때문이다.

## 4) 금융, 국가정책

### (1) 국내 자본의 육성

국가산업의 발전은 충분한 자본과 과학적 이론이 뒷받침된 기술력 및 노동생산성에 의해 결정된다. 특히, 현대에 와서 국제화, 세계화에 따른 거대자본의 형성으로 자본의 유동성은 더욱 커져가고 있다.

기업의 활성화를 위해서는 자본의 역할이 절대적이다. 그래서 기업은 금융기관을 통해 자신의 제품생산 및 수출 판매 등에 필요한 자금을 확보하는 것이다. 그리고 그 생산에 의한 이익 중 일부를 대여한 자금에 대한 이자로 금융기관에 되돌리는 방식으로 자본을 운영하고 있다. 이러한 과정에서 형성되는 것이 자본시장이다.

이렇게 형성된 자본시장의 주도권은 금융기관에서 갖고 있으며 국가적 차원에서는 금리규제 등을 통해 자본시장의 유동성을 조절하고 있다. 그러나 가장 경계해야 할 대상은 자본의 왜곡에 있다. 우리는 외환위기 해결책으로 국내산업 육성과 공적자금으로 활용하기 위해 외채를 들여왔다. 그러나 외채의 대부분은 산업기반 자본으로 이용하지 못하고 주택자금 및 투기성 자금으로 전환되었다. 그래서 현재의 우리 사회는 자본시장의 동맥경화와 같은 상태가 되었다. 더욱이 이러한 현상으로 인해 산업활성화를 위한 시설투자는 줄어들었다. 그래서 기업이 보유하는 고정자금은 확대되어 가고 있는 것이다. 그리고 이 때문에 외채의 이자부담만 가중되고 있다. 더불어 국가 차원에서는 증가되는 외채로 인해 국내자본시장의 불활성 상태만 커져 가고 있는 것이다.

현재 우리 사회의 내부에는 불필요한 외채의 유입으로 인해 잉여자금이 크게 증가되어 있다. 그래서 그러한 잉여자금으로 금융기관이 국민을 상대로 돈놀이를 하고 있는 것이다. 그리고 그 대출이자 중 일부는 외채 이자로 떼어나가는 국민착취형 자본구조가 형성되고 있다.

우리는 1997년에 외환위기를 겪었다. 그러나 외환위기의 원인이 외부유입자금으로부터 기인했다는 것을 망각하고 있다. 그래서 또다시 외채에 싸여 국내자본을 잠식해 가고 있는 어리석음을 범하고 있다. 남의 자본에 의해 산업이 가동되면 그에 따른 이익은 고스란히 남에게 넘어가게 되어 있다. 그래서 우리는 자기자본 없이 시작한 대가를 치를 수밖에 없는 것이다. 외채에 의해 무엇이든지 해결하려는 사고방식은 근로소득 없는 젊은이가 카드에 의해 자신의 욕망을 채우려는 것과 다를 바 없다. 그 결과가 국가의 경우도 개인이 카드에 의해 신용불량자가 되는 것과 마찬가지이다. 그래서 국가 또한 신용불량 국가가 되거나 모라토리엄 상태의 종속국가로 전락할 수밖에 없다. 다시 말하면 자본시장의 활성화는 외채에 의한 활성화가 아니다. 건전한 외자유지 혹은 국내자본 활성화에 의해 진행되어야만 한다. 그래야 진정한 국가의 부가 이루어지고 그에 따른 경제적 안정을 추구할 수 있다. 현재와 같이 정책적으로 낮은 금리는 국내자본의 형성을 막아 버리고 투기성 외국자본의 유입을 쉽게 해주는 쪽으로 진행된다. 그렇기 때문에 장기적 안목에서 적절한 금리인상이 필요하다. 그리고 상대적으로 국내에 들여온 외채는 허용하는 범위 내에서 신속히 상환하여야 한다. 그래서 국내자본을 확충시킬 특단의 경제정책이 필요하다.

### (2) 경제종속에서 독립

현대 사회에서 경제적 종속은 또 하나의 식민주의이다. 우리가 남에게 돈을 빌리거나 어떠한 신세를 지는 경우 자신의 신체 또는 재산이 남에게 구속되는 상태가 된다. 특히 자본주의 사회에서는 채무관계가 신체적 구속까지 이루어져 자본주의적 노예관계가 자연스럽게 성립된다.

국가 간에 있어서도 같은 조건이 성립된다. 채무국은 채권국에 대해 또 다른 경제종속적 노예상태가 된다. 그리고 채무관계가 정리되지 않는 한 영원히 경제종속 상태를 벗어날 수 없게 되어 있다. 중남미 국가들이 외채에 의해 모라토리엄 상태에까지 이른 것 또한 이와 같은 맥락에서 볼 수 있다.

경제종속은 철저한 착취가 뒤따른다. 그렇기 때문에 종속된 국가는 자신의 산업발전에 대한 혜택을 누리기보다는 국가경제가 파탄이 나기 쉽다. 그리고 그에 따른 또 다른 국민적 고통이 사회를 지배하게 되어 국가의 존망에도 영향을 미치게 된다. 우리는 외환위기를 극복하기 위하여 많은 외채를 빌려 왔다. 그것을 통해 IMF로부터 빌린 돈을 갚고 그 돈으로 외환위기를 해결했다. 그러나 문제는 빌려온 외채를 은행을 통해 국민들에게 대출하여 결국 전 국민이 채무자화된 것이 문제이다.

이 때문에 국민들은 자신의 월급으로 대출이자를 갚아 나가야 한다. 그리고 국민들이 무절제하게 대출을 증가시키자 정부가 가계지출을 억제하여 내수소비가 급격히 냉각되는 현상이 일어났다. 그래서 지금은 소비의 감소가 생산의 감축을 가져와 경기침체로 나타나고 있다.

또한 기하급수적으로 늘어난 주택담보대출이 만기에 다가오면서 가계 대출자들이 월급으로 쉽게 갚을 수 없는 상황이 벌어졌다. 그러자 국가와 은행은 모기지론이라는 장기 대출상품을 만들어 해결하려고 했다. 그러나 그것은 국민의 모가지를 잡고 장기 빚쟁이로 만드는 것이며 결국 서서히 몰락해 가도록 하고 있는 것이다.

사업을 하는 사람은 금융대출을 통해 자본을 확충하여 제품생산 또는 부가가치를 창출하고 이익을 내서 대출원금과 이자를 갚는 방식으로 부를 창출한다. 그러나 개개인은 자신의 고정된 월급을 담보로 무리한 자금을 대출받아 부를 창출하려고 하나 그 방법이 없다. 그래서 기껏해야 부동산 증권투기 외에는 할 수 없는 상태에서 빚쟁이가 되는 것이다. 특히 부동산 투기 등은 그 거품이 제거될 때 걷잡을 수 없는 가정경제의 파탄이 일어난다. 그리고 가계대출한 은행은 부실채권으로 인해 국가 전체가 또 다른 경제적 위기에 빠지게 되는 악순환을 겪게 된다. 우리는 이러한 악순환을 방지하기 위해서 외채로 인해 국내에서 겉도는 투기성 잉여자금을 없애야 한다. 특히 불필요한 외채는 조속히 갚아야 하며 가계대출로 인한 국민 개개인의 채무가 더 이상 확대되지 않도록 하여야 한다. 그렇지 않으면 우리의 미래는 없다.

지금 우리나라에 들여오는 돈은 미국이 양적 완화시켜서 만든 자금이다. 이렇게 대량으로 찍어낸 자금을 자기 나라의 금융기관에 저리로 빌려주어 해외의 투기자금으로 활용할 수 있도록 하였다. 그리고 이러한 돈을 금융기관들이 우리 경제의 부를 착취하기 위해 증권이나 펀드에 투자되고 금융기관을 통한 대출자금으로 들어오고 있다. 그래서 우리 국가 및 공공기관 그리고 국민 전체를 빚쟁이로 만들고 있는 것이다.

이렇듯 국가정책 결정자의 이해부족이 결국 국가와 국민을 외채에 의한 채무자로 전락시켜 가고 있다. 그래서 점차 우리는 미래가 없는 국가가 되어가고 있으며 이 때문에 선진자본인 일본, 미국 등의 경제 종속 식민국가가 되고 있는 것이다.

종속의 결과는 노예이다. 장차 우리는 과거 일제식민시대와 같이 중국이나 일본에 종속국가가 될지 모른다.

### (3) 경제원칙 바로 세우기

여러 사람이 더불어 살아가는 데에 가장 필요한 덕목은 상호 간의 신뢰이다. 신뢰를 통해 우리는 많은 번거로움을 피할 수 있으며 보다 폭넓게 활동영역도 넓힐 수 있다.

억지로 법제화시키고 규율화시켜서 인간상호 관계를 유지하려면 정당한 명분이 있어야 한다. 그러나 서로가 기본원칙을 지키고 그 원칙에 크게 벗어나지 않은 범위에서 행동영역이 형성되면 서로 상호간에 신뢰가 유지될 수 있다. 과거 모 정권 이후 우리는 그 이전시대에서 이루어져 왔던 기본적 원칙 상당부분을 상실했다. 그리고 이제는 누구도 원칙을 바로 세우고 지키려 하지 않는다.

금융기관을 통한 돈놀이 때문에 요령 없이 원칙주의를 세우는 과학기술산업이 몰락해가고 있다. 그리고 임기응변적인 투기로 국가 전체의 상호신뢰를 잃어가고 있다. 또한 낮은 금리는 열심히 일하고 말년에 평안을 맛볼 수 있게 해주는 연금 생활자에게 절망을 주었다. 더욱이 싼 금리 때문에 저축의 효용성도 없어지고 투자할 곳이 없어졌다. 그렇기 때문에 결국 부동산 및 증권 투기로 몰릴 수밖에 없는 현실을 정책 입안자들이 간과 또는 무시하고 있다.

그나마 싼 금리의 돈이라는 것은 은행 등의 금융기관이 외국에서 차입해서 들여온 미국, 일본 등의 투기성 자금이다. 그러한 자금을 필요 이상으로 빌려와 국민을 상대로 주택과 월급을 담보로 한 돈놀이를 하고 있다. 이것은 정말 무엇을 위한 금융대출이고 누구를 위한 금융기관인지 큰 문제가 아닐 수 없다.

모 자동차 노조가 주 5일 근무에 세계 최고 수준의 급여를 확보하였다고 한다. 그러나 그들이 받는 증가된 급여는 결국 독과점하고 있는 자동차 산업에서의 내수 이익일 것이다. 그리고 그 이익은 국내자동차 산업의 특성상 내수판매 과정에서 소비자에게 넘겨질 것이다.

해마다 모델명만 바꿔서 가격을 인상하고 그 혜택을 받고자 하는 것은 모두가 무원칙주의의 산물이다. 이러한 사회 각 분야에서 생긴 집단 간의 이기주의가 국가 전체에 무원칙 주의를 만연하게 하고 있다. 그리고 원칙을 바로 세우고자 하는 경제철학을 망가트리는 무원칙주의가 결국 국민 상호 간의 마음을 닫히게 하여 어느 누구도 상호 신뢰하지 않는 사회가 되어 가고 있다.

경제철학의 원칙을 잃어버려서 서로 신뢰를 못하는 사회는 그로 인해 사회적 비용이 상승할 수밖에 없다. 그렇기 때문에 원칙을 잃어버린다는 것에 더 큰 문제가 있는 것이다. 그래서 사회 속의 뼈대가 되는 원칙은 다시 세워지고 지켜져야 한다.

## (4) 금융정책의 전환이 필요

이제까지 우리의 경제발전은 제조업을 중심으로 한 중화학공업의 육성에 의해서 주도되어 왔다. 이러한 제조업 및 중화학공업의 근간은 과학기술 교육 및 당해 분야에 대한 직간접적 투자에 의해서 성립된 것이다. 그리고 금융산업이 과학기술 산업의 보조적인 역할을 충실히 이행해서 비약적인 발전을 이룰 수 있었다. 그러나 지금과 같이 과학기술 산업을 경시하고 금융주도 정책을 우선으로 삼는 것은 미래에 대한 비전을 잃게 된다. 특히 남의 나라 돈을 싸게 빌려와서 그것으로 금융기관을 육성하는 것은 국민경제 전체를 병들게 하는 것이며 그로 인해 전 국민이 빚더미에 짓눌릴 수밖에 없을 것이다.

최근의 20, 30세대의 신용불량자 양산은 저금리 기조에 의한 결과이다. 그리고 젊은 세대의 무분별한 소비 심리에서 기인되었다. 1990

년대 미국에서는 정부가 국민들에게 "BUY NOW, PAY LATER(지금 사고 지불은 나중에)"의 쓰고 보자는 소비심리만 키워놓아 근검절약의 기본 틀을 흔들어 놓았다. 그래서 지금도 미국은 적자재정의 어려움에서 헤어 나오지 못하고 있는 것이다.

지금 세계 각국이 저금리를 유지하는 근본이유는 기업에게 낮은 대출이자를 주어 생산비를 줄이고 수출산업의 경쟁력을 키우기 위함이다. 그러나 우리의 경우는 오히려 기업의 투자심리를 약화시키고 부동산 같은 투기적 자금을 운용하게 하고 있으며 국민 개개인에게 저축하고자 하는 마음을 상실하게 했다. 그리고 노인복지 차원에서는 연금생활자의 생활을 불안정하게 만들어 국가의 노인복지에 대한 부담을 가중시켰다. 더욱이 젊은 세대의 무분별한 쓰고 보자는 심리를 자극하여 신용불량자를 양산하고 있다. 설상가상(雪上加霜)으로 개인대출이 증가하면서 개개인의 월급을 담보로 한 대출이 부동산투기 자금으로 변해 사회에 큰 해악을 끼치고 있는 것이다.

이렇듯 개개인 대출이 증가하므로 인해 결국 대출금 이자에 대한 부담 때문에 국민전체의 소비심리는 위축된다. 그리고 그로 인해 경제 전반적 불황이 심화되어 가고 있는 것이다. 이러한 사회적 불황은 결국 실업자를 양산시키고 실업자가 증가되는 과정에서 신용불량자가 더욱 늘어나게 되는 악순환 고리가 형성된다. 이러한 신용불량자의 양산이 장차 사회 전체에 심각한 타격을 줄 수밖에 없다.

우리의 경제가 반석 위에 세워지기 위해서는 국내자본에 의한 산업이 육성되어야 한다. 그럼에도 불구하고 외채에 의해 수출산업을 유지하려는 정책이 결국 실속 없는 수출산업을 양산하고 있다.

이렇듯 외채부담에 의한 생산비의 계속적인 증가는 결국에 국가의 기반 산업을 몰락시킬 것이다. 계속되는 경기 침체를 억지로 부양시킬 경우 빈익빈 부익부의 불균형 분배를 유발시켜 사회적 불평등만 심화된다. 그리고 그것이 사회불안 요소로 남아 그에 따른 혹독한 대가를 치러야 할 것이다. 더욱이 인접국가인 중국이 상대적으로 제조산업이 발달하게 되어서 더욱 우리 산업의 입지가 약화될 수밖에 없다. 그래서 잘못된 경제운영으로 결국은 우리가 원하지 않는 중하위권 국가로 전락될 수도 있을 것이며 우리의 경제는 일본 등의 채권국가의 식민경제가 되어 또다시 다른 의미의 식민국가가 될 수도 있다.

## (5) 정경유착의 단절

정치적 안정을 위해서는 위정자와 국민 간의 신뢰 회복이 필수적이다. 재벌기업과 정치권의 유착관계는 어제오늘의 이야기가 아니다. 고대사회에서부터 경제가 정치에 혜택을 받고자 하거나 불이익을 받지 않기 위해 권력의 뜻에 따라 움직인다. 그래서 경제가 정치에 자금을 대주고 상호 결합에 의해 사회적인 해악을 끼치게 되는 악순환을 계속해왔다. 현재 우리의 자본주의적 민주사회는 배금주의 사상에 의해 지배되고 있다. 이러한 바탕에서 모든 일이 돈과 관련하여 처리되기 때문에 결국에는 금권정치가 될 수밖에 없다. 그리고 그에 대한 뒷받침이 되는 돈은 정경유착의 필요악이 될 수밖에 없다.

돈거래에 의해 자신과 연루된 집단의 이기심을 충족시킬 수 있다면 수단과 방법을 가리지 않는 현대사회에서는 아무도 망설이지 않을 것이다. 선의적으로 주고받는 금전거래는 타인에게 해를 끼치지 않는다. 그러나 음성적 뒷거래의 공통적 특징은 배타적 이익을 취하기 위함이다. 그래서 뒷거래는 남에게 직접 해를 끼치는 결과를 가져온다. 그 때문에 우리는 이러한 것을 부정에 의한 부패라고 하는 것이다.

국가적인 차원에서 위정자와 재벌 간의 결탁은 그 자금의 모금과정과 처리과정에서의 절차적 부정요소가 있다. 그래서 그러한 결탁은 전체 국민에게 해가 되어 되돌아온다. 그 때문에 우리가 경계하고 삼가는 것이다.

역사 속에서 살펴본다면 이러한 부정부패 행위는 방법과 형태는 달라져도 계속되어 왔다. 그리고 그에 대한 철저한 규제와 반성이 없으면 앞으로도 계속 이어갈 것이다. 그래서 우리가 부정부패를 근절할 수 없다면 최소화시키는 것이 최선의 방법이다.

그러나 누구도 부정부패를 근절하기 위해 노력하는 것 같지는 않다. 다만 겉치레적인 수준에서 이슈화한 후 잠복되는 식의 절차적이고 형식적인 행위에 그치고 있다. 그렇기 때문에 갈수록 부정부패에 내성만 키우게 되어 오히려 척결만 어려워지는 것이다. 일단 시작을 했으면 끝을 명확히 해주는 처리방식만이 부정부패에 대한 척결 방법이다. 또한 완벽히 척결은 못해도 장차 발생될 소지를 최소화시킬 수 있는 것이다. 그러나 어느 누구도 자신이 해가 되지만 국민에게는 득이 되는 이타적 결정을 내리지 않고 있다. 그 때문에 개혁이라는 차원에서의 여러 가지 행위들조차 신뢰를 할 수 없게 되는 것이다.

이제까지 우리 사회에서 시행해온 부정부패에 대한 척결은 정적들을 제거하기 위한 수단 혹은 자신의 세력을 구축하기 위한 책략의 일환으로 이용해 왔다. 그렇기 때문에 부정부패에 대한 척결은 더욱 신뢰성만 잃고 있다. 잘못된 점을 교정하고자 할 때는 자신의 희생까지를 감수해야 한다. 그러나 비겁하고 더러운 음모에 의해 의도적으로 개혁을 말하고 실행한다면 국민의 신뢰성 및 상호 간의 믿음까지도 상실할 수밖에 없다. 그래서 또 다른 사회적 해악만 키우는 결과가 되는 것이다.

우리 사회의 모든 발전의 근간은 상호 신뢰에서 시작해야 한다. 그런데도 남을 이기기 위한 수단으로 권모술수 및 모략을 일반화하였기 때문에 상호신뢰의 구축이 어렵다. 국민 구성원 상호 간의 신뢰 회복을 위해서는 위정자의 헌신적 노력이 필요하다. 그리고 국민과의 협의에 의한 부정부패 방지만이 국가발전에 절대적 필요요소라는 것을 명심하여야 한다.

### (6) 성장과 긴축의 조화

성장과 긴축은 국가정책의 두 마리의 토끼와 같다. 그래서 한꺼번에 다 잡을 수 없는 대상이다. 그러나 국가정책의 운용의 묘를 기하면 전혀 불가능한 것도 아니다.

우선 성장은 국가의 발전적인 측면에서 보아 국민의 생활이 더 나아지는 것을 뜻한다. 다시 말해서 성장을 통해 국민이 윤택해지고 발전 지향적으로 나아가는 것을 말한다. 이와는 상반되게 긴축이란 국가의 재정이나 국민의 삶의 정도를 낮추거나 줄여서 고충을 느끼게 만든다는 의미가 내포되어 있다. 그러나 이러한 긴축을 통해서 그동안 방만했던 경제구조를 다시 재정비할 수 있기 때문에 중요하다.

이러한 이유로 긴축과 성장은 같은 범주에서 다루어지기 어려운 것이다. 그래서 우리 사회에서 두 가지가 같이 병행되려면 그 각각의 영역이 중복되지 않는 명확한 구분이 이루어져야 한다. 그리고 각각이 별개의 조건으로 정책적인 배려가 되어야 한다. 여기서 성장의 영역은 실물경제가 대상이며 긴축의 영역은 금융 및 유동성 부분이다. 우리 사회가 경제불황으로 실물경제가 위축되면 성장에 필요한 원동력을 잃게 된다. 그리고 오히려 긴축해야 할 금융산업이 과도하게 성장이 되면 불필요한 사회적 거품이 발생되어 낭비와 과소비 속에 발전의 기틀이 망가진다. 이러한 이유 때문에 국가는 성장과 긴축의 상호 조화를 이루는 정책을 세우고 빈틈없는 집행을 하여야 한다.

① 성장

경제성장에는 양적 성장과 질적 성장이 있다. 여기서 양적 성장을 살펴보면 무역을 통한 수출이나 내수의 활성화로 인한 국민총생산의 증가와 국내자본시장의 성장, 국민의 소득증대로 인한 국세와 예산의 증가 및 기업의 고용증가 등이 있다. 그리고 질적 성장은 양적 성장에 뒤따르는 성장으로 과학기술의 발달과 사회복지의 확대, 에너지자원의 확보와 중소기업의 중견기업으로 육성 등을 들 수 있다.

이에 따른 성장의 영역을 살펴보면 다음과 같다.

첫째, 과학기술 육성

둘째, 중소제조업의 육성

셋째, 생산과 내수소비의 활성

넷째, 기업의 고용의 확대

다섯째, 국내자본 육성 및 금리 인상

여섯째, 사회복지의 확대

일곱째, 무역수출 증대

여덟째, 미래 에너지자원 확보

아홉째, 세금재원의 확보 부자 증세

② 긴축

긴축은 내적 긴축과 외적 긴축으로 나눌 수 있다. 여기서 내적 긴축이란 국내차원에서의 긴축이며 외적 긴축은 국제적인 차원에서의 긴축을 뜻한다.

내적 긴축은 국가기구 축소와 예산 및 세금 감축, 임금 및 물가 삭감 등이고 외적 긴축은 국가채무와 다국적기업 및 국제 금융시장 영향력 축소 등이 있다.

이에 대하여 긴축이 되어야 할 영역은 다음과 같다.

첫째, 국가예산 감축과 공직자 및 공무원의 임금 삭감

둘째, 국가기구의 축소

셋째, 독점 대기업의 이윤 축소와 임금 삭감

넷째, 재벌기업의 문어발 확장 통제

다섯째, 서민 세금 감축

여섯째, 국가채무 축소 및 국제 금융시장 통제

일곱째, 금융산업 규제와 가계부채 절감

여덟째, 부동산가격 및 임대료 절하

아홉째, 등록금 및 소비자 물가상승 억제


즉, 성장과 긴축을 이루려면 각각의 특성에 맞는 맞춤형 정책이 이루어져야 한다. 만일 정책의 기조를 성장이나 긴축 하나로 규정하고 이끌어 가면 거품경기에 의한 과잉성장이나 긴축으로 인한 경기침체의 길로 가기 쉽다. 다시 말해서 성장하면 모두 성장하고 긴축하면 전체 긴축이라는 사고방식은 경제체계를 위태하게 만들기 때문이다.

김성배

한양대학교 건축공학과 졸업
동 대학교 대학원(건축구조 전공)
서울대학교 대학원(도시 및 지역개발 전공)
한국기술사회 안전진단 전문위원
서울시 강남구 건축구조 자문위원
서울시 양천구 분쟁조정위원
서울시 품질시험소 전문위원
서울지방법원 건축감정인
(주)효림구조안전기술연구소 대표이사

# 경제민주화와 금전만능주의의 종말

초 판 인 쇄 | 2012년 12월 7일
초 판 발 행 | 2012년 12월 7일

지 은 이 | 김성배
펴 낸 이 | 채종준
펴 낸 곳 | 한국학술정보㈜
주      소 | 경기도 파주시 문발동 파주출판문화정보산업단지 513-5
전      화 | 031) 908-3181(대표)
팩      스 | 031) 908-3189
홈 페 이 지 | http://ebook.kstudy.com
E-mail | 출판사업부  publish@kstudy.com
등      록 | 제일산-115호(2000. 6. 19)

ISBN      978-89-268-3952-2 03330 (Paper Book)
          978-89-268-3953-9 05330 (e-Book)

여담 books 는 한국학술정보(주)의 지식실용서 브랜드입니다.